国家社科基金项目
"消费正义：视阈界定及其实现路径研究"（项目编号：18BZZ007）资助

消费正义论
——消费的社会正义、生态正义和人本正义

XIAOFEI ZHENGYILUN
XIAOFEI DE SHEHUI ZHENGYI,
SHENGTAI ZHENGYI HE RENBEN ZHENGYI

俞海山◎著

中国财经出版传媒集团

经济科学出版社
Economic Science Press
·北京·

图书在版编目（CIP）数据

消费正义论：消费的社会正义、生态正义和人本正义／俞海山著 . —北京：经济科学出版社，2024.3

ISBN 978 - 7 - 5218 - 5752 - 8

Ⅰ.①消…　Ⅱ.①俞…　Ⅲ.①消费理论　Ⅳ.①F014.5

中国国家版本馆 CIP 数据核字（2024）第 066094 号

责任编辑：杜　鹏　武献杰　常家凤
责任校对：隗立娜
责任印制：邱　天

消费正义论
——消费的社会正义、生态正义和人本正义

俞海山　著

经济科学出版社出版、发行　新华书店经销

社址：北京市海淀区阜成路甲 28 号　邮编：100142

编辑部电话：010 - 88191441　发行部电话：010 - 88191522

网址：www.esp.com.cn

电子邮箱：esp_bj@163.com

天猫网店：经济科学出版社旗舰店

网址：http://jjkxcbs.tmall.com

固安华明印业有限公司印装

710 × 1000　16 开　14 印张　230000 字

2024 年 3 月第 1 版　2024 年 3 月第 1 次印刷

ISBN 978 - 7 - 5218 - 5752 - 8　定价：108.00 元

（图书出现印装问题，本社负责调换。电话：010 - 88191545）

（版权所有　侵权必究　举报电话：010 - 88191586

电子邮箱：dbts@esp.com.cn）

谨以此书纪念我的父亲俞年生（1929—2019）和母亲倪夏兰（1933—2023）

前　　言

　　乔治·奥威尔在《我为什么而写作》一书中指出了写作的四个动机：一是"纯粹的自我主义"；二是"审美的热情"；三是"历史性的冲动"——从事物本身的意义上观看事物的欲望；四是"政治性的目的"——这是宽泛意义上使用政治一词，意为想要沿着某一方面推动世界。[①] 我想，尽管每一个人写作的动机是多种多样的、各不相同的，但概括起来，写作的动机无非两类：一类是功利性的，另一类是非功利性的。当然，在现实中，这两类动机往往杂合在一起，难以完全区分。在我现在已经 50 多岁、早已评上教授职称的情形下，把研究成果作为"敲门砖"的意义已基本不存在了。因此，我对本书的写作少了些功利性的东西，而多了些非功利性的追求。确切地说，本书写作主要是出于自己的学术兴趣和研究偏好，希望比较纯粹地探讨消费正义理论，并以此推动消费正义实践。

　　为什么要研究消费正义？一方面是因为正义和消费正义在理论上的重要性。历史上，几乎每一个伟大的思想家都曾研究正义，甚至把正义作为一生的学术追求和实践理想。马克思研究正义理论并

　　[①]　George Orwell, Sonia Orwell and Ian Angus, *Collected Essays*, *Journalism and Letter*, vol 1, London: Secker & Warburg, 1968, pp. 23 – 30; pp. 6 – 30.

一生为正义理想而奋斗；约翰·罗尔斯的《正义论》、阿马蒂亚·森的《正义的理念》……均以研究正义为己任，这些伟大的思想家在研究正义理论时，均涉及消费正义问题。另一方面是因为现实问题对消费正义理论的"需求"。现实中，有的消费者经常说的一句话是"我花我自己的钱，谁也管不着"，似乎消费只是消费者个人的事，与他人无关、与社会无关、与自然无关。果真如此吗？那为什么人们会谴责"朱门酒肉臭，路有冻死骨"那种消费行为？为什么世界各国普遍禁止毒品消费？又为什么要禁止消费野生动物？为什么要批判消费主义行为？……要回答诸如此类问题，涉及对具体消费行为的价值判断，即消费是否正义问题，这就需要一种关于消费正义的理论。正是消费正义理论能为解决现实中的种种消费问题（即非正义消费）"供给"思路：正义理论能对现实问题进行"解释"和"指引"，满足现实的"需求"。现实问题需要"解释"——解释现实，需要"指引"——指导现实，这就需要理论。正义理论也是如此，"一种关于社会正义的理论能够提供一种系统的批评以及由此而来的纲领。这就是社会正义何以重要的原因所在。"① 推而广之，基于正义理论的扩展——消费正义理论同样具有对现实问题进行"解释"和"指引"的功能。消费正义理论不仅能为某种具体消费行为是否正义提供判断依据，更能为某种具体消费行为是否正义的判断作出理论阐释。

本人以往的学术研究也为消费正义研究奠定了基础，可以说本书是本人以往学术研究的延续和进一步深化。回顾本人30多年的学术之路，最早是研究消费经济学，关注消费与经济发展的关系；然后是研究消费生态学、环境经济学，关注消费与生态环境的关系、国际贸易与生态环境的关系等，并进而涉猎消费社会学。在这个过

---

① 布莱恩·巴利：《社会正义论》，江苏人民出版社，2012年，"序言"第3页。

程中，本人先后主持了国家自然科学基金项目"生活消费对水环境的影响及其治理的经济手段研究"、"低碳消费模式的形成机理、模型构建与实证研究"、国家软科学重大项目"碳关税对我国的影响及应对的经济手段与科技政策研究"等 5 个国家级项目。从研究消费与经济的关系、消费与生态环境的关系、消费与社会的关系进入消费正义领域的研究，是一个从专门领域研究走向综合领域研究的过程，也可以说是本人以往研究的延续和深化。2018 年，本人申报的项目"消费正义：视阈界定及其实现路径研究"得到国家社科基金项目立项资助，这是一个重要"推力"或"压力"，因为既然立项了，那就必须去研究、去完成。历经 5 年，虽然谈不上呕心沥血，但本人始终不敢懈怠，时时鞭策自己，终于得以完成此项研究。

　　本书写作的逻辑思路和各章结构安排如下：除了导论（第一章）外，先以历史视野对消费正义进行理论溯源（第二章），界定消费正义概念并对消费正义进行成本收益分析和时空属性分析（第三章），然后对消费正义的三个维度即社会正义、生态正义①和人本正义分别进行研究（第四、第五、第六章），进而回答消费正义何以必要（第七章）、何以可能（第八章）两大问题，最后试图寻求消费正义的实现路径（第九章）。归纳起来，本书内容主要就是回答了什么是消费正义、为何需要消费正义、如何促进消费正义三大问题。本书最后的三个附录《世界人权宣言》《地球母亲权利世界宣言》《人本主义宣言》，分别主要对应于本书关于消费正义的三个

---

　　① 消费的生态正义，核心是反映消费与自然的关系，因而也可称为消费的自然正义。本书之所以使用消费的"生态正义"一词而不用消费的"自然正义"一词，一则是为了与"生态文明"概念相呼应；二则是因为"自然正义"一词有特定含义，自然正义是英美法系（rule of law）的核心概念，一般是指法官据以控制公共行为的基本程序原则，这一原则有两个基本要求：一是任何人均不得担任自己案件的法官；二是法官应听取双方的陈述。因此，为了避免与通常意义上的"自然正义"一词相混淆，本书采用"生态正义"概念。

维度——社会正义、生态正义和人本正义，以供读者进一步参考和研究之用。当然，本书的目标绝对不是对上述三大问题作出标准答案，而是提供一些不同于前人的新的思维、新的方法、新的观点、新的启发，从而推进正义理论研究、推进消费正义实践。正如诺贝尔经济学奖获得者阿马蒂亚·森所说："我们只有通过怀疑、质问、辩论和审思，才能得出关于能否推进正义，以及如何推进正义的结论。"①

正义是一个综合性的问题，涉及哲学、经济学、政治学、法学、社会学，甚至生态学、人口学，等等，所以，研究正义问题的往往有经济学家、哲学家、社会学家、法学家，甚至是生态学家、人口学家，等等。消费正义虽然是从一个消费的角度研究正义，但其实同样是一个综合性的问题。消费正义的落脚点是正义，因而首先当然是一个政治学、哲学论题；消费的社会正义往往与收入分配、贫困、人权相关，因而是一个经济学、社会学、法学论题；消费的生态正义与生态环境、人口增长、自然法学相关，因而是一个与生态学、环境科学、人口学、法学相关的论题；消费的人本正义与精神消费、过度消费、人的全面发展等相关，因而又是一个哲学论题甚至还是一个心理学、医学论题。而且，在追求消费正义过程中，显然还涉及管理学、政策科学等。

因而，作为研究消费正义的本书，其最大特色是综合性交叉性——研究方法、研究视角和研究内容的综合交叉。本书试图打破经济学、法学、生态学、社会学等不同学科之间对正义和消费正义研究的壁垒，实现经济学和其他学科之间的对话和交融。以往，笔者更多是研究消费的某一领域或某一方面，例如可持续消费、低碳消费（出版了《可持续消费模式论》《低碳消费论》），主要反映消

---

① 阿马蒂亚·森：《正义的理念》，中国人民大学出版社，2012年，第362页。

费与自然的关系；或者研究消费外部性（出版了《消费外部性：一项探索性的系统研究》），主要反映消费与他人、与社会的关系，而本书则是综合研究消费问题——因为正义、消费正义是一个综合性的问题。好在本人虽然学识粗陋，但学术兴趣比较广泛，在本科、硕士、博士学习阶段曾分别攻读思想政治教育专业、经济学专业、人口学专业，拥有哲学学士、经济学硕士、法学博士学位，考取律师资格并作为兼职律师曾从事过几年法律工作。后来，长期研究消费与生态环境关系，特别是经过北京大学中国持续发展研究中心一年高级访问学者的"洗礼"（每两周一次的研讨会，参与研讨的有从事法学、经济学、管理学、环境科学研究的众多博士研究生和高级访问学者），深受导师叶文虎教授的学术影响，对可持续发展问题有所涉猎。在博士研究生学习阶段，本人在华东师范大学人口研究所攻读人口学专业，得到导师朱宝树教授的亲切指导，而人口研究所当时又隶属于资源环境学院，所以也受到人口、资源环境研究方面的熏陶。

　　然而，正所谓杂而不精，本人学业、专业上的"杂"很可能导致"不精"。对于消费正义这样一个综合性、交叉性的重大学术问题，本人在研究过程中常常感到力不从心，因此，本书必然会出现错误和不当之处，恳请读者批评指正。

　　感谢家人对我研究工作的支持。我的专业主要是经济学，对问题的看法往往是"经济学思维"；我妻子也是一位大学教授，但其专业是公共管理学，对问题的看法经常倾向于"政治学思维"和"社会学思维"，所以我和她之间经常会发生学术"争吵"。尽管妻子的观点与我常常不一致，但在与她的争论中我获得不少启发，也会受她的影响，这一定程度上使得本书的观点不是那么纯粹的"经济学思维"。儿子一家人远在美国工作生活，不需要我为他们操心（当然也很遗憾，少了许多天伦之乐），使我能安心学术研究；而且，尽管他从事精算工作，不搞科研，但他一直爱好读书，是一个非常有品德、有思想的人。

浙江外国语学院

俞海山

2024 年 1 月

目　录

第一章

导　论

现实世界中，各种炫耀性消费、愚昧性消费、粗俗性消费、异化性消费等屡见不鲜，有的方面甚至到了泛滥的程度，导致环境污染、资源耗竭、社会阶层冲突、人文精神失落、精神空虚甚至人性扭曲。上述种种消费的共性是缺乏正义性，因此，研究消费正义理论、促进消费正义实践乃是现实的迫切需要。本章简要介绍本书的研究背景、梳理学术文献、确立研究框架，并归纳创新之处。

第一节　研究背景

本书中"消费"一词，如果没有特别说明或特别限定，则是指"生活消费"。

无论是世界层面还是中国层面，消费领域存在众多问题，主要表现在：从社会学角度看，人际消费差距极大；从生态学角度看，消费严重危害生态环境；从人文角度看，消费主义盛行，过度注重物化消费而忽视精神消费，导致人文精神失落。我国愚昧型、陋俗性、"暴发户式"消费依然存在。上述种种问题，虽然表现形式各异，但其共性都是消费对他人、对自然、对自身的非正义性。

"正义是社会制度的首要品质，正像真理是思想体系的首要品质一样"①。

---

① 约翰·罗尔斯：《正义论》，中国社会科学出版社，1988年，第3页。

然而，反观当前我国，一方面，公平正义的缺失成了突出的社会问题；另一方面，我国正逐渐进入"消费社会"，各种不合理消费涌现，为此，党的十九大报告强调促进社会公平正义、反对奢侈浪费和不合理消费、推进消费革命。中央提出的公平正义和消费革命的目标与现实中消费行为的非正义性之间的巨大落差，使消费正义成为当今我国必须研究的重大理论和现实问题。

对于消费的研究，我国学者关注和研究最多的内容是扩大消费问题，目的是通过扩大消费刺激经济增长。把消费作为刺激经济增长的手段，这种思路是把消费当作"工具性"价值，而没有看到消费本身即是目的，因此一定程度上颠倒了手段与目的的关系。在注重扩大消费问题研究的同时，学者们却对消费的正当性问题缺乏足够的研究，即对消费正义问题的研究比较忽视。

第二节　文献综述

国外学者历来重视正义的研究，洛克、卢梭、霍布斯等众多学者把正义视为对自由、平等、博爱的追求。马克思、恩格斯从现实的人或现实的社会关系出发，建立了马克思主义正义观。现代西方正义的研究以罗尔斯、诺齐克等为代表。罗尔斯的正义观是建立在传统社会契约论基础上的道德正义论，取代了边沁功利主义的正义论，并提出了著名的"两个正义原则"。诺齐克主张自由主义的持有正义论。此外，马克斯·韦伯、尤尔根·哈贝马斯、阿马蒂亚·森、布莱恩·巴利（Brian Barry）、玛莎·C. 纳斯鲍姆（Martha C. Nussbaum）等均对正义有深入研究，提出了独到观点。

随着"消费社会"的到来，学者们把正义研究扩展到消费领域，开始重视对消费正义问题的研究。目前，已逐渐形成了一股研究消费正义问题的洪流，这一洪流由三个相对独立的研究支流汇聚而成：（1）消费正义的经济学研究路线。其核心是从生产与消费关系的角度研究消费问题，围绕"节俭消费""不消费就衰退"两个对立的观点展开讨论，主张刺激消费从而刺激经济增长，代表人物如孟德维尔·贝尔纳德、约翰·梅纳德·凯恩斯，等等。（2）消费正义的哲学、政治学、社会学研究路线。包括鲍德里亚、马尔库塞、弗罗姆等提出的消费社会理论、对消费主义的批判，以及艾伦·杜宁（Alan Durning）、比尔·麦克基本（Bill Mckibben）等对消费公平的研究。（3）消费正义的生态学研究路线。20世纪后半期，随着全球生态环境问题的爆发，有学者开始从生态角度研究正义问题，如施雷德·弗雷谢特（Shrader-Frechette）提出了环境正义（也称生态正义）这一核心概念；威塞尔特·霍夫特（Visser't Hooft）对环境正义进行分析，并涉及消费领域的环境正义问题；罗宾·雷钦科和威廉·苏莱克（Robin M. Leichenko and William D. Solecki）研究了发达国家的消费与环境正义问题。从研究动态和趋势上看，随着世界环保运动日益扩展、深化，未来的重点可能会继续强化和扩展对消费的生态正义的研究。

国内直接关于消费正义的研究起步于2002年。主要有：（1）关于消费正义的内涵与原则。郑永奎（2002）研究了消费正义与人的存在和发展问题，用描述的方式表述了消费正义的内涵，并指出了非正义消费的各种表现。何建华（2004）在《经济正义论》中把消费正义与生产正义、交换正义、分配正义相并列，提出了消费正义的基本原则（适度消费原则、公正原则）。段江波（2010）提出了消费正义的"三阶"层级原则：即合法性原则、合理性原则与合目的性原则。（2）关于消费正义的研究视角。毛勒堂（2006）、齐亚红（2008）从哲学伦理学视角探讨消费正义的内涵，并从消费正义视角批判了现实中的消费主义。晏辉（2007）、田翠琴（2007）、张舜清（2007）从社会公正角度研究消费正义。随着生态环境的恶化、随着我国生态文明建设的提出，何建华（2012）、葛雷与董福德（2015）从生态文明角度研究了消费正义。（3）关于消费正义的实践路径。齐亚红（2008）从消费者个体、企业、政府三个方面寻求消费正义的实践路径。有的学者（刘尚希，2011；鲍金，2011）则提出了通过基本公共服务均等化、绿色消费等途径实现消费正义的对策；从趋势上看，伴随着我国进入"消费社会"，消费正义研究必然成为研究热点。

尽管国内外学者对正义的研究已经非常深入和系统，但关于消费正义的研究总体上处于起步阶段，还存在以下不足：（1）国外学者把正义研究从传统的哲学社会学领域扩展到生态环境领域，把传统的"分配性正义"研究扩展到"生产性正义"研究，这是重要的理论突破，但他们总体上忽视"消费性正义"的研究,这是正义理论研究中的"空场"。①（2）国内学者主要是从单一的哲学、经济学、社会学角度研究消费正义,缺乏不同学科视阈的交叉性、综合性的系统研究,研究存在碎片化,表现为尚未有消费正义的专著出版。（3）国内外学者均缺乏对消费正义的实证与定量研究,利用我国统计数据分析我国消费正义实践的研究尚未见到,导致消费正义研究的应用性不强。上述不足表明,消费正义问题尚存在巨大的研究空间。

第三节　研究框架

本书研究的主要目标在于:（1）回答什么是消费正义:从社会、生态、人文三个维度研究消费正义,建立消费正义的基本概念体系、基本命题和理论框架,从而实现消费正义研究的理论创新。（2）阐述为何需要消费正义:从住房消费、教育消费、鱼翅消费、香烟消费等不同角度进行实证研究。（3）研究如何走向消费正义:基于世界和我国消费实践,发现世界和我国在消费正义领域中存在的问题和"短板",寻找通向消费正义的路径。

本书的研究框架如下:

一是消费正义理论的历史考察——这是本书研究的基础。任何研究都是站在前人肩膀上的,因此,本书首先考察历史上学者关于正义、消费正义的学术思想,挖掘亚当·斯密、马克思、罗尔斯、鲍德里亚、阿马蒂亚·森等经济学家、哲学家、社会学家理论中蕴含的消费正义思想。最终归纳出消费正义研究的三个视阈和维度:人与他人、人与自然、人与自身。

二是消费正义的基本理论研究——这是本项研究的核心。本部分基于消费正义研究的三个维度:人与自然关系的维度、人与他人关系的维度、人与自身关系的维度,创新性地界定消费正义的概念,分析消费正义的内涵与外延,对消费正义进行成本收益分析,解析消费正义的时空属性。本部分界定了消费正义研究的三个视阈:消费的社会正义、消费的生态正义、消费的人本正义。消

---

① 葛雷、董福德:《从"生产性正义"到"消费性正义"》,载于《江苏大学学报（社会科学版）》2015年第1期,第46页。

费体现着人与人之间的关系，因此，需要研究人与人之间的消费正义问题即消费的社会正义，包括代内消费正义和代际消费正义。随着全球人口增长、消费扩张以及不适当的消费方式，自然生态环境遭到严重破坏，因此，必须研究消费的生态正义。消费是"人"的消费，消费的根本目的是促进人的全面发展，因此需要研究体现和促进人的本质的消费即消费的人本正义，核心是增加精神消费。

三是消费正义的必要性、可能性、路径分析——这是本书研究的归结。本部分从现实中消费对自然、社会、人自身的非正义性出发，回答我们这个时代为什么需要消费正义。从人类认知进步、世界经济发展、各国制度改进的角度回答我们这个时代为什么实现消费正义是可能的。本书最后试图寻求实现消费正义的路径，即寻求由三个子目标（消费的社会正义、生态正义、人本正义）、多个主体（政府、消费者、NGO）、多种手段（教育手段、经济手段、法律手段等）组成的实现消费正义（即总目标）的路径。

第四节　创新之处

科学研究的生命在于创新。本书虽然是基于前人的科研成果，但试图站在前人肩膀上进行创新和发展。本书的主要创新之处在于：

一是以简洁的方式界定了消费正义的概念及其衡量方法。如果一个人的消费行为对自然、对他人、对自身不造成侵害，那么他就具有消费的自由、具有消费的权利，这种消费行为就是正义消费，或者说具有正义性。这一定义揭示了消费正义的本质特征是"对自然、对他人、对自身不造成侵害"——这也就是消费正义概念的内涵。同时，本书指出了消费正义的核心就是消费收益大于消费成本，严格地说，消费正义就是消费的社会收益（包括个体收益和外部收益）大于消费的社会成本（包括个体成本和外部成本）——这也是衡量消费正义的最简洁的方法。当然，这里的"收益"和"成本"都是广义的，包括经济的、社会的、生态的甚至是心理上的。本书提出消费正义＝"消费收益＞消费成本"这个观点，也许有"经济学帝国主义"的嫌疑，但我认为这可能是衡量消费正义的最简洁的科学表达式。

二是确立了消费正义的研究视阈、概念体系和研究框架。已有研究虽然涉及消费的社会正义、生态正义、人本正义等方面的内容，但均没有明确提出上述三个概念并进行系统研究。而本书从消费的社会属性、生态属性、文化属性三个方面进行系统研究，创新性地提出消费的社会正义、生态正义、人本正义三个次一层级的概念，这不仅为消费正义研究确立了三个新视阈，是推动消费正义跨学科研究的重要尝试，而且为消费正义研究提供了概念层次支撑和学术研究框架。

三是尝试寻找走向消费正义的路径。走向消费正义，这既是整个世界的共性选择，也是我国的必然要求。本书试图在分析消费正义必要性可能性的基础上，寻求世界走向消费正义的路径，并对我国走向消费正义提出了对策建议。当前我国正处于从全面小康走向共同富裕的新阶段，正处于进入消费社会的"入口"，正是促进消费正义的重要历史机遇期。一旦错过这一历史机遇，消费模式基本定型后，回头再试图走向消费正义，那可能需要付出极大的经济、社会和生态代价。我国走向消费正义，特别需要政府干预，政府促进消费正义的重点是促进生态消费、维护人与自然的和谐，促进公平消费、维护人与人之间的和谐，促进精神消费、维护人自身的身心和谐。

第二章

消费正义的理论溯源

虽然消费正义概念在 20 世纪后半期才出现，但涉及消费正义的相关理论、观点早就有之。因为消费正义的核心问题是消费正当性的价值评判问题，所以只要涉及消费是否合理、是否正当、是否应该等方面的理论、观点，均属于消费正义研究的领域。在人类历史上，涉及消费正义领域的思想家浩如烟海，本章择要介绍一些著名思想家的观点。

第一节　从亚当·斯密到萨伊

亚当·斯密（Adam Smith，1723—1790），被誉为"现代经济学之父"，在他构建的经济学理论体系中，蕴含着极为丰富的消费思想，涉及消费的地位、消费的评价标准等问题。

消费具有怎样的地位？亚当·斯密关于消费与生产之间关系的观点，充分反映了其对消费地位的看法。斯密认为：一方面，生产是消费的基础，消费源于生产。人们所能消费什么产品、消费多少产品取决于当时的生产力："在未开化的渔猎民族间，生产力水平极其低下，消费水平亦极低。反之，在文明繁荣的民族间，往往一切人都有充足的供给，就连最下等最贫穷的劳动者，只要勤勉节约，也比野蛮人享受更多的生活必需品和便利品。"① 另一方面，消费

---

① 亚当·斯密：《国民财富的性质和原因的研究（上卷）》，商务印书馆，1972 年，第 2 页。

是生产的出发点和落脚点，是生产的归宿。"消费是一切生产的唯一目的，这原则是完全自明的，简直用不着证明。"① 斯密认为，生产与消费在量上是恒等的：任何一个部门生产的产品都可以在另一个生产部门得到补偿，不论在价值形式上，还是在物质形态上。

那么，什么样的消费是具有正义性的？或者说评价消费是否正义的标准是什么？斯密认为，不同的消费会产生不同而深远的影响。有的消费比其他的消费更能促进"国富的增长"，作为个人的收入，其用于购买即享即用的物品（易耗品）和劳动服务的部分，常常是当即购买、当即消费掉，来日仍须重新购买、重新消费，今日的消费不能对来日有益（即不能对未来生产规模的扩大有益）；反之，其用于购买耐久性商品（如房屋、家具、书籍图画等）的部分，今日的消费总能增进明日消费的效果，而使个人境况日渐改进，因为耐用性消费品可长期使用，在短时期内无须重复性消费，从而使收入的一部分可节省下来，有利于资本的积累，从而有利于国家财富的增长。斯密尤其主张节俭、反对奢侈。他认为，只有节俭，才能不断地促进资本增加，才能保证用于生产的劳动基金正常运转，为劳动者源源不断地创造价值提供条件；相反，奢侈不仅不能促进资本的增加，反而造成对资本的滥用和浪费。对于奢侈和节俭，他总结道："奢侈都是公众的敌人，节俭都是社会的恩人。"② 斯密指出，尽管每个个体都有自由支配自己支出行为或消费行为的权利，但消费行为上表现出的节约与奢侈，不仅反映了个人的素质和人生境界的高低，而且反映了对待作为同胞的社会劳动者的态度，它们对社会风气和社会道德发挥着导向作用。可见，斯密对一种消费是好是坏、是善是恶的评价，是根据这种消费对社会资本的影响是增加还是减小，是有利于社会的物质资料的生产者还是有利于非生产者，是有利于增加社会的财富还是减少社会的财富这一标准来确定的（聂文军，2006）。简言之，斯密是把能否"国富"（增加国民财富）作为消费是否正义的评价标准，这也正好符合他的代表作名称《国富论》（《国民财富的性质和原因的研究》）。

斯密很好地论证了生产与消费的关系，揭示了消费的重要地位。斯密在消

---

① 亚当·斯密：《国民财富的性质和原因的研究（上卷）》，商务印书馆，1972年，第227页。
② 亚当·斯密：《国民财富的性质和原因的研究（上卷）》，商务印书馆，1972年，第313页。

费领域主张节俭而反对奢侈，这与其所处的历史背景高度相关：在斯密时代，资本主义处于起步阶段，整个世界尚处于商品短缺时代，经济危机尚未发生，因而斯密鼓励生产，同时在消费领域主张节俭，把节俭消费看成是正义的，而把奢侈消费看成是非正义的。下面我们会看到，这一点与后来的经济学家凯恩斯的观点有巨大的、本质的差异。同时，斯密关于消费是好是坏、是善是恶的评价标准，一定程度上确立了消费是否正义的评价框架，对于后人界定消费正义的内涵、确定消费正义的评价标准等具有重要参考价值。

让·巴蒂斯特·萨伊（Jean-Baptiste Say，1767—1832），自封为斯密理论在欧洲大陆的阐发者，他对斯密的理论推崇备至，但又认为斯密的理论在体系上存有缺陷，其中之一就是对财富生产的对立物——财富的消费未能很好地加以阐述，为此，萨伊提出了较系统的消费理论（蒋伏心，1989）。萨伊在西方经济思想史上第一次将消费与生产、分配并列，即政治经济学分为生产、分配、消费三个彼此独立部分。

萨伊从消费与价值、效用、财富等的关系出发，把生产、价值、效用、财富等合成一体，认为生产就是"创造效用""创造财富"，也就是创造价值[①]；而生产的反义语消费就是价值和效用的消灭，或者说是财富的消灭。"消费，消灭任何东西的效用，消灭任何东西的价值，严格地说是同义语。"[②] 萨伊把消费分为生产性消费和非生产性消费。生产性消费实际上是生产者的事，因而他着重讨论的是非生产性消费。非生产性消费包括个人消费和政府为公共目的而作的消费，它来自劳动、资本和土地的收入。

萨伊认为，生产的目的是消费，但消费是由生产决定的，而且生产会创造消费。基于这种生产与消费的关系理论，萨伊提出了消费领域中一个极其重要的消费伦理原则——适度消费（陈银娥，1995）。

为了寻求适度消费内涵，萨伊详细论述了节约、吝啬、奢侈、浪费、阔绰等之间的区别及它们所产生的不同效果。萨伊认为，节约是深思熟虑与健全判断的产物，是以自己的收入为基础，既考虑现今需要，也考虑将来需要，既考虑自己的需要，也考虑家庭与朋友的需要，合理地最有效使用自己的收入。

---

① 萨伊：《政治经济学概论》，商务印书馆，1982 年，第 59 页。
② 萨伊：《政治经济学概论》，商务印书馆，1982 年，第 436 页。

换言之，节约是有目的的消费，它意味着克己自制，并产生最愉快的结果。因此，节约是一种美德，而且节约的力量无比巨大，它有助于资本的积累，增加财富，从而走向富裕，因而节约是一个特别值得鼓励的习惯。吝啬只为着积累而积累，而不是为消费或再生产而积累，吝啬实际上等同于"守财奴"，它不愿进行消费，是一种有可能享受而不去享受的行为，是一种"卑鄙地考虑自己而牺牲一切的劣根性"[①]。奢侈大体上可以说是贵重物品的使用或消费，它的目的不是为了效用便利和满足，而仅仅只为了夸耀和炫耀。"那些滥用大权力或大才能传播奢侈习尚的人，是社会幸福的最大敌人"[②]。浪费则是为消费而消费，是一种无目的的消费，是一种犯罪行为。阔绰和吝啬一样，"把财富所能给予它的所有者的利益剥夺掉"，"它对社会的危害更大，因为它浪费并毁灭应当成为劳动的支柱的资本，而由于它毁灭资本这一生产要素，所以它也毁灭劳动即最重要的生产要素"[③]。萨伊这样严格区分吝啬、节约、奢侈、浪费等行为，是和他的效用就是价值、从而也就是财富的观点相联系的：吝啬是守财奴，没有充分发挥财富的效用；而奢侈与浪费则是损失财富的效用。

基于以上节约、吝啬、奢侈、浪费等分析之后，萨伊提出了非生产性消费的一般原则。他认为，最适宜的消费应该是：（1）有助于满足实际需要的消费。这里所说的实际需要，是指关系到人类生存、健康与满意的需要。如果国家所消费的物品是为了便利生活，那么这种消费便是适宜的消费，而且这些便利品越多越好。（2）最耐久、好质量的消费。萨伊认为，对国家或个人来说，以最耐用和最常用物品为主要消费对象，是明智的政策，而常常变更式样是不明智的办法。因为在原来物品上没有失去其效用以前，就把它们丢开或者说加速折旧必然使国家陷于贫困，它既增加消费，又造成物质浪费。（3）集体消费。因为集体消费可以充分发挥人力、设备的效用，提高生产力。比如，一个厨师能够煮十个人的饭，正像他煮一个人的饭那么容易。（4）和道德标准相符合的消费。违反道德规律的消费，往往造成公众或个人的灾难，因而是不合适的消费。因此，"不能像所预期那样满足欲望而却招人厌恶与令人不满的消

---

① 萨伊：《政治经济学概论》，商务印书馆，1982 年，第 457 页。
② 萨伊：《政治经济学概论》，商务印书馆，1982 年，第 462 页。
③ 萨伊：《政治经济学概论》，商务印书馆，1982 年，第 454 页。

费"如"个人的浪费与放纵，以及国家完全为报仇而进行的战争，……或为虚荣而进行的战争"① 等，都是不明智的消费。

萨伊进一步区分了个人消费与公共消费，并把其适度消费理论渗透在个人消费与公共消费的分析中。

萨伊认为，个人消费是指以满足家庭需要与个人需要为目的的消费，这些需要主要是衣食住与娱乐。一个家庭要维持下去，他的消费就必须与他的收入、财产、社会地位及需要相符合，他的消费必须在合理的限度内进行，也就是说，在每一次消费时他应该衡量对比消费所牺牲的价值与消费所提供的满足。如果消费的范围过于狭窄，那么他就得不到他的资产所允许的满足；相反，如果消费的范围定得过大，则又会侵蚀到不应该滥用的财富，长此下去，会使他的财富越来越少，从而变得贫穷。

同时，萨伊也详细论述了公共消费。他指出，公共消费的目的就是满足社会作为整体的需要。公共消费或为整个社会的一般福利所作的消费，与为满足个人或家庭需要所作的消费完全相似，它们都有价值损失，都有财富损失，或者说对社会财富都具有同样的影响。因此，公共消费和个人消费一样，也必须遵守适度消费的原则。如果公共消费能使生产更为有利，能给国家带来相当的利益，那么这样的消费才是合适的，否则就是浪费，国家的奢侈和浪费只会使国家变得贫困，它比个人的奢侈和浪费危害更大。萨伊看到了政府公共消费对个人消费的示范作用，"如果政府耽迷于豪华与铺张，豪华与铺张便将成为风气，大家竞相仿效，连判断力较强、思考比较周到的人在一定程度上也将随波逐流"②。因此，政府应特别注意其行为，他主张，对政府的民政与司法费用支出、海陆军费用的支出应当进行适当控制，因为民政与司法费用往往具有炫耀性甚至支付给无能的官员，而军备费用的限度在于为了抵御外敌攻击；反之，应当扩大公共教育费用支出，因为公共教育有助于提高对自然规律的认识，有助于提高人的文明程度，有助于长期收益与人类幸福的增进。

综上可见，萨伊继承并发展了斯密关于生产与消费关系的理论，并进一步突显了消费的重要地位。在消费领域，萨伊主张节俭而反对奢侈的观点也与斯

---

①② 萨伊：《政治经济学概论》，商务印书馆，1982年，第451页。

密的观点一脉相承，这种观点反映出在资本主义市场经济发展的早期，资产阶级经济学家往往把资本增加、财富增值的直接原因归纳为资本家的节俭而不是勤劳。当然，这种观点也就否认了马克思所指出的资本原始积累中"资本来到世间，每一个毛孔都滴着血和肮脏的东西"的残酷现实。但萨伊关于适度消费的理论，不仅在消费理论史上具有重要学术价值，而且对于以后各国消费政策的制定具有重要的实践参考价值，更是对于消费是否正义的评价具有重要启发意义。

第二节　马克思的消费正义思想

卡尔·马克思（Karl Heinrich Marx，1818—1883）是德国伟大的思想家、政治学家、哲学家、经济学家、革命理论家、历史学家和社会学家，主要著作有《资本论》以及与恩格斯共同撰写的《共产党宣言》等。马克思是马克思主义的创始人，国际共产主义运动的开创者，马克思主义政党的缔造者，世界无产阶级的精神领袖。马克思的个人消费思想具有丰富的人本蕴涵，它为人的消费指明了目的和方向（廖小琴，2013）。

马克思认为，对消费的研究必须放到一定的社会生产关系中，放到社会生产总过程中，在生产与消费的相互关系中去认识和把握。从社会生产总过程看，生产与消费的关系表现为生产是消费，消费也是生产，生产与消费具有直接的同一性，二者相互依存，互为中介。但是，如果就一个主体来说，生产和消费表现为一个行为的两个要素。"在这个过程中，生产是实际的起点，因而也是起支配作用的要素。消费，作为必需，作为需要，本身就是生产活动的一个内在要素。"① 生产者个人通过消费对象来返回自身、生产自身、发展自身。这里，生产决定着消费，消费表现为生产的要素，为生产创造主观条件。

马克思指出，在不同的社会和社会生产力发展的不同阶段，生产的状况不同，消费的状况就不同，消费的地位和作用又完全不同。在未开化的野蛮社

---

① 《马克思恩格斯全集》第30卷，人民出版社，1995年，第35页。

会，生存的直接需要是生产的界限，消费也就只是具有存活生命的作用，生产的状况直接决定简单的消费，消费对生产的反作用微乎其微；在资本主义社会，人与人之间的关系变成统治和被奴役的关系，消费呈现两极分化状态。对工人来说，他的消费服从于资本家榨取剩余价值这一生产目的。因此，工人的消费直接是为了维持生存和延续后代，为了把自己作为资本扩大再生产的劳动力再生产出来，因而工人的消费不是他个人的自我享受，不是他的精神目的的实现。由于消费对生产的制约作用，这种两极分化的消费必然最终会造成总体上资本主义消费相对狭小，从而严重制约社会再生产的顺利进行。只有在社会主义社会，在生产力高度发展的水平上，才"可以满足全体社会成员丰裕的消费和造成充实的储备，而且使每个人都有充分的闲暇时间去获得历史上遗留下来的文化——科学、艺术、社交方式等中一切真正有价值的东西；并且不仅是去获得，而且还要把这一切从统治阶级的独占品变成全社会的共同财富并加以进一步发展。"①

在马克思看来，消费是分层次的。最初的消费需要是"必要的需要""最直接的需要""最重要的需要"，也就是为了生存和生活而需要衣、食、住以及其他东西。满足这些需要的活动，马克思称为"第一个历史活动"。随着社会生产力的发展，需要不断发展。而且需要满足的方式不断变化，需要的内容不断丰富，层次也不断提升，精神需要、社会需要这些高层次的需要不断产生出来。最后，需要的满足在超出一定的物质界限后，主要表现为人的本质的、内在的精神需要和社会需要的满足，以及多方面才能的发展。因此，消费生产需要，需要引起消费，但个人消费并不仅是为生存而消费，为生活需要的满足，其最终目的是人的发展。反过来，人的发展过程实际也就是人的需要不断产生并通过生产实践活动和消费活动不断满足的过程。

马克思指出，为了能够更为高级地消费，个人必须全面地发展自己的消费能力，包括对消费品的判断力、选择力、欣赏力、创造力等。消费的能力是消费的条件和首要手段。"因为要多方面享受，他就必须有享受的能力。"② 否则，即使有最美的音乐，对于没有音乐感的耳朵来说，也毫无意义。在马克思

---

① 《马克思恩格斯选集》第3卷，人民出版社，1995年，第150页。

② 《马克思恩格斯全集》第30卷，人民出版社，1995年，第389页。

看来，消费力的高低与精神消费水平的高低密切相关，而精神消费水平的高低
又往往反映出消费者的主体素质和个人发展的全面性。为了全面地提高个人的
精神消费水平，发展个人的精神消费能力，人们越来越需要在精神上掌握自由
的时间，也就是可以自由支配的时间，使个人得到充分发展的时间。马克思认
为，自由时间对于人的消费活动和个人发展非常重要。如果没有这种自由时
间，个人就不能有较好的高质量的消费活动，也就不能使自己变成另一主体，
更谈不上全面发展和自由个性的发展。马克思指出，社会生产力的发展必然会
给人留下越来越多的自由时间，使个人在艺术、科学等方面得到发展，个人消
费的最终发展趋势必然是精神消费主导人的自由而全面发展。

马克思与消费正义相关的理论集中体现在他对消费异化的批判上。异化的
含义是指事物在发展变化中逐步走向自身的对立面，消费异化是指消费行为偏
离了为满足"类"的需要的本真价值和目的，为了满足虚假需要而进行的无
"需"而"求"的消费。产生消费异化的根本原因是市场经济体制下的资本逻
辑使消费从属于价值增值的消费者奴役状态，在其引导下的消费观和消费主义
导致人们消费欲望的病态化。消费异化是财富占有成为衡量人价值尺度的历史
语境下的工具理性的结果，其实质是通过消费欲望的激发及消费符号化实现消
费对人的主宰和控制。

消费异化集中体现在消费主体客体化和消费客体主体化，最终表现为消费
行为主客体工具化（崔宝敏和董长瑞，2018）。从根本上说，消费就是人的需
要获得满足的过程，其根本动因是满足人的需要，消费的主体是人，消费的最
终指归也是为了人，消费的客体——物质也是为人而存在、因人的使用而消
失。马克思认为，在资本主义社会，异化的消费已经不再是为了满足全体社会
人民的需要，而是为了满足经济运行中的资本增值的需要，消费的主要功能和
意义变成了对过剩产品的消耗，消费成为支撑经济增长和实现剩余价值的工具
和手段。因为只有消耗掉这些过剩产品，实现新的商品价值"惊险的跳跃"，
才能使再生产得以继续。无论是工人生产劳动中的体力消耗还是消费品的购买
和使用，同样都来自一个扩大再生产进程中对生产力不断进行控制的巨大逻辑
程式中，只是资本链条上的工具，其目的是获得更多的货币，而不是人的生存
和发展。在资本的谋划下，人沦为消费的工具，消费宰制着人，消费被异化：

"在私有制范围内，每个人都使别人产生新的需要，力图创造出一种支配他人的、异己的本质力量，以便从这里面找到他自己的利己的需要的满足。"① 这里的"自己的利己需要"实际上就是资本家对利润的追求，为了获得更多利润，资本家通过各种方式创造需要和消费欲望，这无疑是超越了人的真实需要的虚假消费和异化消费，充分展示了隐藏在消费铜镜里的"工具特性"。当这种占有物质的方式占据了人的消费行为决策时，人的存在就趋向于用物来衡量的单向度的人，这就是人的异化——异化沦落成消费动物。

马克思的消费理论不同于其他所有人的地方，在于存在如下鲜明特点：（1）综合性。马克思并非从单一的某个学科角度出发研究消费，而是从经济学、社会学、哲学等多个学科综合地研究消费。马克思既是伟大的政治学家、哲学家、经济学家，也是伟大的历史学家和社会学家，所以马克思能从不同学科的角度研究消费。从经济学角度，马克思阐明了消费对生产、对经济的促进作用和引导作用；马克思也从社会学角度研究，阐述了无产阶级的消费和贫困问题，正因为资本家阶级无偿获取无产阶级所创造的剩余价值，这种剥削导致阶级对立并进一步导致经济危机和社会危机发生，最终必将导致资本主义消亡；同时，马克思也从哲学角度，阐述了消费对于人的全面发展的价值，以及在资本主义社会的消费异化现象。（2）历史性。马克思始终基于历史唯物主义立场观点和方法，把正义纳入历史的范畴中加以考察，而反对抽象的、形式化的正义阐释："说什么天然正义，这是毫无意义的。生产当事人之间进行的交易的正义性在于：这种交易是从生产关系中作为自然结果产生出来的……只要与生产方式相适应、相一致，就是正义的；只要与生产方式相矛盾，就是非正义的。在资本主义生产方式的基础上，奴隶制是非正义的。"② 正因为如此，马克思才能从历史维度阐释工人阶级的消费与资本家阶级的消费，阐明了"与生产方式相一致"的阶段性正义，表明了正义的历史性。（3）阶级性。马克思始终站在无产阶级立场上研究消费，为无产阶级的利益而呐喊，因而，马克思消费理论是科学性与阶级性相统一的典范。马克思指出，正因为资本家凭借生产资料所有权，迫使工人进行劳动并"合法地"占有工人创造的剩余价

---

① 马克思：《1844 年经济学哲学手稿》，人民出版社，2000 年，第 72 页。
② 《马克思恩格斯全集》第 46 卷，人民出版社，2003 年，第 379 页。

值，因而是非正义的；同时，在资本主义社会，无产阶级的消费从属于资本家阶级的需要，从属于资本主义生产的需要，也体现出非正义性。

第三节　从凯恩斯到鲍德里亚

约翰·梅纳德·凯恩斯（John Maynard Keynes，1883—1946），现代宏观经济学创始人，在西方经济学界引发"凯恩斯革命"。1929～1933年发生资本主义大危机，标志古典经济学那种市场能自动维持充分就业、促进经济增长的理论破产。1936年，凯恩斯出版《就业、利息和货币通论》一书，系统地提出了一套新颖的有效需求理论，并主张国家干预经济生活，进而摆脱经济危机。

凯恩斯认为，经济危机的原因在于有效需求不足，即"生产（供给）增长大于需求增长"：一方面是消费资料的有效需求不足，即消费不足；另一方面是生产资料的有效需求不足，即投资不足。他对消费需求不足赋予特别重要的地位，认为投资不足最终不过是消费不足的派生现象。

在凯恩斯的理论体系之中，消费与储蓄这一对经济变量是呈反方向变动的。如果社会储蓄减少，将会导致消费增加，这样一来，在市场经济体制下，消费者主权的充分作用将会刺激私人企业增加社会投资、扩大社会再生产，从而使整个社会的就业水平提高，经济逐步呈现繁荣，最终导致国民收入水平的提高；反之，如果社会储蓄的增加不能及时转化为消费的力量，那么整个社会经济活动将会面临一种紧缩的压力，当这种压力超过某一临界点之后，就会引发经济萧条和危机。

为什么会产生消费需求不足呢？凯恩斯用消费倾向基本心理规律来解释。消费倾向递减是指随着收入的不断增加，人们的消费会随之增加，但不如收入增加得那么多。"无论从先验的人性看，或从经验中之具体事实看，有一个基本心理法则，我们可以深信不疑。一般而论，当所得增加时，人们将增加其消费，但消费之增加，不若其所得增加之甚"。① 在新增加的收入量中，用于消

---

① 凯恩斯：《就业利息和货币通论》，商务印书馆，1996年，第85页。

费的逐渐减少，用于储蓄的将逐渐增加。"还有一点也很明显：一般而论，所得之绝对量愈大，则所得与消费之间差距愈大……故一般而论，设实际所得增加，则储蓄在所得中所占的比例增加"。① 这就是说，随着社会收入的增加，增加的收入中消费所占的比例不断减小，于是就引起人们对消费品需求的不足，即消费不足。而边际消费倾向递减之背后的原因，他归咎于"人类天性"——人们天生就有爱好储蓄的心理倾向：收入增加，就倾向于把更多的钱储蓄起来，从而在整个收入中用于消费的份额就会递减。

正是出于消费与储蓄对国民收入存在着不同影响这一理论，凯恩斯最终得出了一个与传统主流经济理论完全相悖的推论：按照古典经济学家的道德观，节俭（或节欲）有利于社会储蓄的增加，因而是一种美德；相反，鼓励消费或减少储蓄的做法是应该被明令禁止的。但是按照社会储蓄变动将会引起国民收入反方向变动的理论观点，增加社会储蓄一定会减少国民收入，进而引发经济衰退，是断不可取的；而减少社会储蓄将会增加国民收入，推动经济走向繁荣，应为明智之举。这便是著名的"凯恩斯节俭悖论"。凯恩斯在演说中大声疾呼："爱国的主妇们，明天一早就出发，跑到大街上去，那里到处是广告，到处是五花八门的货物，听你选购。"这不仅会使你大受其益，而且"你买这些便宜货时，是在促进就业，是在为国家增进财富。"② 如果把凯恩斯的消费理论与正义联系起来，则可以用一句话来概括：消费即正义，节俭则为非正义。

凯恩斯以"节俭悖论"为基础的有效需求管理的宏观经济政策主张，为当时西方资本主义经济摆脱危机提出了一条比较现实途径。正因为如此，第二次世界大战以来的西方经济学发展都直接或间接地受到了凯恩斯经济学理论的影响，而西方资本主义国家在经济政策方面的实践更是深深地打上了凯恩斯主义的烙印（肖黎明，2004）。自第二次世界大战结束到 20 世纪 60 年代这段时期，西方社会经济发展的基本模式可以简单地概括为"大量生产，大量消费"。凯恩斯理论虽然对于战后经济恢复和发展起到了重要的促进作用，但由于凯恩斯理论对消费作用的过分强调，促成了后来"消费主义""物质主义

---

① 凯恩斯：《就业利息和货币通论》，商务印书馆，1996 年，第 85 页。
② 凯恩斯：《劝说集》，商务印书馆，1962 年，第 116 - 117 页。

（materialism）"的形成和扩散，过度消费、物化消费没有顾及资源环境的承载
力，更没有顾及人自身的全面发展，从而给整个世界的资源节约、环境保护带
来负面影响，也不利于人的全面发展。

从斯密主张的节俭消费到萨伊主张的适度消费，再到凯恩斯提出的鼓励消
费，形成了一条"由俭到奢"的清晰的历史脉络。如果说上面这些学者主要
是从经济学角度研究消费的正义性，那么下面这些学者则逐渐从哲学、社会
学、政治学等角度研究消费的正义性。

让·鲍德里亚（Jean Baudrillard，1929—2007），法国哲学家，现代社会思
想大师，他在"消费社会理论"和"后现代性的命运"方面卓有建树，被誉
为后现代主义思潮的开创者和引路人（20 世纪 80 年代被叫作"后现代"），他
的《消费社会》一书从消费的意义上解释了当下社会，成为后现代主义学界
批判消费社会、理解消费社会的思想基础。

鲍德里亚认为，"我们处在'消费'控制着整个生活的境地"，① 而且，
"至少在西方，生产主人公的传奇现在已到处让位于消费主人公"，由此，整
个社会已经由"匮乏的生产社会"转变为"丰盛的消费社会"②。"消费社会"
是鲍德里亚对当代西方发达国家社会状况的基本把握，并以此建立起其整个现
代社会分析框架和理论。

鲍德里亚赋予了"消费社会"以下几个基本特点（余源培，2008）：

第一，"消费社会"根本区别于传统的生产社会。生产社会是以生产为主
导组织起来的社会，"消费社会"则是以围绕商品消费为主导组织起来的社
会。鲍德里亚认为，前工业社会属于生产型社会。在这种社会中，人们的消费
完全是出于维持生命和繁衍后代的真实需要，消费的是商品的使用价值。然而
在后工业社会，情况发生了根本变化，消费已经不是根据商品的使用价值进
行，不是商品的实际有用性，而只是商品具有的符号象征意义。在这样的社会
里，消费起着主导性的作用，人们消费的不再是商品的使用价值，而是某种象
征交换价值，"需求瞄准的不是物，而是价值。需求的满足首先具有附着这些

---

① 鲍德里亚：《消费社会》，南京大学出版社，2001 年，第 6 页。
② 鲍德里亚：《消费社会》，南京大学出版社，2001 年，第 8 页。

价值的意义。"① 包括消费过程中所体现出来的地位、品位、时尚等象征价值，从而把自己固定在一定的位置上。被这种消费主导的"生产"，已经不是为了生产财富和剩余价值，而只是生产一些符号性的"标志"。

第二，"消费社会"使人的性和肉体进行自我消费。"消费社会"使日常生活彻底商业化，无论是物质的东西还是非物质的东西都被商业化，甚至性和肉体也成了商业化的对象，逃避不了被消费的命运，性和肉体一方面被当作资本进行运作，另一方面又被当作消费的对象进行消费。在这种通过广告、时装表演等商业化操作的过程中，女性模特儿始终具有优先的地位。如艾弗琳·苏勒罗所说的那样："人们向女人出售女性的东西……，女人自以为是在进行自我护理、喷香水、着装，一句话即自我'创造'，其实这个时候她在自我消费。"②

第三，"消费社会"使消费行为成为纯粹的象征行为。鲍德里亚认为，在后现代社会中，所有的消费品被人们消费时，都不再是生产的产品，而是一系列的象征着某种声誉、地位、欲望的符号系统。人们消费的不再是物的使用价值，而是符号赋予的意义，特定的消费体系成为一种特殊的编码系列。不同的消费对象和消费方式成了不同的编码，有了不同的符号意义，这种"消费系统并非建立在对需求和享受的迫切要求之上，而是建立在某种符号（物品/符号）和区分的编码之上"③。因而，消费一种产品就是消费它象征的意义。为了追求某种商品所指向的象征意义，人们愿意消费那些超出其使用价值数倍的商品，这就是符号在消费社会的魅力所在。

上面鲍德里亚对消费社会的描述和批判，一定程度上反映出了他对消费是否正义的看法。鲍德里亚认为，在消费社会中，消费具有无限扩张的性质，它不仅是生产的基础，而且控制社会生活的方方面面。然而，这种所谓的丰盛消费却不意味着真正的平等、丰盛和自由，其内部包含着新的特权、匮乏和强制（张红岭，2008）。（1）消费社会的消费意味着特权而不是平等。从表面上看，随着消费社会的来临，人人都可以在消费中享受经济发展的成果，都可以自由

---

① 鲍德里亚：《消费社会》，南京大学出版社，2001年，第58页。
② 鲍德里亚：《消费社会》，南京大学出版社，2001年，第90页。
③ 鲍德里亚：《消费社会》，南京大学出版社，2001年，第47页。

购买自己的消费品。然而，这并不意味着真正的民主和平等，因为，"消费并没有使整个社会更加趋于一致"①。符号消费本身就是建立在差异和不平等的基础之上，符号能成为消费品被消费的原因就在于其具有社会区分的意义，因此，消费社会的消费本身就会"重新产生等级和阶级特权"，在消费社会中，"无论财富的绝对量多少，都含有一种系统的不平等"②，这种不平等和特权是消费社会的内在机制。（2）消费社会的消费意味着匮乏而不是丰盛。消费社会的前提是生产的过剩，是物质的丰盛。然而，在消费从物品转移到符号之后，符号的消费本身却是要制造个性与差异，制造匮乏与稀有之物，"空间和时间、纯净空气、绿色、水、宁静……在生产资料和服务大量提供的时候，一些过去无须花钱唾手可得的财富却变成了唯有特权者才能享有的奢侈品"③。在以符号消费为主导的社会中，只有制造匮乏与稀有之物才能不停地产生符号的主观价值，因此，匮乏与不平等一样，是消费社会自身所具有的内在机制。（3）消费社会的消费意味着强制而不是自由。在消费社会之中，消费者可以自由地选择自己的消费物品，然而，这种选择受到大众传媒不停地制造出来的知名度、安全感、荣誉感、幸福感等的强烈控制，消费者不停地受到商业宣传上的消费驯化和消费培训，只能"永远地被迫消费"④。而整个消费社会的消费文化则以"遵循享乐主义，追逐眼前的快感，培养自我表现的生活方式，发展自恋和自私的人格类型"⑤为主导，用一种新的享乐主义的消费文化代替过去的崇尚节俭的清教伦理。因此，在消费社会中，人与商品的消费关系并不是一种自由的关系，而是一种"永久性的被消费暴力来维系"⑥的关系。在这种关系中，弥漫着若隐若现的强制性与暴力性。

尽管鲍德里亚对"消费社会"整体采取了一种批判的视角，但他也试图为消费社会寻找出路。他认为，必须将物质丰富化与心理贫困化联系起来，并将过度的物质消费同人的精神问题联系起来，试图通过以直观的社会实践为引

---

① 鲍德里亚：《消费社会》，南京大学出版社，2001 年，第 45 页。
② 鲍德里亚：《消费社会》，南京大学出版社，2001 年，第 38 页。
③ 鲍德里亚：《消费社会》，南京大学出版社，2001 年，第 43 页。
④ 鲍德里亚：《消费社会》，南京大学出版社，2001 年，第 73 页。
⑤ 鲍德里亚：《消费社会》，南京大学出版社，2001 年，第 57 页。
⑥ 鲍德里亚：《消费社会》，南京大学出版社，2001 年，第 13 页。

领，以新的诱惑而不是一种浪漫主义的文化来建构一整套社会规约体系，进而帮助人们树立正确适度的消费理念，诱导人们将关注的焦点逐渐从机制化了的符号体系中摆脱出来，最终达成一种所谓的"精神转向"。尽管鲍德里亚的这种探究带有浪漫主义的色彩，但他所作出的理论探索对于我们探究消费正义理论、促进正义消费实践仍不失借鉴意义——特别是对于充分体现消费的"人本"特性具有重要借鉴意义。

第四节　阿马蒂亚·森的消费正义思想

阿马蒂亚·森（Amartya Sen），1998 年诺贝尔经济学奖获得者。森在经济伦理学领域颇有建树，其分配正义学说被誉为"经济学的良心"。经济学和伦理学相结合的渊源由来已久，经济学家亚当·斯密以及大卫·李嘉图等的经济学著作中则处处体现着古典主义的伦理关怀。直到近代，在实证主义的深刻影响下，经济学渐渐演变成一门"价值无涉"的学科，并因此陷入"贫困"状态。阿马蒂亚·森致力于复兴经济学中的伦理关怀，将经济学与伦理学重新结合起来（文长春，2010）。阿马蒂亚·森与消费正义相关的理论集中反映在其贫困理论中。

森将贫困的原因归结为权利贫困和能力贫困，并指出了现实中贫困所蕴含的非正义性（王志标，2005；张德政，2016）。

森所说的权利包括以贸易为基础的权利、以生产为基础的权利、自己劳动的权利，以及财产继承和转移权利。在市场经济中，一个人拥有的权利既可以直接表现为商品所有权，也可以表现为对商品潜在的购买权或转换权。在把自己拥有的权利全部转为商品后，"他能够获得的各种商品组合所构成的集合，可以称为这个人所拥有东西的'交换权利'。"[①] 可见，交换权利是一种当量商品族，交换权利的下降导致人们生活水平的下降，交换权利的上升意味着人们生活水平的提高。当交换权利不足时，贫困就发生了。

---

① AMARTYA S：《贫困与饥荒》，商务印书馆，2001 年，第 8 页。

森所说的能力贫困的内涵十分丰富，他表达为："相关的能力不仅是那些能避免夭折，保持良好的健康状况，能受到教育及其他这样的基本要求，还有各种各样的社会成就，包括如亚当·斯密所强调的——能够在公共场合出现而不害羞，并能参与社交活动。"① 人们在上面所列举的能力方面缺失均可被视为能力贫困。能力依赖于收入、社会和政治机会、个人因素和环境等。能力贫困与收入不平等是紧密相连的，富裕国家里的贫困现象就是一个恰如其分的例子。诸如美国这样人均 GDP 很高的国家，贫困却依然根深蒂固地存在着。也就是说，贫困不会随着一个国家的繁荣与发展而自动消失。只要收入分配的不平等存在，贫困就依然是社会的一个有机组成部分。

森特别关注现实中存在的种种非正义。他强调，以往各种正义理论"过于关注制度方面（假定行为处于从属地位），而忽略人们的实际生活，是有严重缺陷的。"② 森认为，在实际生活中，人们感到难以忍受的并不是意识到这个世界还没有实现完美正义，而是意识到我们周围存在着一些明显可以纠正的非正义。"着眼于现实的视角更容易让人明白，消除赤裸裸的非正义比寻找完美的正义更重要……追求正义的主旨并不仅仅是努力建立或者梦想建立一个完美正义的社会或确立完美正义的社会制度，而是避免出现极度恶劣的非正义。"③ 森提出，评估社会的非正义现象的信息焦点应该是"实质自由"。所谓实质自由，就是人们有充分理由珍视的、与人们的实际生活息息相关的各种自由，其范围非常广泛，"实质自由包括免受剥夺——诸如饥饿、营养不良、可避免的疾病、过早死亡之类的基本可行能力，以及能够识字算数、享受政治参与和不受审查的发言等的自由。"④ 所以自由就是人们能够过自己愿意过的那种生活的"可行能力"。

森以能力平等看待正义。他从"可行能力"视角阐发出一种新的平等——"可行能力平等"，在其"可行能力平等"中，森从人类固有的多样性出发，将评价平等的"焦点变量"从有限的收入、效用或"基本善"的领域

---

① AMARTYA S：《评估不平等和贫困的概念性挑战》，载于《经济学》2003 年第 2 卷第 2 期，第 257 – 270 页。

② 阿马蒂亚·森：《正义的理念》，中国人民大学出版社，2012 年，"序"第 4 页。

③ Amartya Sen：*The Idea of Justice*，Penguin Books，2009，pp. 21.

④ Amartya Sen，*Development as Freedom*，New York：Alfred A. Knopf，1999，pp. 36.

扩充到更宽广、更包容的可行能力领域，并将平等与自由有机联系起来，勾勒了一种全面、实质和积极的平等概念（文长春，2010）。森认为，"因为毫不妥协的自由至上主义的权利优先性有时会很成问题，其权利践行的后果，可能会导致损害人们用以实现他们有理由认为很重要的事物，包括逃脱可以避免的死亡、享有充足的营养和保持健康、有能力阅读、写字、计算等实质自由"。①然而，这些实质自由没有任何理由可以因"自由权优先"而遭到漠视与遗弃，这将导致非正义现象的发生。森曾在《贫困与饥荒》一书中揭示，即使发生大规模的饥荒，富人也可以安享"自由的优先性"，可以在"任何人的自由权利（包括财产权）不受侵犯的情况下发生"，而那些失业者或赤贫者那样的穷人可能"恰恰因为所拥有的完全合法的'法权资格'不能为他们提供足够的食品而挨饿"②。森认为，这显然是非正义的。

如果仅仅从消费正义角度上看，阿马蒂亚·森的创新和伟大之处在于：一是更加关注消费的社会正义。森关注贫困问题、关注饥饿问题，实际上就是关注穷人的消费问题。他认为，贫困、饥饿、饥荒问题，绝不仅仅是食物的供给、分配问题，也不仅仅是经济问题，而是社会、政治和法律制度问题，是社会正义问题。所以，不同于其他纯粹的经济学家，森对贫困问题的研究，使得他不仅仅是一位经济学家，同时也是社会学家、哲学伦理学家。二是更加关注现实问题。森认为，对于包括发达国家在内的大多数国家尤其是发展中国家而言，人们的生活、生存、生命等现实的自由、具体的自由比抽象的自由更为重要。尊重人们的选择，提升人们的选择能力，保障人们的生存、生命等实质性的自由，成为森正义理论的基本原则，这颠覆了罗尔斯正义理论的首要原则——自由优先原则。

梳理和分析历史上的种种与正义相关的消费理论，我们可以得出两个重要的结论：

一是历史上不同学科的学者对于消费正义问题有不同的研究视角。特别体现在不同学科的学者对同一个消费正义问题，其关注的领域有明显差异。总体上看，经济学家（例如亚当·斯密、凯恩斯）注重消费对经济的影响，往往

---

① 阿马蒂亚·森：《以自由看待发展》，中国人民大学出版社，2002 年，第 56 页。
② 阿尔蒂马·森：《贫困与饥荒》，商务印书馆，2001 年，第 56 页。

主张以消费刺激经济，他们似乎较少关注消费正义性问题。社会学家或兼顾社会学研究的经济学家（例如阿马蒂亚·森）更加关注消费是否公平正义，关注人与人之间的消费差距等问题，简言之，他们重点关注的是消费的社会正义性。哲学家或兼顾哲学研究的经济学家（例如马克思、鲍德里亚）更加关注消费是否合乎人自身的发展，关注消费异化等问题，简言之，他们重点关注的是消费的人本正义性。而随着 20 世纪后半期全球自然生态环境问题的产生，越来越多的不同学科的学者（包括经济学家、生态学家等）开始关注消费对生态环境的影响，关注生态消费、绿色消费、环保消费等①问题，简言之，越来越关注的是消费的生态正义性。

其实，由于现实社会具有无限多的复杂特征，任何一种正义理论都不可能考虑全部的社会特征，而只能够"抓取"一些自认为关键性的社会特征作为正义性评估的信息来源。用阿马蒂亚·森的话来说，这些被抓取的信息来源就是"信息焦点"（informational focus）或"信息基础"（information basis）。不同的消费正义理论具有不同的"信息焦点"。"信息焦点"理论的重要性在于，那些没有进入"信息焦点"的社会特征属于被"剔除"的信息，被剔除的信息不能对价值判断有任何直接影响，因而可能产生"遗漏"，从而使某个学者的正义理论产生偏颇。这正好说明，从历史维度上看，没有一个人的理论是绝对正确、永远正确的，任何理论都需要后人不断补充、发展。由此，仅仅从单一的学科视角研究消费正义，是不合适的。对于消费正义的研究，必须从经济学、社会学、哲学、法学甚至自然科学的角度来研究，当然也可以从学科综合的角度来研究，从而弥补特定历史时期、特定学者因为没有充分考虑全部社会特征因而没有进入"信息焦点"而产生的"遗漏"。

二是从历史视野中看，评价消费是否正义的标准是不断变化的，消费正义的内涵也是不断丰富的。不同历史时期的学者所关注的消费的具体领域和具体问题，以及消费正义的评价标准，都与当时历史背景高度相关，是历史的产

---

① 生态消费、绿色消费、环保消费等概念，虽然侧重点有所不同，但基本含义相同。中国 2016 年发布的《关于促进绿色消费的指导意见》对绿色消费定义如下："绿色消费，是指以节约资源和保护环境为特征的消费行为，主要表现为崇尚勤俭节约，减少损失浪费，选择高效、环保的产品和服务，降低消费过程中的资源消耗和污染排放。"

物。例如，处于资本主义发展早期的亚当·斯密，其关心的核心问题是如何增加国民财富，所以他认为，只要有利于财富增长的消费就是正当的、合理，就是正义消费，他较少关注财富的分配不公、消费不公问题，更不可能关注消费对生态环境的影响——因为消费不公问题在当时并不是一个突出的社会问题，而生态环境问题在当时根本没有产生。后来，凯恩斯对亚当·斯密、萨伊等理论的修正，主张刺激消费、鼓励消费，把消费等同于爱国，把节俭看成罪恶，则是基于资本主义大危机后经济恢复、经济增长的现实需要——试图通过刺激消费来刺激经济增长。类似地，阿马蒂亚·森关注贫困问题、关注穷人消费，很大程度上与他出生于印度、早年求学于印度有关，1943 年（当时森 9 岁）他目睹了家乡发生的大饥饿，死亡人数官方估计为 100 万～150 万人，而森估计高达 300 万人，这对森以后的学术生涯和研究方向的确定产生了决定性影响。上述历史过程也充分表明，理论不是僵死的教条，对于消费正义的研究，必须随着经济社会的发展而发展，甚至必须随着自然环境的变化而变化，试图简单地从前人理论中找到所谓完全正确的理论都将成为空想。

第三章

消费正义的基本理论

研究消费正义，必须先对消费正义有明确的概念及其内涵界定，"厘清消费正义的内涵是消费正义理论建构的基础"①。"在学术研究中，最困难的事往往不是寻找一个问题的发生根源、内部症结和变化机理，而是寻找该问题所涉及的原始概念的逻辑起点，即定义一个概念。"② 许多学术争议，往往根源于概念界定不清。笔者以为，如果一个人的消费行为对自然、对他人、对自身不造成侵害，那么这种消费行为就是正义消费。本章试图在界定消费正义概念内涵和外延的基础上，进一步分析消费正义的属性。③

第一节　从正义到消费正义

自古以来，人类社会和哲人们就对正义孜孜以求。根据《正义简史》作者戴维·约翰斯顿（David Johnston）的看法，正义概念最早可以追溯到大约4000年之前的美索不达米亚，体现在《汉谟拉比法典》中。④《汉谟拉比法典》希望把汉谟拉比塑造成一个正义的国王，并且教育子孙后代何为正义、如何维护正义。在《汉谟拉比法典》中，整个序言和后记部分随处可见"正

---

① 齐亚红：《消费正义论》，首都师范大学博士学位论文，2008 年，第 1 页。
② 魏宏：《权力论》，上海三联书店，2011 年，第 7 页。
③ 本章部分内容，笔者已发表在《浙江社会科学》2020 年第 11 期。
④ 戴维·约翰斯顿：《正义简史》，新华出版社，2018 年，引言第 5 页。

义"（mi-sa-ra-am）一词及其变体。例如其在序言中写道：

唤我汉谟拉比，

虔诚的一国之君，

让正义在大地上显现，

摧毁邪恶和罪孽，

强者不再压迫弱者，

真正像太阳般升起，普照大众，

让光明洒向大地。

其在后记中写道：

"我心怀苏美尔及阿卡得大陆的人民；

在我的精神领导下，他们变得非常富有，

我为他们和平的生活负责；

我凭自己的智慧保护他们，

强者不可欺压弱者，

给予孤儿和寡妇正义。"①

此后，从柏拉图、亚里士多德、霍布斯、孟德斯鸠、卢梭、伏尔泰、休谟、边沁、康德、斯密、马克思，一直到当代思想家约翰·罗尔斯、阿马蒂亚·森等伟大思想家，都对正义理论作过深刻阐述和杰出贡献。在中国，从古代思想家孔子、老子等就开始关注社会公平正义问题。正如张康之先生所说："几乎所有思想家都表达了对正义问题的关注，或者说，不关注正义问题的思想者是不可能走进思想家的行列中的。"② 可以说，对公平正义的关注超越了文化、哲学、宗教的界限，跨越了时间（历史）界限和空间（国别）界限，成为根植于人类社会的基本偏好。欧洲文艺复兴时期，正义女神雕像背面往往刻有一句古罗马的法谚："为实现正义，哪怕天崩地裂"。

那么，究竟什么是正义？其实给正义下定义很难，甚至有不少学者认为我们不可能对正义下定义，正像我们不能对"善"下定义一样。"'正义'或

---

① 戴维·约翰斯顿：《正义简史》，新华出版社，2018 年，引言第 5 页。

② 张康之：《为了人的共生共在》，人民出版社，2016 年，第 226 页。

'公正'的概念也存在同样的境况，我们只能约略地加以描述"。① 对正义的困惑就像圣奥古斯丁对时间的困惑：如果没人问我，我是明白的；如果我想给问我的人解释，那么我就不明白了。然而，我们人类不同于动物的重要特征恰恰在于语言优势，我们人类也只能利用语言来描述正义。对此，亚里士多德说得好："至于一事物是否有利或有害，以及事物是否合乎正义或不正义，这就得凭借言语来为之说明。"②

在英语中，正义（justice），既可译作正义，也可译作公正、公平、公道，或者说正义、公正、公平、公道均可表示为 justice。英语 justice 一词，源于古罗马女神的名字 justitia，该女神的外形特征是蒙着双眼，左手提着天平，右手执剑。这些特征蕴含着特定的象征意义：蒙眼象征着执行正义不可被感官和表象所蒙蔽；剑象征着严厉的制裁；天平意味着两端保持平衡，象征着裁量公平。正义女神蒙眼这一特征，与后来的正义论大师约翰·罗尔斯的"无知面纱""初始状态"正义理论不谋而合。③ 从英语词源上看，正义一词源于拉丁语 justitia，由拉丁语"jus"演化而来。"jus"有公正、公平、正直、法、权利等多种含义。法文中的"droit"、德文中的"recht"、意大利文中的"diritto"等，都兼有正义、法、权利的含义。英文中的 justice 一词，具有正义、正当、公平、公正等意思。在汉语里，正义即公正的道理，与公平、公道、正直、正当等相联，判定是否正义取决于人是否得到了应有的权利、履行了应有的义务。

在汉语语境中，正义、公正两个概念在很多时候也可以通用，均是指人类社会共同的价值取向或目标追求。然而，如果把正义与公正两个概念仔细比较一下，有两个差异：（1）正义是处于最高的哲学层面、抽象层面的概念，而公正则相对处于具体层面的概念。吴忠民教授认为，正义是一个侧重于哲学价值观层面的问题，而公正则是一个侧重于现实社会制度层面的问题。正因为如此，所以，"'正义'具有某种跨时代的、相对恒定的特征，而'公正'的具

---

① 摩尔：《伦理学原理》，商务印书馆，1983 年，第 16 页。
② 亚里士多德：《政治学》，商务印书馆，1983 年，第 187 页。
③ 在"无知面纱"（veil of ignorance）"初始状态"（original position）下，人们并不了解自己在群体中的身份地位，也不了解其自身的既得利益和可能的利益，立场中立，于是大家就会都去选择仅有的"两个公正原则"。

体内容则会随着时代条件的变化有所变化。"① （2）正义可以与利益无直接关联，而公正可以与利益直接关联甚至往往与利益有直接关联。正义概念中，"义"是核心，《孟子·离娄上》曰"义，人之正路也"，因此可以为了正义而舍利取义甚至舍生取义。例如，柏拉图指出"国家的正义在于三种人在国家里各做各的事"，"当生意人、辅助者和护国者这三种人在国家里各做各的事而不相互干扰时，便有了正义，从而也就使国家成为正义的国家了。"② 类似地，毛泽东指出："我们的事业是正义的。正义的事业是任何敌人也攻不破的。"③ 这里的"正义"显然不能转换成"公正"。把英语、汉语中关于正义概念的内涵比较一下，可以发现其共同之处是：正义往往与经济利益无关，至少无直接关联。欧洲谚语"为实现正义，哪怕天崩地裂"和孔子"君子喻于义，小人喻于利"（《论语·里仁》）有异曲同工之妙，均含有"为了正义应当舍利取义甚至舍生取义"之意。

　　归纳上述，正义的共性内涵是公平、正当、权利。进一步追问，什么是公平、正当？笔者以为，归根结底是权利：如果有人做了有权利做的事，那就是公平、正当，那就是正义；反之，如果有人做了没有权利做的事（即侵权），那就是不公平、不正当，那就是非正义。因此，正义的核心是"不侵权"——不侵害他人，不侵害自然，不侵害自身。柏拉图是把正义理解成合理的分工和秩序，以现代眼光来看，尽管柏拉图把正义局限于分工领域显然是过于狭义，但其所强调的"不相互干扰"，其实是很好地指出了正义最核心的特征或本质，即不侵权。米塞斯的自由主义的行为通则：任何人的行为都只受到唯一的限制，即不对他人造成损害。当然，本书后面会分析到，不侵权的内容随着历史时代、国别区域的不同而变化。

　　因此，尽管人类社会对正义的追求是共同的价值观，但对正义概念的内涵界定存在较大差异，存在一个不断变化、演进、发展过程——但始终围绕着权利而展开。早期，正义内涵中充斥着对等级关系的遵从。在《汉谟拉比法典》中，正义的主要目标是防止强者压迫弱者，保护弱者在地位、产权、人身等方

---

① 吴忠民：《社会公正何以可能》，人民出版社，2017 年，第 9 页。
② 柏拉图：《理想国》，商务印书馆，1986 年，第 169、156 页。
③ 《毛泽东文集》第六卷，人民出版社，1999 年，第 350 页。

面的权利。例如,《汉谟拉比法典》写道:

196:如果有人挖出一个自由人的眼睛,这个人的眼睛也要被挖出来。

197:如果他打断了一个自由人的骨头,他也应该被打断骨头。

198:如果他挖出了农奴的眼睛或者打断了农奴的骨头,他要支付一迈纳①银币。

同样性质的还有下面例子:

8:如果有个自由人偷窃属于神或者贵族的牛、绵羊、驴、鹅或山羊,他要付出 30 倍的赔偿;如果偷窃的同等物品是农奴的财产,则只要付出 10 倍的赔偿。如果窃贼无法支付赔偿,则会被处以死刑。

显然,这种正义只局限于同一等级内部的弱者与强者之间的关系,而不适用于不同等级之间,因此,《汉谟拉比法典》的正义构想中,并没有表示低等级者享有的权利和条件应该等同于其他社会地位较高等级成员享有的权利和条件。

历史上,有一种正义观在很长一段时期内紧紧抓住了西方世界的思维,并被较普遍接受,那就是互惠互利。这种互惠包括平衡互惠和不平衡互惠,如果参与者收取的利益与他们付出的恩惠对等,那么这种交换就是平衡互惠,往往适用于同等级之间;如果参与者收取的利益与他们付出的恩惠不对等,那么这种交换就是不平衡互惠,往往适用于不同等级之间。在很长历史时期内,这两种互惠形式都被认为是正义的,高等阶层权利多于低等阶层权利,男性权利多于女性权利,这些都被认为是自然的、是天经地义的。实际上,这种基于等级关系的互惠互利正义观,只是《汉谟拉比法典》正义构想的延续而已。

到了 18 世纪后期,出现了两大正义派别:一是功利主义论,认为正义就是合乎最大幸福原则;二是义务论,认为正义就是履行严格的责任。两派中,占据主导地位的是以休谟、亚当·斯密、边沁、约翰·穆勒等为代表的功利主义正义观,功利主义者把正义归纳为"最大多数人的最大幸福"(the greatest happiness for the greatest number),即以社会幸福总量最大化作为正义。

马克思的正义观是以"每一个个人的全面而自由的发展"为核心(周强,

---

① 迈纳:古希腊重量和货币单位。

2021）。马克思主义的公平正义观认为：第一，不能脱离经济基础抽象地理解社会公平正义。任何社会形态中处于统治地位的正义观念，在形式上都是与经济基础相适应的上层建筑中的法权观念。任何社会的公平正义一定受这个社会经济结构的制约，以生产力的发展为前提。第二，不能脱离社会制度静止地理解社会公平正义。马克思主义认为，公平正义是历史的、具体的、相对的，正义总是代表不同阶级的利益诉求。奴隶社会、封建社会的公平正义建立在严格等级秩序之上，贵族、贱民的权利义务是不平等的，"刑不上大夫，礼不下庶人"，每个人安分守己就是公平正义。资本主义社会的公平正义相对奴隶社会、封建社会是一个巨大进步，但都是建立在剥削与被剥削的关系之上，以形式上的平等掩盖了事实上的不平等。第三，不能脱离人的发展片面地理解社会公平正义。"每一个个人的全面而自由的发展"是社会公平正义的"终极关怀"。

社会正义论的出现开辟了正义研究的新领域。按照社会正义论的要求，社会正义最重要的问题是如何在社会成员之间分配他们生产的社会产物。对于如何分配社会产物即社会财富这一问题，社会正义论在发展过程中主要有三种观点：（1）赏罚原则，即根据个人贡献大小获得相应的财富，这主要是基于社会分工和个人劳动的复杂性不同。（2）需要原则，即按照个人需要来获得相应的财富，它切断了个人贡献与个人所得之间的联系。据此，就意味着没有任何贡献、没有任何收入来源的人也有获取财富、获得生存的权利，这体现了人类的美好愿景。（3）作为公平的正义，即主要以罗尔斯为代表的正义论。罗尔斯提出"作为公平的正义"（justice as fairness）[1] 理论后，公平就成为正义的核心内容，即对正义的追求不应当以社会幸福总量最大化为目标，而应当以公民之间平等地分配基本权利和义务为目标。这种基于公民基本权利和义务公平分配基础之上的社会利益的恰当分配，就是分配正义的核心。作为公平的正义的理论出现后，尽管一直占据主流地位，但并没有得到公认。所以，约翰斯顿声称，现有正义概念"实际上，没有一种观点是正确的"，甚至认为正义是一种感觉，是"基本的直觉"。[2]

---

[1]　约翰·罗尔斯：《正义论》，中国社会科学出版社，1988 年，第 3 页。
[2]　戴维·约翰斯顿：《正义简史》，新华出版社，2018 年，第 237－238 页。

消费正义即消费领域中的正义问题。国内学者试图界定消费正义的概念，并分析消费正义的内涵。比较典型的例如：（1）郑永奎教授认为，消费正义的内涵比较丰富，主要体现在：消费与需要的目的相一致，避免无限扩张，纵欲挥霍；符合生态伦理，对自然环境不造成不应有的负面影响，有利于可持续发展；体现物质消费与精神消费的统一，避免炫耀性、陋俗性与肤浅化精神消费；消费劳务体现对他人人格的尊重；符合法律规范与要求。①（2）何建华教授认为，消费正义的基本内涵是消费活动的正当合理。消费的正当合理包括三个层面：从经济学的角度看，主要是指消费活动与一定时期的经济发展水平相适应；从环境学的角度看，主要是指消费活动必须与自然环境相协调；从伦理学的角度看，主要是指消费活动是一种权利与义务对等的活动。②（3）毛勒堂教授指出："消费是否适应人的全面发展的需要、是否促进人的自由之增长、是否有利于社会的进步，构成了消费正义与否的根本尺度。"③ 他认为，"在经济哲学语境中，所谓消费正义，是立足哲学正义观的价值视野对作为人之重要存在方式的消费行为所进行的合理性和合目的性的哲学理性审视和道德正当性评价，其中包括旨在建立合乎人性的消费价值理念和消费模式的面对人们的消费动机、消费方式、消费对象、消费后果等所进行的理性追问和价值评判。"④（4）齐亚红博士认为："消费正义即人们在消费活动中，把人的发展、社会经济发展和生态可持续发展作为消费行为的出发点和归宿，通过适度消费、和谐消费、公平消费和可持续消费，达到人与自身、人与自然、人与他人、人与经济社会的和谐统一，最终实现人的全面自由发展。"⑤

上述学者关于消费正义定义和内涵的论述，虽然提出了很有价值、很有启发性的观点，但依然存在两个不足：一是现有研究从哲学（政治哲学、经济哲学）、经济学、伦理学或环境科学等某一个角度或某几个角度界定消费正义，而缺乏综合性的定义——问题在于，几个不同角度相加并不等于综合角

① 郑永奎：《消费正义与人的存在和发展》，载于《东北师大学报（哲学社会科学版）》2002年第4期。

② 何建华：《经济正义论》，上海人民出版社，2004年，第383-385页。

③ 毛勒堂：《经济正义：经济生活世界的意义追问》，复旦大学博士学位论文，2004年，第88页。

④ 毛勒堂：《消费正义：建设节约型社会的伦理之维》，载于《毛泽东邓小平理论研究》2006年第4期。

⑤ 齐亚红：《消费正义论》，首都师范大学博士学位论文，2008年，第6页。

度。二是现有研究主要是描述性的或功能性的，即描述消费正义的表现形式或指出消费正义的功能，而缺乏本质性的定义——问题在于，给概念下定义最关键的恰恰应当在于揭示事物的本质特征。而且，正因为上述学者对消费正义都是描述性的或功能性的定义，所以定义的表述冗长。简言之，关于消费正义，目前尚缺乏一个综合性的、本质性的、简短的定义，也缺乏相应的内涵和外延界定。

第二节　消费正义的概念界定

约翰·穆勒在其名著《论自由》中提出"一个人的自由，是以不侵犯他人的自由为自由"。正义与自由高度相关，所以借鉴穆勒关于自由这一论断，笔者斗胆提出：如果一个人的行为，对自然、对他人（或对社会）①、对自身不造成侵害，那么他就有行为的自由或行为的权利，这种行为就是正义的。这是关于正义概念的高度抽象的一个定义。这一定义主要是借鉴了穆勒关于自由的论断及其表达结构，并作了适当扩展，即把侵害对象由他人扩展到他人、自然、自身。与历史上的正义理论相比，以往正义理论都是把正义局限于人与人之间的关系，即局限于社会系统内，当代美国哲学家玛莎·C. 纳斯鲍姆虽然把"我们如何对待非人类动物"纳入正义范围内②，但他仍然局限于"社会正义"和社会系统内，而上面这一定义则突破了社会系统的局限，把自然系统纳入进来，充分考虑人与自然的关系；同时，也把人自身的身心系统纳入进来，充分考虑人自身中"身"与"心"的关系。③ 为什么需要对正义的内涵进行扩展？鲍曼说得好："'正义'是一个'本质上富有争议'的概念，并因此注定永久是可修订的。"④ 把正义从社会系统扩展到自然系统、扩展到人自身的身心系统，这是一个新的坐标系统，就像以往学者把正义局限于一国之

---

① 社会是由人组成的，所以侵害他人也就是侵害社会，侵害他人与侵害社会在本质上是同义的。因此，本书下面阐述时不作区分。

② 玛莎·C. 纳斯鲍姆：《正义的前沿》，中国人民大学出版社，2016 年，第 2 页。

③ "身"与"心"的关系实质是肉体与精神的关系。本书采用身心关系、身心系统概念，只是为了表述方便、简洁。

④ 齐格蒙特·鲍曼：《被围困的社会》，江苏人民出版社，2006 年，第 34 页。

内、后来把正义扩展到国家之间一样。这种新坐标系统的确立，为正义研究开拓了新的视野、注入了新的内涵。

根据上述关于正义的定义及其表达结构，我们就可以这样简单地来定义消费正义：如果一个人的消费行为，对自然、对他人、对自身不造成侵害，那么他就具有消费的自由、具有消费的权利，这种消费行为就是正义消费，或者说具有正义性。①

这一定义揭示了消费正义的本质特征是"对自然、对他人、对自身不造成侵害"——这也就是消费正义概念的内涵。如果把消费正义看成一个总目标，那么消费正义应当包括三个子目标：消费的生态正义、消费的社会正义、消费的人本正义——这也就是消费正义概念的外延（见图3-1）。消费的生态正义，核心是减少和消除消费对自然的侵害，促进人与自然之间的和谐；消费的社会正义，核心是减少和消除消费对他人的侵害，促进人与人之间的和谐；消费的人本正义②，核心是减少和消除消费对人自身的侵害，促进人自身"身"与"心"之间的和谐。简言之，消费正义的三个子目标，就是一要处理好人与自然之间的关系，二要处理好人与人之间的关系，三要处理好人自身的身与心之间的关系。

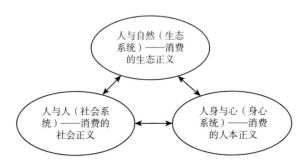

图3-1 消费正义的外延

这里必须回答一个问题，我们为什么不能侵害他人、侵害自然和侵害人自

---

① 正义消费与消费正义两个概念，所强调的落脚点不同，前者落脚点是消费，后者落脚点是正义，但实质相同。

② 消费的人本正义，也可称为消费的人文正义。本书采用消费的人本正义一词，主要是取义"以人为本"。

身？我们之所以不能侵害他人，简单说是因为人有人权，我们不能侵害他人的权利，这个问题的回答是不言而喻的，不需要再作论证。那么，我们为什么不能侵害自然呢？那是因为自然也有其固有的权利，即地球的权利（见专栏 3 – 1）。正如科马克·卡里南指出："如果我们接受了贝里关于地球是各类主体共享关系之整体，以及权利源自宇宙起源而非人类法理的论断，那就意味着在没有承认地球共同体其他成员也拥有权利的前提下，我们不能主张人类有人权"① ——因此，界定了地球的权利，同时很大程度上也就界定了人类对地球的权利。再进一步问，我们为什么不能侵害人自身身心呢？一方面，从身体角度上说，是因为人并不完全属于其自己，中国古语说"身体发肤，受之父母，不敢毁伤，孝之始也"；另一方面，从精神角度上说，是因为人以全面发展为目标，有害消费、过度的物质消费等消费行为不但侵害人的身体，同时也使得人文精神失落，违背了人全面发展的目标。所以，消费正义外延的这三个方面，其实是承认正义在消费领域中的体现：承认他人具有生存和发展的权利，这就是消费的社会正义；承认自然具有生存和发展的权利，这就是消费的生态正义；承认人自身具有生存和发展的权利和全面发展的目标，这就是消费的人本正义。

专栏 3 – 1　权利的起源、区分及作用

1. 权利产生于存在的源头。什么决定存在，什么就决定权利。

2. 因为存在的特有秩序没有更深层次的型构背景，因而宇宙对生于其间的生命体进行自我指涉，并对其行为进行自我规范。而这也是对生命体和所有生命体衍生模式行为的首要指涉。

3. 宇宙是所有主体的共荣共生，而不是客体的集合。作为主体，宇宙的组成成员能够拥有权利。

4. 在地球这个星球上，自然世界取得权利的根源与人类一样，那就是使人类幻化为生命体的宇宙。

5. 地球共同体的每一个组成部分都拥有三项权利，成为其自己的权利，

① 科马克·卡里南：《地球正义宣言》，商务印书馆，2017 年，第 105 页。

栖息的权利和履行他们在地球社区不断更新过程中发挥作用的权利。

6. 所有的权利都是物种所特有的，而且还是有限制的。河流有河流权，小鸟有小鸟权，昆虫有昆虫权，人类有人权。权利之间存在质的而非量的差异，一只昆虫的权利可能不比一棵树或一条鱼的权利更有价值。

7. 人类的权利不能抵消其他各类物种在其自然状态中存在的权利。人类的财产权不是绝对的，简单地说，财产权其实就特定"主人"与特定"财产"之间的互惠关系。

8. 物种以个体和种群（如丛状的、群体的鱼类，等等）的方式存在。权利具体涉及个体和种群，而不是简单适用于所有物种。

9. 这里所说的诸项权利也确立了地球不同组成部分之间的关系。地球是一个由相互依存关系织就而成的共同体。地球共同体的每一个组成部分都直接间接地依赖于其他成员而获得其自身所必需的食物和帮助。这种相互取食关系，包括捕食与被捕食关系，与地球的每一个组成部分在综合共同体中的角色融为一体。

10. 人类有按照特定的方式利用自然世界的需要和权利。这样做不仅是为了给他们提供物质需求，而是提供人类智慧的奇妙，人类想象力所及的美感，以及人类情感的亲密程度。

——托马斯·贝里，2001 年

消费正义的目标是削减消费对自然、他人、自身的侵害，这种侵害根源于消费所固有的三种属性。消费有三种属性：自然属性、社会属性、人本属性。（1）消费具有自然属性。消费"两头"连接自然。一方面，在源头上，一切消费品①均源于自然，即人类生产的一切商品中均包含着"不借人力而天然存在的物质基质"。② 即使是服务，其供给与消费也要依托相关的物质产品来完成。例如，运输服务的供给和消费就需要车辆、道路、汽油、信号灯等物质产品的配套。另一方面，在尽头上，一切消费品消费结束后，其物质形态（表现为各种废物）都会回归到自然界中，自然界作为废物承载、净化之地。消

---

① 这里的"消费品"是广义的，既包括物质产品也包括非物质产品即服务。下同。
② 马克思：《资本论》第 1 卷，人民出版社，1975 年，第 75 页。

费的自然属性根源于人的自然属性，当代著名学者尤瓦尔·赫拉利（Yuval Noah Harari）在研究了人类进化史后得出结论："智人竭尽全力想忘掉这件事，但人类仍然就是一种动物。"① 无论我们怎样强调人类的社会属性，但我们终究不能取消人类所固有的自然属性——人类必须从自然界中获得各种生活资料和生产资料。科学检测表明，人类身体中各种化学元素及其丰度与自然界中化学元素及其丰度基本一致，这充分证明了人与其他动物、植物一样，都只是自然界中的一员。（2）消费具有社会属性。因为消费是"人"的消费，而人的本质是社会性。用马克思的话来说，人的本质"是一切社会关系的总和"。② 人的社会性决定了消费具有社会属性，即消费体现着人与人之间的关系，个人消费行为往往会影响他人、影响社会。（3）消费具有人本属性。人是消费的产物或结果，从某种意义上说，有什么样的消费就会"产出"什么样的人。消费体现着人自身的身与心关系：一方面，人通过衣食住行用等物质消费和健身消费达到强身健体的效用，实现人身体的强健；另一方面，人通过教育消费、文化消费、娱乐消费、艺术消费等精神消费③。提升人的科学艺术素养、道德水平、精神境界，实现人精神的升华和心灵的洗礼。虽然消费的人本属性内含物质消费、精神消费两个方面，但真正体现人的本质的消费是精神消费，精神消费体现着人不同于其他动物的本质属性。

概而言之，消费首先体现着人与自然的关系，这就是消费的自然属性；其次体现着人与人之间的关系，这就是消费的社会属性；最后体现着人自身的身与心关系，这就是消费的人本属性。正因为具有自然属性，因此消费不当就会侵害自然；正因为消费具有社会属性，因此消费不当就会侵害社会；正因为消费具有人本属性，因此消费不当就会侵害人自身。

消费正义的上述三个子目标，也是消费正义研究的三个领域、三个维度或者说三个视角。消费是"人"的消费，因而消费面临的问题也就是人类面临的问题。梁漱溟先生认为，人类面临有三大问题：人对物的问题、人对人的问

---

① 尤瓦尔·赫拉利：《未来简史》，中信出版集团，2019年，第59页。
② 《马克思恩格斯选集》（第1卷），人民出版社，1995年，第56页。
③ 精神消费也可称精神文化消费，学术界对此概念存在较大争议，本书所称的精神消费是指国家统计局《中国统计年鉴》中所涵盖的教育、文化和娱乐消费。

题、人对自身的问题①。看似微不足道的日常消费行为，其背后体现着当今人类社会面临的三大问题，因而对于消费是否正义这一问题，应当基于人类面临的三大问题来思考，体现人与自然、人与人、人自身"身"与"心"之间的关系。

消费正义，除了不得"侵害"他人、自然、自身以外，还必须确保人的基本消费权。正义诉求必须诉诸承认正义：第一，社会制度的安排应该照顾那些最不利者的权益，这倾向于要求制度设计"扶弱"，而不是相反；第二，必须重视每一个个体的承认问题，"对于社会而言，正义就是每一个人都能够公平地获得其应该获得的事物"。② 因此，消费正义，必须以确保人的基本生存权（实质就是确保人的基本消费权）为前提。正义，最直接的解释是给每个人所"应得"，推而论之，消费正义就是要让每个人消费其"应得"。一个人实现其基本消费权利，这就是每个人确保其能够生存所"应得"的，这是"兜底"的需要——如果一个人的生存消费都得不到保障，那么其他一切维护其尊严的权利就都无从谈起。《世界人权宣言》《公民权利和政治权利国际公约》《经济、社会及文化权利国际公约》反复强调：只有在创造了使人人可以享有其公民和政治权利，正如享有其经济、社会和文化权利一样的条件情况下，才能实现自由人类享有公民及政治自由和免于恐惧和匮乏的自由的理想；每一缔约国承担尊重和保证在其领土内和受其管辖的一切个人享有本公约所承认的权利，不分种族、肤色、性别、语言、宗教、政治或其他见解、国籍或社会出身、财产、出生或其他身份等任何区别；承认人人有权享受社会保障；承认人人有权为他自己和家庭获得相当的生活水准，包括足够的食物、衣着和住房，并能不断改进生活条件；承认人人享有免于饥饿的基本权利；承认人人有受教育的权利……（见专栏 3 - 2）。上述宣言和公约中所提及的"生活水准""免于饥饿""受教育"等权利，都涉及消费权问题。而且，人的基本消费需要水平必须随着经济社会的发展而不断提升，这就是为什么各国必须建立最低生活保障制度，而且为什么各国的最低生活线收入标准、从而最低消费水平必

---

① 梁漱溟、艾恺（Guy S. Alitto）：《这个世界会好吗？——梁漱溟晚年口述（增订本）》，生活·读书·新知三联书店，2015 年，第 336 页。
② 俞可平：《重新思考平等、公平和正义》，载于《学术月刊》2017 年第 4 期，第 5 页。

须随着社会经济的发展而不断提升。简言之，确保人的基本消费权，这是作为一个人"应得"的权利，是消费正义的必然要求。

专栏 3-2　世界相关人权公约与人权宣言

《公民权利和政治权利国际公约》以及《经济、社会及文化权利国际公约》是联合国在《世界人权宣言》的基础上通过的公约。因为《世界人权宣言》内容包括第一阶段的公民和政治权利以及第二阶段的经济、社会和文化权利，所以要再达成一个同时包括两阶段的公约是很难在国际上达成共识的。另外，世界不同国家对人权的关注点不同、各有侧重点，有的国家比较关心公民和政治权利，而有的国家则偏向于经济、社会和文化权利。为解决这个问题，于是联合国撰写了两份公约：《公民权利和政治权利国际公约》以及《经济、社会及文化权利国际公约》。1954 年，联合国人权委员会完成《公民权利和政治权利国际公约》和《经济、社会及文化权利国际公约》草案，提交联大审议。经过 10 余年的审议，1966 年 12 月 16 日，第 21 届联大最终通过两项公约，供各国签署、批准和加入。《经济、社会及文化权利国际公约》和《公民权利和政治权利国际公约》先后于 1976 年 1 月 3 日和 3 月 23 日生效。《经济、社会及文化权利国际公约》和《公民权利和政治权利国际公约》统称"人权两公约"，与《世界人权宣言》合称"国际人权宪章"，是国际人权领域最重要的文书。

第三节　消费正义的成本收益分析

在实践界，成本收益问题是一个广泛存在的问题；同时，在理论界，成本收益问题也是一个广受争议的问题。关于正义与成本收益之间的关系，理论界有两种比较对立的观点。一种观点认为，为了追求正义可以而且应当是不计成本的，法律学界的人士大多持有这种观点；另一种观点认为，追求正义必须考虑到成本，经济学界的人士大多持有这种观点。有意思的是，中国台湾学者熊秉元教授出身于经济学研究、后长期从事法律经济学研究，是经济学与法学交叉学科的代表人物，但他是持有后一种观点的典型代表人物，这大概是与他"出身"于经济学研究有关——早期是一个经济学者，经济学的思维始终占据其思想理论的主导地位。

在追求任何价值目标时，都必须考虑到所付出的代价。现实中，所谓"不计任何代价做……事""不惜一切代价做……事"，我们都不能作绝对的理解。其实，现实中还真找不到不计任何代价、不惜一切代价做事的案例——哪怕对于比较极端的、传统上认为"无价"的生命来说也是如此。假如遇到一个小孩掉入深井里，有生命危险，当然要去努力抢救，但如果要牺牲 10 个、100 个甚至更多的施救者的生命才能完成，或者说要耗费 10 亿元、100 亿元甚至更高的资金，那还要去做吗？如果真的以牺牲 100 个施救者为代价（成本）而挽救一个小孩的生命（收益），这是不"合算"的，也是非正义的。如果说 1 个小孩的背后有一个家庭，那么同样，这 100 个施救者的背后也有 100 个家庭，快乐也罢、痛苦也罢，都会放大 100 倍。这样说，虽然似乎对于那个小孩家庭很残忍，但应该说是理性的。所以，所谓"不计任何代价做……事""不惜一切代价做……事"，其实都只是指在一定范围内、一定的承受阈内的不计代价或不计成本。

现实中，成本往往表现为价格。如果给各种成本和代价确立一个统一的尺子，那可能就是价格。凡事均有价格，或直接的价格或隐晦的价格。所以，熊秉元教授写道："无论是生命或物质（或介于其间的骨灰），本身并没有客观的价格，而是直接间接、明白隐晦地被赋予某种价格；采取生命无价的立场，除了满足心理上高尚尊崇的虚荣之外，对于解决问题于事无补。"[1] 他指出，在法学里，如果要法律学者提出一个最重要的概念，"正义"（justice）大概是不二的选择；在经济学里，如果要经济学者举出一个最重要的概念，大部分经济学者会选"成本"。[2] 确实，一些伟大的经济学者围绕"成本"进行了众多研究，例如诺贝尔经济学奖获得者布坎南在 1969 年出版的《成本和选择》中强调，人的每一个选择都隐含了成本。

但笔者以为，仅仅考虑成本是不够的，成本只是人们作出选择行为时必须

---

[1] 熊秉元：《正义的成本》，东方出版社，2014 年，第 29 页。
[2] 熊秉元：《正义的成本》，东方出版社，2014 年，第 178 页。

考虑的一个方面。除了成本，还必须考虑收益。如果套用经济学语言来表述，需求和供给是一把剪刀的两个切面，缺一不可——那么也可以这么说：成本和收益，就像是一把剪刀的两个切面，缺一不可。如果同时考虑到成本和收益两个方面，用一个词来表示那就是效益或者效率。事实上，现代经济学家同样也是以效率为核心开展研究的。帕累托效率是指如果再没有另外一种生产上可行的资源配置，使得哪怕一个社会成员的状况变好而所有其他成员的状况至少保持不变，那么经济中现已达到的资源配置便是最优的。帕累托效率是经济学家普遍公认的原则，但一旦碰到实际问题，帕累托所定义的效率很难有操作空间。因此，经济学者往往就退而求其次，以其他方式来界定"效率"。例如，科斯是以"社会产值最大化"来反映效率；波斯纳是以"财富最大化"来反映效率；我国经济学家孙冶方先生提出的"最小最大"著名理论反映的也是效率。显然，他们的理论中隐含着前提，即"一定的投入"，所以完整地表达他们的理论，那就是：效率就是以一定的投入使得财富产出（或社会产值）最大化。当然，反过来说也是一样：效率就是一定的财富产出（或社会产值）而投入最小化。哈佛大学法学院教授卡斯·R. 桑斯坦（Cass R. Sunstein）2018 年 8 月出版的新书《成本效益革命》（*The Cost-Benefit Revolution*）认为，即使是政府的决策，也必须考虑成本和收益。桑斯坦教授追溯成本效益分析在美国里根、克林顿和奥巴马政府时期所起的作用，强调政府政策应该让人们的生活更美好，而量化成本效益分析是实现这一目标的最佳方法。也许正因为如此，熊秉元先生最终试图把效率和正义联系起来，他认为，在当今社会，从效率角度阐释正义，可能是最好、最合乎正义的做法。

因此，笔者以为，正义的核心问题是成本收益问题。进一步推理到消费行为，那么，消费正义的核心问题同样也是成本收益问题。任何消费必然需要付出代价（即成本），或者是经济代价，或者是时间代价或者是资源环境代价，甚至有时候还会有社会代价等。我以为，消费正义的核心和关键就是消费收益大于消费成本，严格地说，消费正义就是消费的社会收益（包括个体收益和外部收益）大于消费的社会成本（包括个体成本和外部成本）。消费正义 ="消费收益 > 消费成本"这个观点，也许有"经济学帝国主义"的嫌疑，但我认为这可能是衡量消费正义的最简洁的科学表达式。

对于上述定义，需要作三点说明：（1）这里的收益和成本是广义的，即包括经济的、社会的、生态的、时间的甚至是心理上的收益和成本。所以，如果只从经济、社会、生态等某一个方面是无法衡量某种特定消费行为是否正义。例如，某一消费行为的经济收益大于经济成本，但如果生态收益小于生态成本，那么两者加总，结果可能是社会收益会小于社会成本。（2）这里的收益和成本是从整个社会角度上说的。即消费的社会收益包括个体收益和外部收益，消费的社会成本包括个体成本和外部成本。如果从个体角度上说，个体消费正义就是个体的消费收益大于个体的消费成本，问题在于，正义是一个非常"社会性"的概念，即正义不能从单个消费者个体角度上去界定，正义只能从社会整体角度上去界定。所以，实际上也许我们不应当使用"个体消费正义"概念，确切地说，应当称为"个体消费理性"。（3）对某一特定消费行为是否正义进行实际定量计算是非常复杂、非常困难的。因为，虽然消费者特定消费行为的个体成本和个体收益是简单的、清楚的，但消费行为往往存在外部性（正外部性即外部收益，负外部性即外部成本），外部成本和外部收益的计量是非常复杂的，甚至往往是难以精确计量的。例如，某消费者抽一支烟到底有多少的外部成本？这与吸烟时周边人群的密集程度、空间的狭小程度、空气流通状况、香烟的质量甚至是吸到二手烟人群本身的身体状况等均有密切关系。当然，这种消费外部性计量难并不影响针对消费外部性的政策制定。① 总之，消费正义要求消费收益大于消费成本。消费收益等于消费成本，这是正义和非正义的临界点；如果消费收益大于消费成本，两者的差越大，则正义性越强。

第四节　消费正义的时空属性分析

历史学家尤瓦尔·赫拉利说："一如其他所有感受，人类的正义感也是从远古进化而来的。"② 几百万年的进化过程中形成了人类的道德，很适合处理

① 俞海山、周亚越：《消费外部性：一项探索性的系统研究》，经济科学出版社，2005 年。
② 尤瓦尔·赫拉利：《今日简史》，中信出版集团，2018 年，第 215 页。

小型狩猎部落中的各种社交、冲突伦理问题。例如，我和你一起去打猎，我抓到一只兔子，而你空手而归，我应该与你分享猎物吗？或者你去采蘑菇，满载而归，但只是因为我比你强壮，我就可以把蘑菇都抢走吗？然而，经过长久进化、由狩猎采集者建构的正义感，应对的是几十平方公里范围内几十个人或几百个人的生活问题。"如果要把这套正义感应用于各大洲数亿人之间的关系中，只会出现宕机停摆。"① 这里，尤瓦尔·赫拉利事实上就指出了正义的时空属性问题。既然正义具有时空属性，那么，消费正义自然也就有了时空属性。

一、正义的时空属性

分析消费正义的时空属性之前，首先要分析正义的时空属性。

正义存在明显的时间、空间差异。虽然我们在上面试图界定正义概念时曾给正义"约略地加以描述"，但实际上，正义是一个非常复杂的问题。因为有没有"侵害"，这是一个非常复杂的问题。熊逸先生曾在《我们为什么离正义越来越远》描述了下面这个例子：19 世纪 80 年代，一个名叫海尔默斯的丹麦青年记述了自己在巴厘岛的一段见闻：其时正值一位邻国酋长的葬礼，这同时也是巴厘人一次盛况空前的庆典，所有的巴厘酋长或王公都带着大批仆从迤逦而至，以"与民同乐"的姿态观赏那位死者的尸体如何被焚化，以及他的三位王妃如何在火中献身燔祭。"那是一个晴美的日子，沿着把葱芜的无尽的梯形稻田截然划开的柔滑的堤埂遥遥望过去，一群群的巴厘人身着节日的盛装，逶迤朝着火葬地走去。他们色彩缤纷的装束与他们所经过道路上柔嫩的绿地形成了艳丽的对比。他们看上去几乎不像野蛮人，倒是更像一伙逢年过节的好人儿在进行一次次欢愉的远足。"葬礼围观者足有四五万人，大约占到全岛总人口的 5%，而从那三位即将赴死的王妃脸上看不出一点惊慌或恐惧的神色，因为他们深信有一个无比华美的极乐世界正近在咫尺地等待着她们的到来。三位王妃的亲友们也在围观群众当中，和大家一样满怀期待。最后，有两位王妃毫

---

① 尤瓦尔·赫拉利：《今日简史》，中信出版集团，2018 年，第 215 页。

不犹豫地纵入火海，第三位王妃略微有些踌躇，但在颤抖地蹒跚一刻之后，也紧随着两位姐妹而去，没有丝毫的叹息哀求。

上述案例中，在当时当地人看来，这场葬礼是正义的，因为似乎没有侵害任何人：献祭的三位王妃的利益没有受到侵害（虽然肉体死亡了，但精神升华了，所以她们是欣然赴死）；公众利益（成千上万围观者是公众利益的代表）也没受到侵害；哪怕死去国王的利益也没有受到侵害。然而，以现代文明人的眼光来看待上面这场葬礼，则这场葬礼是极其野蛮的，是非正义的。所以文明人才会这样评价："三个无辜的女人，为了宗教名义上的爱的缘故，在成千上万的她们同胞面前来承受最可怕的一种死的折磨。""这是一个使亲睹者永远难以忘怀的场景，它带给我的心里一种非常奇异的情感去感激我所在的文明，感激它所有的过失所有的仁慈，感激它越来越致力于把妇女从欺诈和残忍中拯救出来的趋势……。像这样的文献录载的是一种昭示西方文明有权去征服和以人道的名义驯化野蛮种族和取代他们的古代文明的信证。"① 这个文明人的评价虽然充满了西方文明中心论的思想，但显然很大程度上代表了现代文明中的绝大多数人的看法。

所以，"侵害"究竟是客观的？还是主观的？也许都不是。判断是否造成侵害？其标准只能依据制度——特定历史时期特定地区的制度。当然，按照制度经济学创始人诺斯的观点，制度是指广义的制度，包括硬制度（表现为通过特定程序提供的法律、法规和政策）和软制度（表现为道德观念和意识形态）。回到前面所述的巴厘女人的殡葬案例，按照巴厘人的制度（即软制度、表现为文化习俗、道德观念等）为标准，那就是正义的——女人的殉葬促进了"最大多数人的最大幸福"，甚至实现了帕累托改进：在增进他人福祉的同时，并没有任何人的利益受到侵害。② 但如果按照现代文明人的制度（无论是从软制度角度还是从硬制度角度）为标准，那就是非正义的——女人的殉葬不符合当代道德习俗，也不符合当代主流的法律制度。问题在于，制度或者是由人主观制定的或者是人口口相传的，且具有时空属性，即不同时代、不同国家有不同的制度，因而，归根结底，正义还是主观判断的产物。

---

① 转引自吉尔兹：《地方性知识——阐释人类学论文集》，中央编译出版社，2000年，第44-45页。
② 熊逸：《我们为什么离正义越来越远》，湖南文艺出版社，2012年，第112页。

把正义与契约、法律、秩序等制度联系在一起，可能源于古希腊学者格劳秀。格劳秀在谈到正义的起源时说道："做不正义事是利，遭受不正义是害。遭受不正义所得的害超过干不正义所得的利。所以人们在彼此交往中既尝到过不正义的甜头，又尝到过遭受不正义的苦头。两种味道都尝到了之后，那些不能专尝甜头不吃苦头的人，觉得最好大家成立契约：既不要得不正义之惠，也不要吃不正义之亏。打这时候起，他们中间才开始订法律、立契约。他们把守法践约叫合法的、正义的。这就是正义的本质与起源。"① 据此，笔者以为，某种行为是否正义就取决于制度本身是否正义：如果制度本身是正义的，那么合乎制度的行为就是正义的，但如果制度本身是非正义的，那么合乎制度的行为就可能是非正义的。例如，如果制度允许黑人作为奴隶，那么贩奴、蓄奴行为表面上就合乎制度，似乎是正义的，但从本质上说，允许黑人作为奴隶这一制度本身就是非正义的，因而贩奴、蓄奴行为就是非正义的。类似地，美国路易斯安那州 1890 年通过《隔离车厢法》，要求为白人和有色人种提供平等但隔离的车厢、不允许有色人种与白人一同坐车，相应的消费行为（乘车）虽然合乎制度，但体现出明显的种族歧视，因而并不合乎正义。

二、消费正义的空间属性

正义具有空间属性，即对于同一个问题或同一件事情是否正义的看法，在不同国家、不同区域存在明显差异，因此需要从空间维度来分析正义。从空间维度来分析正义，这种差异可能存在于不同国家之间——涉及的是全球正义问题，也可能存在于一国内部的不同区域之间——涉及的是国内正义问题。不同国家、不同区域对于同一问题是否正义有不同看法，这是正义相对性的一种表现形式（另一种表现形式是正义的时间属性，即不同历史时期的人对于同一问题是否正义有不同看法）。

在不同国家之间，对于同一问题是否正义有不同看法。例如，对于印度种姓制度的看法，世界绝大多数国家的人认为是非正义的，但在不少印度人看

---

① 转引自柏拉图：《理想国》，商务印书馆，1986 年，第 46 页。

来，种姓制度的存在是天经地义的——尽管种姓制度在印度已经被废除，但现实生活中依然扮演着极其重要的角色、发挥极重要的影响。类似地，对于一国的人口政策、贸易政策、福利政策等，不同国家均有不同看法，作出不同的是否正义的价值判断。从现实中看，由于支配现行国际经济秩序的众多国际规则，往往是在发达国家支配下形成的，符合发达国家的利益但不利于发展中国家的发展，所以很难说有全球正义。以国际贸易政策为例，由于发达国家掌控着国际组织规则例如世界贸易组织（WTO）规则，往往以国内税收政策迫使发展中国家被迫出口初级产品，所以前世界贸易组织总干事迈克尔·穆尔（Michael Moore）认为"当今的贸易规则结构仍然对富人有利"，并且他将这一观点进行了扩展和阐释（见专栏3-3）。显然，富裕国家这种掠夺式的国际贸易，以及关税等贸易壁垒，是显失公正的，是非正义的——尽管发展中国家表面上是自愿出口初级产品，但实际上是被迫的。

专栏3-3　国际贸易中的不公平性①

现实情况是，全球贸易规则既不公平也不自由，富裕国家阻塞了贫困国家的竞争优势，这是一个巨大的耻辱。如果OECD（经济合作与发展组织）拆除了农业方面的保护壁垒，你就可以为非洲做出超过现存官方发展援助四到五倍的贡献。看看有关蔗糖、棉花、咖啡、可可的报道吧……如果你们取消棉花的补贴，在西非产生2.5亿美元的增长。你知道，咖啡是一项耻辱，极为恶劣的行径就是增加关税。你还不能将这种行径公布于世。埃塞俄比亚或肯尼亚咖啡种植占到出口的70%或60%，但每当种植者想要烘烤、研磨、打包、装箱咖啡豆，完成工作之时，他们的关税就会增加。因此，种植者不得不出售初级产品，其他工序转到欧洲和美国。

在一国内部不同区域之间，对于同一问题是否正义也有不同看法。例如，在美国废奴运动前夕，北方白人普遍认为奴隶制度是非正义的，应当废除奴隶制度，而几乎所有的南方白人都认为奴隶制度是理所当然的，即在观念上存在明显的南北差异。

---

① 与大卫·赫尔德的一次访谈，节录于 Times Higher Education Supplement，7 April 2003.

　　正义存在空间属性，同样，消费正义也存在空间属性，存在空间上的差异性，因此也需要从空间维度来分析。例如，前述的国际贸易中的非正义会进一步延伸和体现到消费领域。由于全球性的贸易非正义，使得发达国家与发展中国家的经济发展差距呈现马太效应，富者越富，穷者越穷。进一步表现为，发达国家与发展中国家居民消费领域的巨大差距，这种巨大的消费差距显失消费正义。

　　随着全球化的推进，从空间维度上看，消费正义特别需要从国内消费正义扩展到国际消费正义。以往，人们关注的是国内消费正义问题，即一国内部不同区域之间的消费正义问题，具体表现为关注国内不同区域之间的消费差距。但随着全球化进程的推进，迫切需要人们越来越关注国际消费正义问题，即国与国之间的消费正义问题，尤其是关注发达国家、发展中国家之间的消费差距问题。诺贝尔经济学奖得主阿马蒂亚·森批判了罗尔斯所采用的把正义圈定在一个主权国家范围内的"封闭的"视角，他认为正义研究必须超越国家的边界，认为"关于正义的公共理性应该超越一个国家或者一个地区的界限"，[①]这一要求是出于以下两个主要的原因：出于避免偏见且公平对待他人的缘故，从而需要考虑到其他人的利益，而且不同人群的利益具有相互依赖性；出于避免未经充分审视的地方性价值观和认识的地域狭隘性的缘故，从而需要纳入其他人的视角来拓宽我们自己对于正义相关原则的认识。他特别强调"全球性正义"，"这是解决诸如全球变暖、全球性经济危机等问题，或者是预防和控制艾滋病等全球性流行疾病的关键"[②]。由此推论，笔者认为，消费正义也必须从一国内部扩展到国家之间，这种"全球性正义"视角也是解决消费领域全球性非正义的关键。反观世界上不同国家之间，人均预期寿命存在巨大差距，根据联合国开发计划署《人文发展报告》中的 HDI（High Human Development）排名，当前那些超高人文发展国家（Very High Human Development）的人均预期寿命已超过 80 岁，而那些低人文发展国家（Low Human Development）的人均预期寿命还不足 57 岁，这种人均预期寿命差距的背后其实就是消费水平的差距，因为预期寿命的长短差距往往是消费水平（包括衣食住行、

---

① 阿马蒂亚·森：《正义的理念》，中国人民大学出版社，2012 年，第 373 页。
② 阿马蒂亚·森：《正义的理念》，中国人民大学出版社，2012 年，中文版序第 4 页。

教育、医疗等）差距的结果。同样，消费正义从国内消费正义扩展到国际消费正义，人们关注国际消费正义问题并非意味着国内消费正义问题已经解决，恰恰相反，这个时代是国内消费非正义与国际消费非正义同时并存。

三、消费正义的时间属性

在人类历史长河中，对于同一个问题、同一件事情是否正义的看法，是会随着时间而变化的，这就是正义的时间属性，因此需要从时间维度来分析正义。在英美国家，直到 20 世纪早期，妇女拥有投票权的呼声仍然被大多数男人甚至一部分妇女视为奇谈怪论，而现在却被广泛地认为是完全正义的，男女平等被视为常识。同样，直到 20 世纪 50 年代，殖民主义仍然被许多国家广泛接受，而现在只有极少数人为殖民主义辩护，殖民主义完成了从正义到非正义的转变。

正义具有时间属性，相应地，消费正义也具有属性，存在时间上的差异性。这就是说，对于一种消费行为是否正义的看法，是会随着时间而变化的。例如，从人与自然的关系上看消费的正义性（即消费的生态正义性），例如，猎杀野生动物、消费野生动物、野生动物皮毛贸易和消费等，曾经都是合法的、被认为是正义的，而现在则被越来越多的国家认为是非正义的，被禁止。2020 年 2 月，我国出台《关于全面禁止非法野生动物交易、革除滥食野生动物陋习、切实保障人民群众生命健康安全的决定》，该决定在野生动物保护法的基础上，以全面禁止食用野生动物为导向，扩大法律调整范围，确立了全面禁止食用野生动物的制度。

既然正义是一个具有时间属性的概念，因而消费正义的内涵和外延也应当是不断扩展的，需要随着时代的发展而扩展——消费正义应当从代内消费正义扩展到代际消费正义。以往，人们关注的是代内消费正义问题，即同时代人之间的消费正义问题，具体表现为关注同时代人中穷人与富人之间的消费差距问题。但随着可持续发展理论的提出，人们越来越关注代际消费正义问题，即不同代人之间的消费正义问题，关注当代人的消费对未来后代人的消费影响问题，尤其是关注当代人消费对生态环境的影响从而对后代人消费造成的侵害问题。美国世界观察研究所所长莱斯特·R. 布朗（Lester R. Brown）先生指出：我们当代人"借用了儿孙的地球"①，这句话较好地反映了代际消费不公问题——我们当代人消费了本该由我们儿孙消费的自然资源，我们当代人污染了我们儿孙赖以生存的生态环境。当然，消费正义从代内消费正义扩展到代际消费正义，人们关注代际消费正义问题并非意味着代内消费正义问题已经解决，恰恰相反，这个时代是代内消费非正义与代际消费非正义同时并存。

　　总之，正义与权利相关，判断是否有权利、是否侵权又是以特定历史时期、特定国家区域的制度作为依据的。正义是如此，消费正义也是如此。消费是否正义，与权利相关，以制度作为判断标准。有没有某种消费的权利，在古代社会、在许多领域许多方面缺乏制度规定（至少缺乏像当今社会那么全面系统的成文制度），因而判断某种消费行为是否正义主要取决于道德判断（即诺斯所说的软制度）。而在现代社会，一个人有没有权利做某件事，往往是由法律制度规定的（即诺斯所说的硬制度），因此需要从制度中去寻求某种消费行为是否正义。为什么允许人们宰杀、消费家猪而不能猎杀野猪？从理论上说，人与人之间应当是平等的，猪与猪之间也应当是平等的，那为什么猪与猪之间（家猪与野猪之间）会不平等？也就说为什么宰杀、买卖家猪是正义的，而宰杀、买卖野猪是非正义的？回答这个问题，同样是因为《野生动物保护法》这个制度规定。

---

①　笔者以为，更确切地说，应当把"借用"一词改为"盗用"，因为"借用"一词意味着：一是必须征求被借用者同意，二是必须能归还。然而，我们的儿孙尚未出生，不存在他们是否同意的问题；同时，对地球上绝大多数资源特别是不可再生资源而言，事实上我们是无法归还的。

第四章

消费的社会正义

一提及"正义",人们首先想到的往往是收入分配、司法公平等人与人之间的关系问题,即社会正义问题。消费正义是正义的一种,显然也涉及人与人之间的关系问题,即社会正义问题。因此,在消费正义的三个维度(社会正义、生态正义、人本正义)中,人们研究最多、研究历史最悠久的也是社会正义。本章聚焦于消费领域中人与人之间的关系,研究消费的社会正义,后面两章分别研究消费的生态正义和人本正义。

第一节 消费的社会正义与贫困

按照《正义简史》的作者约翰斯顿的观点,"正义理念史上最重要的创新就是社会正义理念的发展,至少就现代社会角度来看是如此,可能对整个历史而言也是如此。"① 社会正义理念尽管首次出现在雅典,但只在 18 世纪及以后才受到广泛认可,这一理念植根于所有人价值平等,认为人类有能力重塑自己社会的领域,使其符合人类的理想和人为的设计。

社会正义论认为,社会正义的核心是分配正义,"社会正义最重要的问题是如何在社会成员之间分配他们生产的社会产物,那么结论似乎是对这些产物有贡献的人,至少是生产这些产物的社会成员应该被当作社会正义计划潜在的

---

① 戴维·约翰斯顿:《正义简史》,新华出版社,2018 年,第 235 页。

受益者。"① 然而，这种分配正义论可能导致两个方面的问题，一是有的人可能因为各种原因（例如残疾人）而无法对社会产物作出贡献，那么他的所得（在现代社会表现为收入）就可能是零。二是有的人能力很强贡献很大，而有的人能力很弱贡献很小，按照贡献大小来分配就会导致人与人之间的所得差距极大。上面两种结果都是非正义的。

分配的社会正义问题会进一步导致或延伸到消费的社会正义领域。正像纯粹按贡献大小来分配所得并非正义一样，纯粹按分配所得多少来消费也并非正义。消费的社会正义要求每一个人的基本消费需要得到满足，从而获得基本的生存权，并使人与人之间的消费差距不致过大或者保持在合理范围之内。据此，以下两种消费情形都是缺乏社会正义的：（1）社会上一部分人的基本生活消费需要没有得到满足，从而使其基本生存权得不到保障；（2）一个社会贫富差距和消费差距过大②。前者就是绝对贫困，是绝对缺乏消费的社会正义；后者就是相对贫困，是相对缺乏消费的社会正义。从整个世界看，尽管随着各国社会经济的发展，贫困日渐减少，但依然是一个严重存在的现象。贫困尤其是绝对贫困，意味着人的基本生存权得不到满足，违背消费正义目标。

一、绝对贫困——消费正义的绝对缺乏

张康之先生认为，"关于正义，可以从多个视角出发来加以考察，或者说，可以从多个方面提出正义的要求。从应得与所得的角度看，社会正义包含着让每一个为社会作出贡献的人得到应得的那份报偿。然而，从需要的角度看，社会正义则包含着对每一个社会成员的基本生活需要得到保障的要求。"③"应得"正义和"需要"正义这两者并不必然是矛盾的。在拉丁语格言中，正义是"持续而不断地给予每个人应得之物的意志"，显然，这预设了世界上每一个人都应该拥有"应得之物"。我想，这种"应得之物"最起码就是人应当

① 戴维·约翰斯顿：《正义简史》，新华出版社，2018 年，第 242 页。
② 差距大小可以用指标来做客观衡量，但判断什么叫"差距过大"，这依然是一个主观性很强的东西。
③ 张康之：《为了人的共生共在的正义追求》，载于《南京工业大学学报（社会科学版）》2015年第 3 期，第 5 页。

拥有最基本的生活资料以满足人的"基本需要"，从而使人能活下去而不至于死亡。在任何一个社会中，如果存在着其社会成员的基本生活需要持续无法得到满足的话，就肯定存在着严重的非正义的问题了。如果要为这种观点寻找理论依据，那便是"生存权是人的基本人权"。所以，消费正义，首先就是要求世界上每一个人（即使是身无分文）也有基本的生活资料，以确保其基本的生存权。而贫困尤其是绝对贫困，恰恰就是缺乏基本的生活资料、因而没有能够满足人的基本生活需要，人的基本生存权受到威胁。早期印度法理学思想对matsyanyaya（意为"鱼类世界的正义"，即大鱼可以随意吞食小鱼）都持批评态度，他们告诫说，避免"鱼类世界的正义"出现是正义的重要组成部分，保证人类世界中不会出现"鱼类世界的正义"尤其重要。显然，无论现存的分配制度是多么合理，只要大鱼还能肆意地吃小鱼：富人剥夺穷人、出现绝对贫困甚至以穷人的死亡为代价，那就是非正义。

通常认为，贫困意味着"基本需要"得不到满足——这是一种绝对贫困。不管生活在什么时代、什么国家，作为一个人，都需要足够的食品、衣服和住处，这就是说，"基本需要"是恒久不变的，具有绝对性①。根据世界卫生组织出版的《热量和蛋白质摄取量》一书，一个健康的成年女性每天需要摄取1800～1900卡路里的热量，男性则需要1980～2340卡路里的热量。其中，蛋白质摄取量应为人体每日所需热量的10%～15%；碳水化合物摄取量应不少于人体每日所需热量的55%；脂肪的摄取量应不超过每日所需热量的30%。因此，如果基本需要得不到满足，那就是绝对贫困。

按照"基本需要"是否满足来识别贫困有两种方法：一是直接法，即直接考察人的消费组合是否满足对食品、服装、住房、交通等的基本需要——如果这些基本需要没有满足，那就是贫困。二是收入法，即计算满足基本需要所需的最低收入水平，然后再考察人们的实际收入是否低于这个水平——如果收入不足以满足规定的最低基本需要，则就是贫困。显然，收入法是简单因而也

---

① 由于人的"基本需要"的不变性，绝对贫困具有绝对性。但严格意义上说，基本需要也并不是严格固定不变的，也会随着社会的发展而相应变化——一般都是逐渐增加的。虽然人人皆有对营养、住所和御寒的生理需要，但在不同时代和不同国家中仍然存在差异，更不用说对闲暇、教育、医疗、交通工具等的消费有着不同的最低标准。从这个角度上说，绝对贫困也并不是绝对的、不是一成不变的，也是相对的。

是最通常采用的识别贫困的方法，世界上许多国家都规定了"贫困线"。"贫困线"代表着在一定社会、一定时间可接受的最低经济享受水平。具体方法是，收集人体所需要的最低营养水平的食谱和构成这种食谱的食物价格，以及人体最低要求居住和穿着支出的数据，加总后计算出满足这些最低生活要求的消费支出，从而得到一个特定社会、特定国家的贫困线。美国在1997年一个4口之家的贫困线标准是每周313美元，按照这一标准，1997年有超过13%的美国人处在贫困线以下，包括大约1/9的白人和1/4的非籍美国人和西班牙籍美国人①。也有人把绝对贫困定义为收入是家庭食物开支的3倍，即贫困家庭的食物支出开支占到收入（接近但并等于恩格尔系数概念）的1/3，这虽然有其合理性，但没有考虑到自从20世纪60年代以来许多国家对农业实行补贴政策从而使得农产品价格保持在较低水平，而其他消费品特别是住房、教育、医疗、能源等消费品价格的快速上涨，这就在一定程度上扭曲了贫困的衡量标准。反之，在有的国家有的时期，如果食物价格暴涨而其他消费品价格保持在较低水平，则上述衡量贫困的标准同样会被扭曲。世界银行对极端贫困定义是每天生活费低于1.9美元；世界银行研究统计表明，2015年世界极端贫困人口比例已降至10%，目标是到2030年消除极端贫困。②

绝对贫困广泛存在于发展中国家，贫困者缺乏基本的食物，缺乏干净卫生的水，缺乏最低要求的住房，更没有必要的医疗保障，他们衣不蔽体、流浪街头甚至找垃圾桶寻食。尽管发展中国家在不断发展，有的国家绝对贫困人数得到大幅度下降甚至消除了绝对贫困，但绝对贫困问题依然困扰着全球，特别是绝大多数发展中国家。尤其是遭遇战争、自然灾害、流行性疾病时，贫困和饥饿人数就会暴增（见专栏4-1）。

专栏4-1　2021年全球饥饿人口增至8.28亿③

联合国粮食及农业组织、国际农业发展基金、联合国儿童基金会、联合国

---

①　Frank Ackerman, "Povert, Inequality and Power, Overview", *The Political Economy of Equality*, 2005, p. 145.

②　联合国网站：https：//www. un. org/sustainabledevelopment/zh/poverty/，访问时间：2022-08-15。

③　资料来源：https：//news. un. org/zh/story/2022/07/1105662，访问时间：2022-07-20。

世界粮食计划署和世界卫生组织联合发布 2022 年《世界粮食安全和营养状况》报告。报告指出，2021 年全球受饥饿影响的人数已达 8.28 亿，较 2020年增加约 4600 万人。报告提出的最新证据表明，全世界正在进一步偏离目标，无法保证到 2030 年消除饥饿、粮食不安全和一切形式营养不良。

粮食安全形势严峻。即使全球经济实现复苏，预计到 2030 年仍将有近 6.7亿人（占世界人口的 8%）面临饥饿，与 2015 年的水平相近。然而，也正是在 2015 年，《2030 年可持续发展议程》提出了到 2030 年消除饥饿、粮食不安全和营养不良的目标。数据显示，2021 年全球约有 23 亿人（占比 29.3%）面临中度或重度粮食不安全状况；全球近 9.24 亿人（占比 11.7%）面临严重粮食不安全状况，两年间增加了 2.07 亿人。

儿童营养状况问题凸显。2020 年，食品消费价格随之上涨，以致近 31 亿人无力负担健康膳食，较 2019 年增加了 1.12 亿人。约有 4500 万 5 岁以下儿童出现消瘦，这是最为致命的营养不良形式，会将儿童死亡风险提高 12 倍。此外，由于膳食中长期缺少人体必需的营养素，有 1.49 亿 5 岁以下儿童生长发育迟缓，同时另有 3900 万儿童超重。

多重因素叠加加剧饥饿。如俄罗斯与乌克兰的冲突仍在持续，双方均是全球重要的主粮、油料和肥料生产国。受此影响，国际供应链中断，粮食、肥料、能源和严重营养不良儿童的即食治疗性食品价格上涨。战争爆发前，各国尤其是低收入国家的供应链已然受到日益频发的极端气候事件的不利影响，因此战争可能会对全球粮食安全和营养产生深远影响。该报告不断强调，冲突、极端气候和经济冲击是造成粮食不安全和营养不良的主要因素。这些因素不断加剧，与日趋突出的不平等现象叠加共振。

"缺乏基本必需品的贫困是一种大恶。"[1] "无论是出于保障还是出于怜悯的角度，社会都不希望自己的成员遭遇饿死的命运。"[2] 绝对贫困实质上是人类发展所必需的最基本的机会和选择权利被排斥，恰恰是这种机会和选择权利才把人们引向一种长期健康和创造性的生活，使人们享受体面生活、自由、自

---

① 布莱恩·巴利：《社会正义论》，江苏人民出版社，2012 年，第 210 页。
② 世界银行：《公平与发展：2006 – 2007 世界发展报告合订本》，清华大学出版社，2013 年，第 19 页。

觉和他人的尊重。但不要以为绝对贫困只存在于广大发展中国家，其实在发达国家依然存在绝对贫困，有时候还极其严重。在世界最富裕国家之一的英国，有民众也不得不在"供暖和吃饭"之间进行选择，140 万民众缺乏电力供暖，因为他们无力支付固定成本，此外还有 2.3 万人已经切断了供暖。更惊人的是，在英国每个冬天，有 2 万~5 万人由于缺乏燃料而死亡。①

低收入是绝对贫困的根本原因，低收入者在食品、住房、教育、医疗等基本需要得不到满足，其中住房因素扮演了极其重要的关键角色。无家可归者是绝对贫困者的典型。纽约大学的一项研究，追踪了 1998 年进入城市收容所的无家可归的家庭，研究发现，"只有一个因素——援助的住房——决定了五年后任意一个群体中的家庭是否得到稳定的住房。"② 教育、工作史、精神病、儿童时代的创伤、滥用药品、酗酒不会引起纽约出现无家可归者，恰恰相反，因为是无家可归所以才引起吸毒、失业、酗酒等各种结果。英国 2002 年的一项研究报告指出："药物依赖从长期来看会逐渐使一个人保持一种流浪状态。但如果住房危机持续超过三年，人们依赖药品的概率就会达到 2/3。"③ 所以，对于无家可归者而言，"援助住房是实现住房稳定的必要而充分的条件"。④

布莱恩·巴利认为，"无家可归是当代西方社会中最为极端的社会排斥形式（可能除了入狱之外）。"⑤ 那些无家可归者或者露宿街头或者进入临时收容所，他们没有固定的邮件地址，这使他们缺乏最低限制的社会交往的参与条件；他们甚至没有办法参与互换友情。这就是无家可归者的恶性循环：失业了、破产了，或者家庭破裂了，变得无家可归了，于是无家可归者相互交往，于是就流浪、吸毒、酗酒、精神麻木甚至偷盗抢劫等犯罪，于是就越发找不到工作或者重新融入社会，于是基本生存权也就得不到保障。由于无家可归，在美国"热浪每年造成大约 1500 名美国人死亡"——而飓风、龙卷风、地震和

---

① Juliette Jowit, "Millions Live without Water, Gas or Power", reported by The National Consumes Council, *Observer*, 14 September 200, p. 13.

②④ Nina Bernstein, Once Again, "Trying Housing as a Cure for Homelessness", *New York Time*, 23 June 2000, p. 29.

③ Ben Summerskill and Dino Mahtani, "Homelessness in Drug Epidemic", *Observer*, 14 July 2002, p. 12.

⑤ 布莱恩·巴利：《社会正义论》，江苏人民出版社，2012 年，第 197 页。

洪水加起来的死亡人数还不到 200 人。① 总之，绝对贫困的存在，使得贫困者缺乏最基本的生活消费保障，使人的基本生存权都得不到保障，因而是消费正义的绝对缺乏。

二、相对贫困——消费正义的相对缺乏

相对贫困，是指在特定的社会生产方式和生活方式下，依靠个人或家庭的劳动力所得或其他合法收入虽能维持其食物、住房等最基本的生活保障，但无法满足在当时、当地条件下被认为是体面的生活需求的状态。亚当·斯密指出，在一个较为富裕的社会里，能够体面地出现在公众中不仅是能吃饱问题，而需要更多的东西，在某种程度上，一个男人需要穿上一件令人尊敬的亚麻衬衣。在斯密所处的 18 世纪，由于卫生条件所限，每个人都会产生人体气味。到了 19 世纪，个人卫生标准就提高了，个人清洁卫生的要求被认为仅次于虔诚的重要位置。但在当时，只有那些收入较高、可以定期享用热水的人才能实现上述要求，其他未能实现上述要求的人被视为"下层民众"（the great un-washed）。这当然只是斯密时代的一些例子。类似地，在美国，有时候牙齿不整齐可能被瞧不起，但看牙科医生费用极昂贵，相对贫困者因而支付不起，于是一排排整齐的牙齿成为中产阶级的特权。可以肯定地说，随着社会的变迁和经济发展，生活水平不断提高，体面生活的要求和标准也会越来越高。换言之，相对贫困的要求也会随之提高。

衡量相对贫困的标准是家庭收入和人均支出，如果一个家庭的收入低于一定的量就属于相对贫困范围。以收入来衡量有两种方法：一是通过一个国家法定的最低工资来估计该国的贫困线；二是可以认定一国平均收入的 60% 是该国的贫困线。有的学者认为应当"将贫困界定为社会之中中等收入的一半——也就是说处于收入排序等级半分位的人的收入的一半。"② 这一理论的基础是，如果处于收入分配中端的人们仅仅是你收入的 2 倍，你就不会被排除

---

① Eric Klinenberg, Heat Wave: A Social Autopsy of Disaster in Chicago, Chicago: *Chicago University Press*, 2002, p. 80.

② 布莱恩·巴利：《社会正义论》，江苏人民出版社，2012 年，第 212 页。

在社会之外。有些国家把低于平均收入 40% 的人口归于相对贫困组别；世界银行的看法是，收入只有（或少于）平均收入 1/3 的社会成员便可以视为相对贫困。世界银行在《1981 年世界发展报告》中指出：当某些人、某些家庭或某些群体没有足够的资源去获取他们那个社会公认的、一般都能享受到的饮食、生活条件、舒适和参加某些活动的机会，那就是处于贫困状态。这显然是一种相对贫困的描述。

相对贫困不同于绝对贫困的地方就在于相对性。如果一个社会所有人都处于没有汽车的消费水平，那么一个没有拥有汽车的人就不存在相对贫困；而当一个社会绝大多数人拥有汽车时，那么一个没有条件拥有汽车的人就是相对贫困。在现代，无论是发达国家的消费水平还是许多发展中国家的消费水平，绝大多数城市人都拥有汽车，而且城市框架大幅度扩展、城市建设已经使得不拥有汽车的人难以正常工作和生活（特别是公共交通并不发达的城市）。同样，在几乎人人都拥有移动手机的消费水平下，如果一个人没有经济能力拥有手机，他就是相对贫困，他就被置于这个社会之外，他既无法参与正常的社会交往，无法进行正常的消费——因为交通消费、医疗消费、食品消费等往往通过手机移动支付，也无法进行正常工作，甚至连找工作都不会成功——面试之后的录用通常是用手机来通知的。正因为相对贫困的相对性，所以绝对贫困会随着社会经济的发展而减少，而相对贫困始终存在，甚至还会增加。

相对贫困体现在消费领域，往往是贫困者只能获得比其他消费者较低的住房水平、较低的受教育水平、较差的医疗保障、较少的公共消费和较低层次的休闲消费等。总之，相对贫困的存在，虽然不影响贫困者的基本生存权利，但使得相对贫困者缺乏与其他群体平等交往、平等消费的权利，因而是消费正义的相对缺乏。

第二节　从住房消费正义到教育消费正义

不同的社会阶层在消费上往往存在巨大差距，富人、中产与穷人的生活方式和消费水平往往有天壤之别。"超级富翁将自己与常人的生活分离开来的能力日益增强，无论是休闲还是工作，富人和穷人之间的差距日益扩大……许多新建的公寓看起来证明了这一隔离的需要"。① 这种"隔离"不仅是物理上的隔离（表现为住区住房方面），还表现为食品、教育、医疗、休闲等消费方面。这里重点分析住房消费、教育消费方面的正义性问题。

一、住房消费中的社会正义

住房消费中的社会正义，简单说就是要求每一个人有符合人的基本需要的住房面积和质量。这大概涉及三个方面的问题：一是住房面积问题；二是住房的内在质量问题；三是住房的外在环境问题。从整个世界范围看，在关于住房的上述三个方面，人与人之间的消费差距巨大。在人均住房面积方面，有人住超过上千平方米的大别墅，有人无家可归；在住房的内在质量方面，国外的贫民窟和国内的城中村依然存在——这同时也就意味着极差的住房外在环境。

住房的外在环境，是指住房外的空气、水、绿化等自然环境。讲到住房的外在环境问题，就不能不涉及邻避设施问题。尽管"别在我后院"（NIMBY, not in my back yard）运动在全球愈演愈烈，但邻避设施是经济社会发展不可缺少的，在客观上总是需要修建的。从实践上看，邻避设施往往选址在经济力量、政治力量较弱（话语权较少）的地区，而这些地区往往就是低收入者聚居区。一方面，邻避设施之所以选址在经济力量较弱的地区，是因为该地区房价较低，邻避设施的危害成本就较低，这就是所谓的"分洪逻辑"；邻避设施选址后则会进一步降低该区域的房价或者抑制房价上涨，吸引低收入者聚居，于是形成恶性循环圈。另一方面，邻避设施之所以选址在政治力量较弱的地区，是因为选址该地区的抵抗力量弱，不像选址在富人区那样会遭遇强有力的游说集团和压力集团，于是这种选址更容易获得成功。显而易见，这种选址方式以牺牲穷人利益为代价，客观上保护了富人，显然有失公平正义。

中国的城中村，存在住房内在质量和外在环境均较差的情况。城中村是指

---

① Sampson. "The New Edwardians"，转引自布莱恩·巴利：《社会正义论》，江苏人民出版社，2012年，第220页。

农村村落在城市化进程中，由于全部或大部分耕地被征用，农民及外来居民仍在原村落居住而演变成的居民区，亦称为"都市里的村庄"。城中村土地既有国有土地所有权也有集体土地所有权，而且宅基地、工业用地、商业用地相互交织，比较混乱。城中村存在住房内在质量和外在环境均比较差的问题：（1）住房质量较低。一些城中村违法违章建筑相当集中，随意加盖，房屋建设质量较低。（2）治安状况较差。城中村居住人口杂乱，由村民、市民和流动人口混合构成，刚毕业的大学生、进城务工人员等都会选择暂住在城中村里进行过渡，治安案件发生率较高。（3）居住环境较差。"一线天""握手楼""贴面楼"风景独特。由于房屋密度高、采光通风条件差。同时，城中村的基础设施不完善，各种管线杂乱无章，排水排污不畅，垃圾成灾。

从消费角度上看，中国的城中村，村外是大城市甚至是大都市的消费水平，村内只是一个小县城甚至乡镇的消费水平。城中村里的房租很便宜，交通便利，生活成本相对较低，但诊所、书摊、菜场、夜宵店、饭馆、服装店、超市、发廊、幼儿园等几乎所有的消费需求都能在城中村内部得到满足，这与城市型消费形成巨大差距，反映出消费的非正义性。

二、教育消费中的社会正义

《联合国 2030 年可持续发展议程》指出了教育的极端重要性：教育是实现其他诸多可持续发展目标的关键。如果人们无法获得优质教育，就无法打破贫穷循环。因此，教育有助于减少不平等以及实现性别平等。此外，教育使各地的人们过上更加健康和可持续的生活。教育对促进人与人之间的容忍也十分重要，并且为更加和平的社会作出了贡献。[1] 但教育消费中的社会正义存在着一个与其他消费例如食品、住房、医疗等消费中截然不同的一个问题，即究竟是让不同人接受大致相同水平的教育才是公平的？还是让不同人接受不同水平的教育才是公平的？

有人认为，应该让不同人接受大致相同水平的教育，这就是教育消费中的

---

① 联合国网站：https：//www.un.org/sustainabledevelopment/zh/education/，访问时间：2021 - 08 - 12。

公平与社会正义，这是极其重要的，是机会平等的核心内容。这种观点的依据是，人人都有接受教育的权利，如果不同人之间实际受教育的水平差异太大，则会引起机会的不平等，进而引起贫富的巨大差异和消费水平的巨大差异，这是非正义的。因此，呼吁教育平等的各种呼声，在全球范围内始终没有停止过，从早期呼吁黑人白人之间的教育公平、呼吁男人女人之间的教育公平，到当前呼吁城乡之间的教育公平，呼吁不同学区之间的教育公平，呼吁不同收入人群之间的教育公平……。

还有人认为，让不同人接受不同水平的教育才是公平的。这种观点的依据是，人类是"天然地"存在不平等，因为这种"受体"不同，所以让不同人接受不同水平的教育是合乎人类本性的，是正义的。这种思想早在古希腊时期就非常流行并占据主导地位。柏拉图在《理想国》中就假定，存在着三种类型的具有不同能力和个人品格的人：金、银、铜。"古代世界……关注的是遗传因素和行为之间的关系。希腊人早就预想了优生学，他们相信，应该鼓励在战争和社会上有价值的活动中声名显赫的年轻人生育，而那些堕落的人则不应该受到鼓励。"① 由于大多数子女都将同属于他们父母所在阶层的子女结婚、繁衍下一代，因此，下一代中的大多数就与父母处于同一阶层，少数人呈现出不同于父母阶层的特征。上述观点在后来似乎得到了达尔文的证明，相关思想也得到进一步发展。达尔文指出，人类之间的差别源于出生和大部分的遗传因素的品质差异。达尔文的堂弟，弗朗西斯·高尔顿根据达尔文的《物种起源》理论，进一步测量和研究遗传因素对人类精神和物质特征的影响，创立了智商（IQ）理论，讨论了天才的遗传过程。他还发明了"优生学"，认为根据优生学知识，人类就可以理性地指导未来的人类演进过程。1944 年，巴特尔的教育计划就是顺着上述思想并按照柏拉图的分类方法将人重新划分为三个等级并相应施教：聪明的人注定要进入一类学校，蠢笨的多数人命运注定要进入二类学校，最差的人则辍学。

笔者的观点是，教育消费正义要求每个人都应该受到起码的教育即基本的教育，这一点上，每一个人应当是没有差异的、是必需的，这是平等正义的重

---

① "Genetics of Behaviour", in Richard L. Gregory, ed., *The Oxford Companion to the Mind*, Oxford: Oxford Universiaty Press, 1987, p. 284.

要体现。如果按照受教育年限来计算，这种基本的受教育年限是几年？这个答案在不同国家不同历史时期是不同的，在当前，发达国家也许至少12年，在发展中国家，也许要6年甚至9年以上（必须强调的是，由于发展中国家数量众多且国情差异极大，所以不同发展中国家的基本受教育年限实际上差异很大）——因为达不到上述受教育年限，则基本上不可能有大致平等的就业机会和发展机会。也许正是因为如此，所以，《联合国2030年可持续发展议程》特别强调"确保所有男女童完成免费、公平和优质的中小学教育"，而并没有强调所有男女童完成高等教育（见专栏4-2）。但与此同时，教育应当是有差异的，即对于不同的个体，应当接受不同的教育程度、采用不同的教育方法、接受不同的教育内容（是指专业上的差异），所谓"因材施教"，不仅是教育方法方面更是教育内容方面。这既是促进经济社会发展的需要，也是促进人个性发展的需要，更是消费正义的需要。

专栏4-2　可持续发展目标4（"优质教育"）的具体目标①

1. 到2030年，确保所有男女童完成免费、公平和优质的中小学教育，并取得相关和有效的学习成果。

2. 到2030年，确保所有男女童获得优质幼儿发展、看护和学前教育，为他们接受初级教育做好准备。

3. 到2030年，确保所有男女平等获得负担得起的优质技术、职业和高等教育，包括大学教育。

4. 到2030年，大幅增加掌握就业、体面工作和创业所需相关技能，包括技术性和职业性技能的青年和成年人数。

5. 到2030年，消除教育中的性别差距，确保残疾人、土著居民和处境脆弱儿童等弱势群体平等获得各级教育和职业培训。

6. 到2030年，确保所有青年和大部分成年男女具有识字和计算能力。

7. 到2030年，确保所有进行学习的人都掌握可持续发展所需的知识和技能，具体做法包括开展可持续发展、可持续生活方式、人权和性别平等方面的

---

① 联合国网站：https：//www.un.org/sustainabledevelopment/zh/education/，访问时间：2021-08-15。

教育、弘扬和平和非暴力文化、提升全球公民意识，以及肯定文化多样性和文化对可持续发展的贡献。

问题在于，当前世界教育消费在各国之间以及国内不同人群或不同区域之间差异很大。根据《联合国 2030 年可持续发展议程》数据，截至 2015 年，发展中国家的初等教育入学率达到了 91%，但仍有 5700 万儿童失学；未入学的儿童中，超过半数生活在撒哈拉以南非洲；50% 的小学适龄失学儿童生活在受冲突影响的地区；全球有 6.17 亿名青少年缺乏基本的数学和识字技能。在一国内部，教育消费的差异同样巨大。2017 年 4 月 20 日教科文组织《全球教育监测报告》显示，全球只有 1% 的最贫困学生在高等教育中花了 4 年多时间，而最富有的学生则有 20%。在墨西哥，接受高等教育的土著人不到 1%。在中国，农村地区的青年人比城市学生的入学率要低 7 倍。在最穷国家，平均有 8% 的年轻人接受高等教育，而最富裕国家则高达 74%。最贫穷的国家也显现出最大的性别差距，2014 年，低收入国家的妇女只有 30% 接受了本科教育。①

更严峻的问题还在于，教育消费往往会"遗传"给下一代。需要研究的重要问题是，潜在的成功者与潜在的未成功者之间的差别在早期是如何形成的，以及随后又是如何继续扩大的，研究表明"教育的社会经济差距开始于前 22 个月。从传统意义上来说，这种差距是通过教育体系扩大的，这种偏差一直延续到高等教育阶段。"② 仔细分析一下，大致有以下原因：（1）高收入家庭更有可能生产出智力发育较好的孩子，并在出生后保障孩子足够的营养。高收入家庭能保障怀孕期间孕妇的足够营养，从而保障胎儿所需要的各种营养。反之，穷人孕妇的胎儿因为缺乏足够的蛋白质，导致智力低下（见专栏 4 - 3）。（2）高收入家庭往往更重视下一代的教育。研究表明，那些受过良好教育的中产家庭往往存有这样一种观念：父母应该与孩子们多聊天、给他们读书。因此，实践中，中产家庭中的父母更乐于与子女聊天，而与子女聊天有利于儿童的智力发育。在美国的一项研究表明，"在家庭的日常互动行为中，孩

① 联合国网站：https://www.un.org/sustainabledevelopment/zh/education/，访问时间：2021 - 08 - 15。
② David Miliband, Class Haunts the Classroom, *Guardian*, 18 September 2004, p. 27.

子们听到的平均字数在职业家庭中是每小时 2150 个，在工人家庭是每小时 1250 个，在福利家庭中是每小时 620 个。"[1] 而且，上述三个层次的家庭在所使用的语言的复杂性方面、表扬或批评的倾向性方面也存在显著的差异。"在职业家庭中，平均每小时儿童受到 32 次表扬和 5 次批评……在工人阶级家庭中，平均每小时儿童受到 12 次表扬和 7 次批评……在福利家庭中，平均每小时儿童受到 5 次表扬和 11 次批评……"[2] （3）高收入家庭有更高的教育消费的支付能力。高收入家庭能支付得起高昂但质量相对更好的私立学校费用，能支付得起各种额外的校外培训班费用，这使得高收入家庭的孩子在各种升学竞争、就业竞争中更具有竞争力。在英国，"私立学校仅仅吸纳了学龄人数的 7%，却为精英大学输入了一半或一半以上的生源。"[3] （4）高收入家庭有更好的教育环境条件，能购买得起所谓的"学区房"，也有避免安家于各种邻避设施周边的能力（参阅前面的"住房消费中的社会正义"）。

专栏 4－3　营养与智力的关系[4]

营养与智力的关系，应该从孕妇妊娠开始说起，因为智能的水平与神经系统的发育有关。胎儿神经系统发育的关键时期是在妊娠第 10～18 周，在这个阶段，胎儿的神经细胞已达到了成年人的数目。如果孕妇在怀孕期间营养摄入不足，就会影响胎儿脑的发育。

孩子出生以后头围迅速增大，尤其是出生后的两年内。这说明，他们的脑也在迅速发育。如果这个阶段营养摄入不足，就会影响脑的发育。有人曾经对营养不良的孩子进行随访观察，在出生后 6 个月内有营养不良的孩子，不仅体重不增长或者增长速度缓慢，智能与动作发展也落后于一般孩子。即使以后纠正了营养不良，体重上升，但是智能发展上的落后却无法弥补。而 2～3 岁以后患营养不良，即使孩子体重轻、智力落后，但只要纠正了营养不良，两者都可以恢复正常。这说明，在脑迅速发育阶段如果营养供应不足，可以对智能造

---

① Hart and Risley, *Meaningful Differences*, pp. 3－132.

② Hart and Risley, *Meaningful Differences*, pp. 198－199.

③ 布莱恩·巴利：《社会正义论》，江苏人民出版社，2012 年，第 77 页。

④ 营养与智力到底有什么关系－营养/智力－育儿网，http://www.ci123.com/article.php/4127，访问时间：2021－09－11。

成难以恢复的影响。营养不良不仅影响脑的功能，而且会影响脑的形态发生变化，例如出现不同程度的脑萎缩。

在中国，教育消费差异也是区分社会阶层的重要标志。"教育的角色，相当于是社会结构的门卫，控制着流动的社会身份分类以及再生产。正因为如此，才可以理解，为什么中国历史上几次大的教育变革，客观上都曾改变不同人群的位置、职业和升迁路径，皆因为文凭具有变动不同人群之机会结构的效应。"[1] 可以列举的有科举制度的改变，这一举措曾切断了知识群体向（基于掌握传统知识的）官僚群体流动的固有格式，知识群体预期的机会结构和事业晋升模式也随之发生了变化。20世纪中叶，随着政治体制的变动，中国教育又一次发生变革，教育的政治性标准确立——为工农兵服务和造就无产阶级接班人。在那个历史时期，80%的人口扫盲，干部队伍普及文化，学习新知和学历提升，曾经改变了一批人的命运。教育的这些改变，给大量出身普通的劳动者提供了向上流动的机会。文凭使他们从体力劳动者变为脑力劳动者，用老百姓的话说，就是在田间地头和车间干活的人，变成了坐办公室的人。学者张静（2010）研究了中国社会的文凭（特指大学及以上文凭）后指出，文凭提升社会地位并非仅指经济收入，它还包括更多的内容：有资格和机会进入的职业，有资格享用的政策特权（进入体制内，有福利保障），以及有资格享有生活地域的选择、工作稳定性、社会声望、资历的可积累性调动等。显然，这些方面无法用金钱购买获得，经济收入高并不能代替社会地位高，后者须经过教育文凭获得。因此才有相当多的小企业主抱怨，自己虽然赚了钱但还是社会地位低。近年大量的毕业生蜂拥进入公务员考试，也不是仅仅在追求收入——实际上很多市场单位比公务员收入高，他们是在期望获得体面身份和受尊敬的职业，这也与社会地位考虑有关。

综上所述，教育消费中的社会正义，核心就是要求不同人能受到平等的基本受教育程度。为此，要让不同孩子有近似的教育领域的物质条件和环境条件。如果无法满足这一点，那就应当建立干预体系，尽可能补偿因物质条件和环境条件差异而引起的受教育水平差异，关键是为相对贫困者家庭的孩子接受

---

① 张静：《社会身份的结构性失位问题》，载于《社会学研究》2010年第6期，第45页。

教育提供必要的物质条件，并改善相应的环境条件。

第三节　消费的社会正义影响因素

　　约翰·罗尔斯在《正义论》中把正义的主题界定为"社会的基本结构"，这一基本结构是由权利、机会以及资源的主要制度构成的，所以制度是实现社会正义的主题。而布莱恩·巴利则认为"正义的主题不是制度本身，而是存在于社会之中的权利、机会和资源的分配""制度是实现社会正义的关键""制度本身不是目的：它们只是达成目的的手段。"① 尽管罗尔斯和巴利这两位正义研究大家对于制度在社会正义中的地位有不同主张，但我们依然可以十分肯定地说，他们均把制度及其内含的权利、机会、资源放在最核心、最关键的地位。因此，如果我们想要知道一个社会的各项制度在多大程度上可以共同促进社会正义，那就不得不考察这些制度导致的个人权利、机会以及资源的分配。

　　本书正是基于上述这一思想，从权利、机会、资源三个方面来具体分析影响消费的社会正义的各种因素，而制度贯穿其中。消费的社会正义得不到实现，或者是因为没有权利，或者是有权利但没有机会，或者是有权利有机会但没有资源。

一、权利

　　什么是权利？一般认为，是指法律赋予人实现其利益的一种力量，它法律赋予权利主体作为或不作为的许可、认定及保障。因此，简单说，权利就是人们有权去做某事，或者说某种行为不会被禁止。权利通常包含权能和利益的两个方面。权能是指权利能够得以实现的可能性，它并不要求权利的绝对实现，只是表明权利具有实现的现实可能；利益则是权利的另一主要表现形式，是权能现实化的结果。权能具有可能性，利益具有现实性。也可以说权能是可以实

---

　　① 布莱恩·巴利：《社会正义论》，江苏人民出版社，2012年，第20页。

现但未实现的利益；利益是被实现了的权能。因此，权利有着应然权利和实然权利之分。

在不同历史时期、不同国家，公民的权利范围有很大不同。有许多权利，在现代国家被认为是当然权利，而在历史上可能是难以企及的"奢侈品"。例如在英国，传统的与婚姻相关的法律原则可以概括为"按照法律规定，男人和女人是一个人，而男人是一个人"。[①] 只是到了19世纪后半叶，已婚妇女才获得拥有财产和签订契约的权利，从而才有按照遗嘱获得遗产的权利。显然，19世纪以前当时英国的妇女没有财产权，也就意味着不能保障其消费权。现代国家的公民人人都享有公民权，即一国公民在该国法律上所拥有、为政府所保障的公民的基本权利，是作为一个国家的公民所享有的公民资格和与公民资格相关的一系列政治、经济和文化权利。例如，《中华人民共和国宪法》规定我国公民在政治、经济、文化、人身等方面享有基本权利，其中规定享有的社会经济权利包括：劳动权利，劳动者休息权利，退休人员生活保障权利，因年老、疾病、残疾或丧失劳动能力时从国家和社会获得社会保障与物质帮助的权利。

社会正义是建立在公民平等权利基础上的。权利必须是普遍的、平等的，而等级制恰恰就是对公民权利的破坏。在法国大革命以前，法国社会存在三大等级，贵族和教士拥有第三等级即其他民众所没有拥有的法律和政策特权，这个社会就是不公正的，是非正义的。同样，印度社会广泛存在等级制度，不同等级的人享有不同的权利，并进一步导致不同等级的人之间在机会和资源方面的巨大不平等。美国《独立宣言》强调所有人生而平等，平等地拥有生命、财产和追求幸福的权利。直到此时，才为消除人们在机会和资源方面的不平等奠定了权利基础。所以，人们往往普遍关注机会和资源，而实际上，机会和资源是建立在权利平等基础上的。简言之，权利是社会正义的前提和基础。

人人都具有生存权，也就意味着人人具有消费权。用马克思的话来说，就是人作为活的生命体是一刻也离不开消费。但这只是一种应然权利，并不是实然权利，前面所述的贫困（无论是绝对贫困还是相对贫困），就意味着贫困者的消费权利并没有实现，至少没有充分实现。贫困的根本原因在何处呢？为了

---

① 布莱恩·巴利：《社会正义论》，江苏人民出版社，2012年，第23页。

回答这个问题，阿马蒂亚·森创新性地把贫困与权利联系一起。他认为，一个人拥有多少权利取决于他的禀赋和交换权利，一个人可以动用自己的禀赋，通过各种交换权利的实现来满足自己的需要。例如，通过自己生产或为别人劳动可获得收入；通过贸易可用收入换来商品；此外还可以通过社会保障体系和其他途径获得救济。贫困的生产归根结底是由于交换权利的恶化，政策、环境、文化、国际因素等都是通过影响交换权利而对贫困产生影响。可见，贫困虽然表现为人与物质的关系，但其根源却在于权利，即人与人的关系。中国共产党从中国实际出发，遵循人类社会发展规律和人权的普遍性原则，创造性地提出"生存权发展权是首要的基本人权"的重大命题，并且坚持把发展作为执政兴国的第一要务，通过发展使每一个人都成为权利的积极参与者和受益者，特别是通过消除绝对贫困、通过全面建成小康社会，为人民普遍享有生存权发展权提供了基础，也为消费正义的实现提供了前提。

二、机　会

从上面的论述中可见，权利固然重要，权利是机会和资源的基础。但是，如果仅仅有权利而缺乏机会和资源，那么权利就会落空。在当今世界，几乎所有的国家中，都可见到儿童具有接受教育的权利，但是，如果一个儿童的父母缺乏足够的经济条件、无法支付儿童的入学费，或者虽有经济条件但却不愿意支付儿童的入学费（尤其是对女童），那么，这个儿童依然是没有机会入学的。同样，如果只是规定人人都有接受基本医疗保健的权利，但因为能否得到医疗保健取决于支付能力，所以这种权利规定并不能保证人人在实际上都有机会得到医疗保健。这就是说，具有同等的医疗保健权利，却在实际上形成了不平等的医疗保健待遇——有些人得到了而有些人却并没有得到，或者有些人充分得到了而有些人并没有充分得到。类似地，平等的就业权利，由于机会和资源的不同，却在实际上形成了不平等的就业。这就引发了正义性问题。所有这一切表明，仅有权利是不够的，更需要机会和资源。

机会，可以理解为通过自己的选择和努力获取某物的能力。布莱恩·巴利曾举例说明什么是机会：假如一个残疾人，例如一个坐轮椅的人，说他有进入公共场所的机会时，这并不仅仅意味着法律不应该禁止残疾人进入公共场所，而且还意味着应该借助电梯或坡道，使残疾人能够在身体上有可能进入商场、公共娱乐场所、文化馆博物馆、教育机构等各类公共场所——这不是一项权利要求而是一项机会要求。所以，"从形式上来说就是：如果在我的能力范围之内，并且我选择了这么做，某些行动进程能够使我做到某些事情或获得某些东西的话，那么，对我来说，就存在着做某些事情或获得某些东西的机会。如果得到某些东西取决于我的意愿，那么对我而言这就是一项机会。"①

机会平等对于收入、对于个人发展的影响极其重要，而对由于这种重要影响带来的收入差异得到了普遍认同。一项对欧洲、日本的跨国调查研究发现，人们普遍有如下共识："只要机会是平等的，那么，如果人们有更多的钱或财富，这就是公平的。"② 这说明，人们对于"机会平等"是多么看重！在中国，也有大量的调查研究表明，人们对于诚实劳动致富是广泛认同的——因为人们之间的这种机会是平等的，人们普遍反对的是有些人凭借垄断地位、凭借各种"关系"、凭借巨额遗产继承（所以才会产生带有贬义性质的"富二代"概念）等机会而导致的暴富。

然而，在现实中，机会不平等情况严重存在。当今世界，比较普遍地存在着受教育机会的差异，进而影响工作机会的差异。在就业市场中，重要的是不是你受到了多少教育，而是与他人相比，你受到了多少教育。在寻找工作时，如果有一半求职者具有大学学士学位，那么，学士学位就成了找到工作的最低资格要求——尽管有些工作只要中学毕业、大专毕业就能胜任。进一步，如果绝大多数求职者具有大学学士学位，那么，获得工作机会将取决于你是毕业于普通高校还是毕业于精英高校或者一流高校（例如，中国的"985高校""211高校""双一流高校"之分，美国有"常青藤"高校与非"常青藤"高校之分），或者取决于你是本科毕业还是研究生毕业（用人招聘单位会把门槛提高到研究生毕业的层次）。

在上面就业案例中，表面上看，求职的学历门槛对所有人都一视同仁，是

---

① 布莱恩·巴利：《社会正义论》，江苏人民出版社，2012年，第24页。

② Gordon Mashall, Adam Swift and Stephen Roberts, *Against the Odds? Social Class and Social Justice in Industrial Societies*, Oxford：Clarendon Press, 1997, Appendix J：Table J1, p. 246.

公平正义的，但实质上并不公平正义，因为学历差异的背后往往是家庭境况差异——巨大的收入差异往往会导致机会差异。富裕家庭能为子女提供更多的学习机会，或者资助子女攻读大学本科甚至研究生层次，或者通过各种关系（例如通过向大学捐助等）让子女在精英大学学习。反之，贫困家庭则相反。而且，在就业市场上，富裕家庭的子女因为没有太大的经济压力，所以如果发现工作机会的薪资较低或职业发展前景不满意，就可以选择暂时不就业或另择工作机会；而贫困家庭的子女为了养家糊口，只能接受薪资较低或职业发展前景并不太满意的工作机会。所以，家庭贫富差异造成子女受教育差异，进而造成工作机会差异和发展机会差异，并导致发言权和发言机会从而影响公共开支决策的机会差异，工作机会差异、发展机会的差异和影响公共开支决策的机会差异又会进一步加剧收入差异、消费差异，于是，贫富、机会就从上一代传递到下一代，这就是教育、工作机会、收入和消费层次的代际传承、代际循环。因此，世界银行研究报告指出："经济、政治和社会不平等往往存在长期的代际自我复制"，形成"不平等陷阱"。[①]

　　"道德上任意的不平等始于受精过程之前"[②]，布莱恩·巴利的这句话深刻揭示了父母对于子女的影响。这种影响既包括怀孕之前父母的身体状况、智力情况对于子女后代身体的影响，还包括父母的经济条件对于子女的影响。例如，怀孕后，母亲的卫生状况、营养状况、药物的使用情况等都会影响胎儿的质量，父母贫困可能导致胎儿营养缺乏，贫困父母有更大的可能性会滥用药物，可能影响出生孩子的身体和智力。类似地，有的贫困父母往往居住在生态环境较差的地方、垃圾场周围或者甚至是有毒的高污染地区——实证研究表明，在美国许多地区"尤其是在大都会地区，现存许多垃圾掩埋场的所在地，都是些较落后的地区"[③]——孩子的身体发育受到不利影响；有的贫困父母居住在教育条件相对较差的地区，孩子得不到较好的教育，孩子的智力发展受到不利影响。此外，贫困父母对孩子缺乏足够的教育（包括胎儿期的教育、婴

---

① 世界银行：《公平与发展：2006－2007 世界发展报告合订本》，清华大学出版社，2013 年，第2 页。

② 布莱恩·巴利：《社会正义论》，江苏人民出版社，2012 年，第18 页。

③ 威廉·拉什杰、库伦·默菲：《垃圾之歌》，中国社会科学出版社，1999 年，第139 页。

幼儿童的教育等），致使其孩子的专长未能充分发挥，从而对其学业、事业产生不利影响，制约其发展空间。这一切都可能会导致贫困家庭的孩子继承父母的贫困，这就是贫困的代际传承。当然，上层阶层、中产阶层也很有可能把自己所在阶层传递给自己的后代——这就是所谓的阶层固化。迈克尔·阿普蒂德（Michael Apted）的系列纪录片，生动地反映这种阶层固化现象（见专栏4–4）。

专栏4–4　米歇尔·艾普泰德（Michael Apted）的记录片①

1964年，英国导演米歇尔·艾普泰德开始追拍14个人——来自英国不同地区不同生活背景的14个7岁孩子，他们有的来自孤儿院，有的是上层社会的小孩，有的来自典型的中产家庭。当时他们都只有7岁，这14个人中有号称自己平时只读《金融时报》的安德鲁（Andrew），有说她根本不想认识任何有色人种的苏泽（Suzy），有想研究月亮是怎么回事的尼克（Nick），有说"女人最大的问题就是她们总是心不在焉"的约翰（John）……那一年，他们只有7岁。此后，每隔7年，米歇尔·艾普泰德就重访一次这批人，跟踪他们的少年、青年、中年，到2012年第八次跟拍时，他们都已经56岁。

一群人从1964年7岁的第一次采访，到14岁、21岁、28岁、35岁、42岁、49岁、56岁……。米歇尔·艾普泰德最早决定拍这个纪录片时，初衷是批判英国社会凝固化的阶级：富人的孩子还是富人，穷人的孩子还是穷人。40多年拍下来，这一点的确大致得到确证：像安德鲁、约翰这样的富人孩子基本上一直没有偏离精英"传送带"，从富人区中小学到牛津剑桥，再进入律师媒体之类精英行业；而像西蒙（Simon）、杰克（Jacky）这样的底层孩子，从来没有、似乎也没有争取去突破头上的玻璃天花板，一路按部就班经历了辍学、早婚、多子、失业等底层命运。因此，总体上看，父母有利或不利的境遇以多种多样的形式维持了一代又一代。当然也有例外，尼克（Nick）出生贫苦，但后来成了名校教授，可见命运的手掌里也有漏网之鱼。

类似地，纪录片《出·路》，中国导演郑琼用6年时间跟拍了3个孩子，用最真实的故事给出了与米歇尔·艾普泰德基本一致的结论。

---

① BBC纪录片-7岁到49岁，真实记录14位主人公的人生-现实比任何虚构作品都要更残酷，http://group.mtime.com/hollywood2009/discussion/1240770/，访问时间：2019–09–16。

除了上面所指出的由于个人经济条件差异引起的机会差异、导致不平等以外，还有一种原因是个人的选择能力的差异引起不平等。在都有选择权或者说在都可以自由选择的前提下（即有同等机会的条件下），有的人选择能力强，作出了正确的选择，因此而成为成功者、富裕者；而有的人选择能力弱，作出了错误的选择，因此而成为失败者、穷困者，这就是所谓"平等的机会变成了不平等"。的确，人的一生中有无数个选择机会，也有无数个选择内容，但关键的选择其实不多。考大学（包括选择哪所大学、什么专业）、就业（包括选择哪个城市、什么样职业）、婚姻（选择哪个人作为配偶），可能是人生中三个最重要的选择。概括上述内容，一是由于个人经济条件等客观条件的限制，限制了个人的可选择性，被迫作出了非最优的选择；二是由于个人选择能力主观条件的限制，使个人无法作出最优的选择。不同人由于选择的差异，导致了收入的差异，进而导致消费的差异。

关于机会、消费的机会，在当今中国的住房购买决策中表现得最为明显。最近20多年来，中国住房价格暴涨，在有的地区、有的年份甚至在一年内房价暴涨30%、50%以上。在这一过程中，如果有的人抓住了机会，在2000年、2010年、2015年前后即住房价格相对低谷时购买了房子、尤其是购买了北京、上海、广州、深圳等一线城市的多套房子，那么他将因此而致富、因此可能进入高消费阶层。这就是所谓当今我国社会流行的一句口头禅："因为购买了一套房，可以少奋斗××年"。

三、资　源

根据布莱恩·巴利的看法，"资源是由人们拥有或他们可以获得的外在之物构成的——这些外在之物的特性在于，它们能够使人们实现他们的目的，或者，至少可以提高他们实现其目的的机会。货币是通用的资源，一辆车是更为具体的资源，等等。"[1] 对于儿童受教育权利而言，资源除了货币以外，还有其父母掌握着的家庭藏书、家庭环境、文化氛围，甚至包括父母是否开

---

[1]　布莱恩·巴利：《社会正义论》，江苏人民出版社，2012年，第25页。

明、宽容以及那种鼓励好奇心、鼓励创新的家庭教育方式，等等。显然，拥有资源越丰富的人，往往越能实现其权利，享有的机会也就越多；反之则相反。

资源差距，集中反映在收入差距上。世界不同国家发展水平差异，必然反映在不同国家之间的人均收入差异上。世界银行以人均国民收入为标准，把国家分为四类：低收入国家、中等偏下收入国家、中等偏上收入国家和高收入国家。划分的收入标准不是固定的，每年 7 月 1 日，世界银行会根据综合因素变动进行相应调整。2020 年的划分标准为：2019 年人均国民收入低于 1035 美元的国家为低收入国家；人均国民收入在 1036 美元至 4045 美元之间的国家为中等偏下收入国家；人均国民收入在 4046 美元和 12535 美元之间的国家为中等偏上收入国家；人均国民收入超过 12536 美元的为高收入国家。毫无疑问，总体上说，与发展中国家尤其是与低收入发展中国家相比，发达国家消费者由于人均收入较高，往往更可能获得相应的机会，也更有可能实现其相应的权利。在高收入国家，整体是高消费甚至浪费严重，而与此同时，在低收入国家甚至依然存在比较广泛的饥饿现象（见专栏 4－5）。

专栏 4－5　世界范围内的饥饿人口及其分布①

全球范围内，当今世界总人口的 1/9 营养不良（8.15 亿）。

世界上大多数饥饿人口生活在发展中国家，发展中国家有 12.9% 的人口营养不良。

亚洲的饥饿人口数量最大，占世界饥饿总人口的 2/3。近年来，南亚的饥饿人口比例有所下降，但西亚则略有上升。

南亚面临的饥饿负担最为沉重，约有 2.81 亿营养不良人口。2014～2016 年，撒哈拉以南非洲的营养不良人口比例近 23%。

营养不良每年导致 310 万名 5 岁以下儿童死亡，占 5 岁以下儿童死亡人数的近一半（45%）。

全世界 1/4 的儿童发育迟缓，在发展中国家，这一比例可能升至 1/3。

---

① 资料来源：联合国《变革世界的 17 个目标》之 "目标 2 零饥饿"，https：//www. un. org/zh/sections/issues-depth/poverty/index. html，访问时间：2019－08－05。

在发展中世界，6600 万名小学适龄儿童食不果腹，其中仅非洲就有 2300万名。

收入差距不仅体现在国与国之间，还体现在一国内部不同群体之间。美国在西方国家中贫富分化最为严重，是该国一大社会痼疾。2011 年"占领华尔街"示威者就喊出"我们是 99%"的口号。时至今日，尽管经历了历史上最长时间的经济增长周期，美国的收入差距反而提升至半个世纪以来的最高点。根据美联储的数据，美国最富有的 1% 家庭现在控制着美国上市公司和私营企业一半以上的股权。众多普通美国民众发现，自己没有分享到经济增长的果实。有数据显示，截至 2019 年第二季度末，美国最富有的 1% 家庭拥有约 35.4 万亿美元资产，几乎与美国整个中产和中上阶层所拥有的财富总额相同，这些占美国 50% ~90% 的几千万人口所持有的总资产为 36.9 万亿美元左右。① 美国人口普查局的统计数据显示，过去 50 年来，美国的基尼系数一直在稳步上升，2018 年攀升至最高的 0.485。摩根大通公司发布的报告显示，美国最富有的 10% 家庭占有近 75% 的家庭净资产。美联储的报告显示，1989 年至 2018年，最富有 1% 的家庭占有家庭财富总额的比例从 23% 上升至 32%，而最底层 50% 的家庭财富净增长基本为零。美国经济学家保罗·克鲁格曼判断，社会顶层的收入飞速飙升，在很大程度上来自对社会底层的挤压。美国是目前唯一有数百万人处于饥饿状态的发达国家。美国儿童保护基金指出这样的残酷现实："在全球最富有的国家，居然还有超过 1/5 的儿童每天都不得不面对无比残酷的现实——下顿吃什么，今晚睡哪里？"美国仍有 1280 万名儿童生活在贫困之中，5 岁以下的贫困儿童多达 350 万人，其中 160 万人生活在极端贫困中。②

权利、机会和资源三者密切相关，但却是不同的，可以用一个例子来解释。《联合国宣言》宣称，教育是"儿童的权利"，这表明每一个儿童都有接受教育的权利。但有的国家或者有些地方，在儿童居住的方圆 20 公里甚至 30公里范围内却没有一所学校，则意味着该区域内的儿童虽然有受教育的权利但

---

① 美国贫富差距创新高，征收"富人税"是分享成果还是政府明抢，http://www.sohu.com/a/353407183_632979?_f = index_businessnews_1_9&spm = smpc. home. business-news22.4. 1573632068627qwPRH-82，访问日期：2020 –04 –05。

② 《人民日报》，2020 年 3 月 16 日第 3 版。

却无受教育的机会。再进一步，虽然在儿童居住的附近有学校，但是某些儿童家庭贫困，家庭无力支付相应的学费、交通费、杂费，则意味着该家庭的儿童虽然有受教育的权利，也有受教育的机会，但却无受教育的资源。因此，权利是最抽象、最基础的、是前提，机会则是指享有权利的外在条件，而资源是最具体的，它使人们能实现权利、把握机会。

在中国，权利、机会、资源三因素的关系在有关城市的住房限购政策中体现得最为明显。购买住房、消费住房是中国公民享有的基本权利。但有权利不一定有机会，因为为了抑制房地产过热，自 2017 年以来，中国不少城市开始实施住房限购政策，为公众购买住房设置了严格的购房资格——包括当地城市户口或者纳税年限等条件，这就使得许多人特别是没有本地户籍的外来人口失去了购买住房进行住房消费的机会——租房消费除外。进一步地说，有的人虽然对于购买住房不但有权利、而且有机会（例如有本地户籍），但由于缺乏资源确切地说是缺乏足够的资金资源（表现为缺乏足够的购买住房的货币），所以实际上无法购买住房。这种情形主要发生在那些拥有本地户口的年轻、高学历但收入较低的人口中。

第五章

消费的生态正义

当今世界，几乎所有人都相信环境污染、资源耗竭、全球变暖问题的存在，但绝大多数人仍然没有充分意识到上述问题的严重性及其真实情况。同样，几乎所有人都相信消费行为会对环境污染、资源耗竭、全球变暖问题产生影响，但绝大多数人仍然没有充分意识到消费行为对上述问题的真实影响力，因此，他们也就不可能意识到应当通过改变自身的消费行为来解决上述问题。本章研究消费的生态正义理论，期望消费者通过改变自身的消费行为来为这个世界的环境保护、生态平衡、资源节约作出贡献。

第一节　人、自然与可持续发展

环境保护和正义缺一不可，"社会正义和环境保护的议题必须同时受到关注。缺少环境保护，我们的自然环境可能变得不适宜居住。缺少正义，我们的社会环境可能同样变得充满敌意。"[①] 这就是为什么需要生态正义。同样，消费的生态正义也起因于环境问题。

一、人与自然关系的理论

自然界本无人类，人类是自然的产物，是地球 46 亿年进化的结果。人类

---

① 彼得·S. 温茨：《环境正义论》，世纪出版集团、上海人民出版社，2007 年，第 2 页。

作为自然的产物具有生物的一般属性，他需要自然作为其生存基本条件，需要通过新陈代谢与自然进行物质和能量交换，与自然保持平衡关系。马克思指出："所谓人的肉体生活和精神生活同自然界相联系，也就等于说自然界同自身相联系，因为人是自然界的一部分。"① 人作为生命体，和其他所有动物植物一样，源于自然，最后又回归自然。全世界的狩猎者都遵循着一个简单而基本的惯例和理念，那就是感恩已死或将死的动物为了狩猎者家人的生存而牺牲生命，而且普遍承认狩猎者自身和家人总有一天会贡献他（她）肉体的营养和能量回馈地球系统。这是一种平衡和互惠性的正义。事实上，人体内各种化学元素的平均含量与地壳中各种化学元素的丰度相适应，人体总是通过自身的内部调节去适应外界自然环境的变化等也都充分说明了人类与自然的关系。动物学家、人类学家 D. 莫利斯（Desmond Morris）在《裸猿》一书中把人类称为"裸猿"。书中开篇就指出：现存的猴类和猿类共有 193 种，其中 192 种身上遍布体毛，唯一例外的物种是一种全身裸露的猿类，他自诩为人类。他之所以把人类称为"裸猿"，理由是：尽管人类博学多才，可他仍然是一种没有体毛的猿类；尽管他获取了高尚的动机，可是他并未丢掉自己更为土气而悠久的动机。伴随人类进化的是数百万年时间，而所谓人类文明社会不过才数千年，所以，人类想挣脱百万年整个进化史中积累的生物遗传，那是不可能迅速办到的。中国传统文化中的"天人合一"观念，尽管有其消极的一面，但其基本思想是强调人是自然的一部分，人必须与自然协调发展。

然而，人类一旦产生就反过来影响自然，而且这种影响随着人类力量的增强而不断增强。人类作为一种动物中最社会化的种群，具有比其他任何动物都发达的大脑和思维能力，他能不断地认识自然，并利用自然为自身的生存和发展服务。因此，人类自产生以来，不仅摆脱了纯粹依靠身体来适应环境的被动状况，而且通过自己的劳动有目的地利用自然、改变自然甚至一定程度上征服了自然，逐步创造了高度的人类文明。但由于人类在改造自然的活动中，没有了解自然系统复杂的相互联系和生态平衡的客观要求，只是从人最短期的利益、最直接的利益出发去征服自然，因而人类征服自然的每一次胜利都导致了

---

① 《马克思恩格斯全集》第 42 卷，人民出版社，1979 年，第 95 页。

自然界迟到的冷酷无情的报复。苏美尔文明、地中海文明、玛雅文明等的惨痛失落告诉我们：文明的产生、发展、衰败是人与自然环境能否协调的产物。特别是近代工业革命以来，随着科学技术的迅速发展，生产力水平迅速提高，人类开矿山、筑大坝、修公路、飞机上天、舰船入海……从大陆到海洋、从地面到天空，人类对自然的影响更加全面更加深刻，地球迎来了"人类世"。然而，人类的认识水平在一定时期存在着局限性，不可能完全认识到自然环境的发展变化规律，尤其是难以正确地预见到其活动对环境远期和间接的影响。因此，工业革命以来，人类长期以来不合理开发利用自然也引起了自然无情报复，并且这些已对人类的继续生存和发展构成了严重威胁。恩格斯告诫人类："我们统治自然界，决不像站在自然界以外的人一样，相反地，我们连同我们的肉、血和头脑都是属于自然界，存在于自然界的；我们对自然界的整个统治，是在于我们比其他动物强，能够认识和正确运用自然规律。"① 可见，人类与自然环境永远是一个有机的统一体，破坏了这个系统的和谐，人类必然会遭到自然无情的报复。

二、人与自然关系的失衡

人与自然关系的失衡，往往通过环境问题体现出来。所谓环境问题，是指由于人类活动作用于环境所引起的环境质量不利于人类的变化，以及这些变化危及人类的生存和发展的问题。纵观人类发展的历史，环境问题的产生和发展大致可分为三个阶段。

第一阶段，原始人类时期。一般认为，起源于非洲的人类大约有700万年的历史，最早的类人祖先通常被认为是"南方古猿非洲种"（其遗骸在约翰内斯堡附件石灰岩洞中发现）。从"南方古猿非洲种"进化为"巧人"，然后是"直立人"，最后大约50万年前进化为"智人"。这些种群在最初500万~600万年中只生活在非洲境内，显然，其对生态环境的影响也局限在这个小区域内。大约5万年前，人类历史才以贾雷德·戴蒙德所指的"大跃进"速度发

---

① 《马克思恩格斯选集》第3卷，人民出版社，1972年，第518页。

展。① 在原始人类时期，人类与环境的关系主要表现为人类对环境的适应和服从，人类以穴居树栖方式生存，食物也主要是通过采集野生动植物，使用的工具极为简单。虽然工具以石器为主，但"石器的使用，提高了人类在自然界的地位。"② 由于人类对自然环境开发利用能力和规模都极为有限，所以原始人类虽然对环境的影响不是很大，所以，尤瓦尔·赫拉利在研究了"人类简史"后指出，原始人类"对环境的影响也不见得比大猩猩、萤火虫或是水母来得多。"③

第二阶段，人类进入农牧业社会以后至产业革命以前。此时，人口开始急速增加，对食物的需要大量增加；而与此同时，人类对于自然环境的认识有了极大的进步，生产方式和生活方式也发生了根本性的变化，特别是收集、加工、储存野生食物技术不断提高，居住条件有了极大的改善，劳动工具大大改进，青铜和铁的使用使人类对自然环境的改造能力剧增。"在农业革命之后，人类成了远比过去更以自我为中心的生物，与'自己家'紧密相连，便与周遭其他物种划出界线。"④ 由于每公顷农业耕种的产出比狩猎和采集能产生更多的可食用卡路里，人类生存条件的改善导致生育间隔期大大缩短，生育率上升，人口密度开始迅速增加，进而对食物的需要增加更快。人类为了获得丰富的食物而进行了大规模的土地开垦，通过砍伐森林、挖出沟渠、翻整土地、建造房屋，种植一排排整齐划一的植物等，天然植被受到严重破坏，加之战乱频繁，导致森林资源急剧破坏，造成了严重的水土流失，最终形成某些沙漠或土壤肥力极低的荒地。如古代两河流域曾经是人类文明的发源地，由于过度农业、砍伐森林以获取木材，植被破坏，而今却变成了荒凉、贫瘠的区域，土壤流失严重甚至成为沙漠。这一时期的问题主要表现在对自然资源、尤其是对天然植被的破坏，导致了水土流失、土地沙漠化、盐渍化等难以逆转的破坏。后期，随着人口增长、城市产生发展和人口集聚，环境污染也逐渐产生、加重。但总体上看，这些环境问题还不会构成对人类生存和发展在整体上产生

---

① 贾雷德·戴蒙德：《枪、病菌和钢铁》，伦敦英吉特出版社，1998 年。
② 赵序茅：《回眸：人类文明与动植物关系史》，载于《光明日报》，2022 年 8 月 20 日，第 10 版。
③ 尤瓦尔·赫拉利：《人类简史》，中信出版集团，2017 年，第 4 页。
④ 尤瓦尔·赫拉利：《人类简史》，中信出版集团，2017 年，第 95 页。

威胁。

第三阶段，工业革命以后至现在。此时科学技术迅猛发展，人类的生产能力以及对自然环境的开发利用规模日益扩大，人口膨胀并且越来越集中到城市中，城市数量和规模急剧增加。对于自然的支配能力达到空前程度，使得人类过于自信，将自己摆在主宰自然环境的地位，"人定胜天"，似乎人类已经可以随心所欲地冲破自然规律，任意支配大自然。特别是资本主义生产方式的确立和发展，以商品生产和商品交换为目的的商品经济形态取代了自给自足的自然经济形态，这为人类生产扩张、消费增长打开了无限的市场空间。马克思认为，在资本主义以前的一切社会阶段，主要表现为人类"对自然的崇拜"，"只有在资本主义制度下自然界才不过是人的对象，不过是有用物；它不再被认为是自然的力量；而对自然界的独立规律的理论认识本身不过表现为狡猾，其目的是使自然界（不管是作为消费品，还是作为生产资料）服从于人的需要。"[1] 地球生态系统每年的产出均来自太阳射向地球的阳光，通过生态系统、自然循环和地球运行过程，地球每年生产出一定数量的清洁空气、森林草原、淡水和土壤供所有生命繁衍。在这一时期，人类对自然资源进行了掠夺式的开采；同时又毫无顾忌地将大自然作为天然垃圾场，向环境排放了大量的废物，使得人类从地球上获取了远远超过这一时段地球产生量的资源。我们人类每年消耗了超过自己应该公平享有的资源，事实上就是剥夺了其他生命体繁荣发展所需要的物质，更会导致人类的索取超过自然承载能力，表现为资源枯竭和环境污染。

可以说在这一时期，人类对自然环境的开发利用能力已达到了空前水平，而自然环境对人类的惩罚也同样达到了空前的程度。"每一立方米空气，每一平方米土地，都印上了雪洗不掉的人类鲁莽行为的印记——我们的坐标。"[2]以气候为例，由于人类的活动，自然界变化的量度已经从原来的千年一变改变为十年一变。美国国家大气研究中心的史蒂芬·施奈德（Stephen Schneider）博士说，这一阶段自然变化的速率相当于自然正常变化速率的 10～60 倍。[3]

---

[1] 《马克思恩格斯全集》第 46 卷（上），人民出版社，1979 年，第 393 页。

[2] 比尔·麦克基本：《自然的终结》，吉林人民出版社，2000 年，第 92 页。

[3] 斯蒂芬·施奈德：《地球——我们输不起的实验室》，上海科学技术出版社，1998 年，第 77 页。

在这一阶段人类对自然界的影响，世界自然保护同盟主席施里达斯·拉夫尔先生做了极好的概括："人类的困境正出现可怕的变化，因为这种威胁并非针对人类的来自自然界的敌对势力；而是来自人类的天才们所赋予人们的对付自然的力量。现在人类生存的威胁来自我们自己。"①

正是由于工业革命以来人类对自然不适当的、过度的开发利用，致使生态环境遭到严重破坏。对生态环境是恶化还是好转的评价，其实涉及一个评价的维度问题，包括空间维度和时间维度。尽管当今世界在局部地区、短期内生态环境有好转现象，但整个世界、长期内生态环境呈现恶化趋势。2019 年 3 月 13 日，在肯尼亚内罗毕举行的第四届联合国环境大会上，联合国环境署发布重磅报告——第六期《全球环境展望》（GEO6）。这份报告由来自 70 多个国家的 252 名科学家和专家编写，对全球环境进行了全面评估。该报告虽然也揭示了全球生态环境领域中的一些积极的变化，例如"在 2000 ~ 2015 年的 15 年间，有 15 亿人获得了基本饮用水服务""创新正以前所未有的速度和规模大踏步前进""实现地球健康、进而实现可持续发展的路径是存在的"，然而，该报告更是全面展现了目前全球空气、生物多样性、海洋与沿海地区、土地与土壤、淡水等方面严峻的环境态势（见专栏 5 - 1）。报告指出，几十年来，人口压力以及经济发展被公认为是环境变化的主要驱动因素。地球已受到极其严重的破坏，如果不采取紧急且更大力度的行动来保护环境，地球的生态系统和人类的可持续发展事业将日益受到更严重的威胁。

专栏 5 - 1　全球环境状况②

空气：污染造成每年数百万人早死。人类活动产生的排放继续改变大气成分，导致空气污染、气候变化、平流层臭氧消耗，并导致人们接触到具有持久性、生物蓄积性和毒性的化学品。空气污染是导致全球疾病负担的主要环境因素，每年造成 600 万至 700 万人过早死亡。尽管世界许多地区开展了缓解活动，但全球人为温室气体排放量上升并已经对气候造成影响。

---

① 施里达斯·拉夫尔：《我们的家园——地球》，中国环境科学出版社，1993 年，第 189 页。
② 联合国环境署发布第六期《全球环境展望》（GEO6），http：//aoc. ouc. cn/2019/0318/c9829a235212/pagem. htm，访问日期：2022 - 08 - 05。

土壤：土地退化和荒漠化加剧。土地退化热点覆盖全球约 29% 的土地。虽然毁林速度放缓，但这种现象继续在全球发生。尽管许多国家正在采取措施提高森林覆盖率，但主要方式是植树造林和重新造林，其提供的生态系统服务的种类比不上天然森林。

淡水：大多数区域水质显著恶化。人口增长、城市化、水污染和不可持续的发展都使全球的水资源承受越来越大的压力，而气候变化加剧了这种压力。在大多数区域，自 1990 年以来，由于有机和化学污染，如病原体、营养物、农药、沉积物、重金属、塑料和微塑料废物、持久性有机污染物以及含盐物质，水质开始显著恶化。由于无法取得干净饮用水，每年有 140 万人死于可预防疾病，例如与饮用水污染和卫生条件恶劣有关的痢疾和寄生虫等。如果不采取有效的应对措施，到 2050 年，对抗微生物药物具有耐药性的感染导致的人类疾病可能成为全球传染病致死的重要原因。

生物多样性：严重的物种灭绝正在发生。目前，42% 的陆地无脊椎动物、34% 的淡水无脊椎动物和 25% 的海洋无脊椎动物被认为濒临灭绝。生态系统的完整性和各种功能正在衰退。

海洋：塑料垃圾进入海洋最深处海洋和沿海地区面临的主要变化驱动因素是海洋变暖和酸化、海洋污染，以及越来越多地利用海洋、沿海、三角洲及流域地区进行粮食生产、运输、定居、娱乐、资源开采和能源生产。人类活动引起的温室气体释放速度正在导致海平面上升、海洋温度变化和海洋酸化。珊瑚礁正因这些变化而受到破坏。每年高达 800 万吨的塑料垃圾流入海洋。海洋垃圾包括塑料和微塑料，现在存在于所有海洋，在所有深度都能找到。

与上述报告类似，2021 年 2 月，联合国环境署发布名为《与自然和谐相处》的报告。这份报告指出，当前地球面临着气候变化、生物多样性遭破坏及污染问题三大危机，人们必须改变与自然的关系。报告称，气候变化、生物多样性遭破坏及污染问题这三大危机相互作用，再加上对化石燃料的依赖及不计环境成本等因素的影响，地球的自然环境面临严重威胁。为了实现 2030 年可持续发展目标和 21 世纪中叶碳中和的目标，人们必须使用更加科学的手段、作出更大胆的决策，在保护人与自然的活动中持续创新和进行投资。

三、可持续发展全球共识

尽管马克思、恩格斯早就认识到人与自然的关系，并指出了保护环境的重要性，但就整个世界范围内看，环境保护思想始于20世纪中期。工业革命后，化石燃料的大量消费，使得一些工业发达、人口高度聚居的城市率先出现环境问题，伦敦烟雾事件最为典型。1952年冬季，英格兰东南部被高气压长时间覆盖，造成该地区空气滞流，伦敦中心区气温长时间在零度左右。人们为了取暖而大量壁炉烧煤，发电厂为了应付供电供暖需求大量烧煤，用煤量在12月大量增加，排放的二氧化碳和硫化物不断上升。伦敦烟雾事件集中爆发的12月5~9日间，空气中的二氧化硫最高竟达2000微克/立方米，总悬浮颗粒物高达1620微克/立方米，日死亡人数高达900！恶劣的情况延续到12月10日，5天时间里据官方的统计，伦敦市5000多人丧生。此后的两个月中有12000多人死亡。英国人为这次烟雾事件付出了高昂的代价，但灾难后果也为伦敦的空气质量改善提供了契机，促使人们深刻反思传统的发展方式，对环境保护产生了迫切需要，极大地推动了环境意识的产生。1955年11月全球第一部有关空气污染防治的《清洁空气法案》在议会通过，翌年正式生效。

20世纪60年代以来，随着世界环境问题的产生和恶化，环境保护思想逐渐产生和发展。通常认为，美国女海洋生物学家R.卡逊（Rachel Carson）的著作《寂静的春天》在1962年出版，是人类对生态环境问题开始关心并引发热烈讨论的标志。美国前副总统阿尔·戈尔（S. A. Gore）在为《寂静的春天》重版时所作的"前言"中写道："无疑，《寂静的春天》的影响可以与《汤姆叔叔的小屋》媲美。两本珍贵的书都改变了我们的社会。当然，它们也有很大的区别。哈丽特·贝切尔·斯托把人们熟知的、公众争论的焦点写成了小说……相反，蕾切尔·卡逊警告了一个任何人都很难看见的危险，她试图把环境问题提上国家的议事日程，而不是为已经存在的问题提供证据。从这种意义上说，她的呐喊就更难能可贵。"①

---

① 蕾切尔·卡逊：《寂静的春天》，吉林人民出版社，1997年，前言第13页。

1972 年 3 月，罗马俱乐部发表了由 D. 米都斯（D. Meadows）主持的一个研究报告《增长的极限》，该报告研究了世界人口、工业增长、环境污染、粮食生产和资源消耗之间的动态关系，认为由于上述 5 项基本因素的运行方式是指数增长而非线性增长，地球的支撑力从而全球的经济增长会于 21 世纪某个时段内达到极限。该报告的结论认为人类不可能以现在这种方式继续发展下去，必须从现在起就停止经济和技术的增长，使全球系统走向一个零增长的均衡社会，只有这样才能使人类持续地生存下去。同年 6 月，联合国在瑞典首都斯德哥尔摩召开了有 114 个国家参加的第一次"人类与环境会议"。并出版了由经济学家 B. 沃德（Barbara Ward）和微生物学家 R. 杜博斯（Rene Dubos）为会议准备的背景报告：《只有一个地球：对一个小小行星的关怀和维护》。该书以事实说明了环境污染的严重性，并以一系列反问归结全书："在这个太空中，只有一个地球在独自养育着全部生命体系……。这个地球难道不是我们人世间的宝贵家园吗？难道它不值得我们热爱吗？难道人类的全部才智、勇气和宽容不应当都倾注给它，来使它免于退化和破坏吗？我们难道不明白，只有这样，人类自身才能继续生存下去吗？"[①]

随着环境保护理念的普及和理论的深入，逐渐形成和诞生了可持续发展理论。可持续发展一词在国际文件中最早出现于 1980 年由国际自然保护同盟（IUCN）在世界野生生物基金会（WWF）的支持下制订发布的《世界自然保护大纲》。1981 年，R. 布朗（R. Brown）发表了《建设一个持续发展的社会》的著作，谴责了人类有意破坏环境、浪费资源的行为。他认为，现在人和自然的关系非常紧张，人类必须树立紧迫的意识，立即着手建设一个持续发展的社会。1983 年 11 月，联合国成立了世界环境与发展委员会（WECD），挪威首相布伦特兰夫人（G. H. Brundland）任主席，成员由在科学、教育、经济、社会及政治方面的 22 位代表组成。联合国要求该组织以"持续发展"为基本纲领，制定"全球的变革日程"。1987 年，世界环境与发展委员会发表了《我们共同的未来》的报告，并提出了可持续发展的经典定义：既满足当代人需要，又不损害后代人满足需要的能力的发展。这一定义鲜明地表达了两个基本观

---

① 芭芭拉·沃德等：《只有一个地球——对一个小小行星的关怀与维护》，吉林人民出版社，1997 年，第 260 页。

点，一是要发展，二是发展要有限度，不能危及后代生存。尽管后人对可持续发展提出了许多不同定义，但可持续发展核心思想始终在于：不但强调人类的发展，更强调人与自然的和谐发展，强调人、各类生物和自然界是平等的"伙伴"关系。

1992 年 6 月，联合国在巴西里约热内卢召开了"环境与发展"大会，有 183 个国家参加，有 102 位国家元首或政府首脑与会。会议通过了《里约环境与发展宣言》《21 世纪议程》等一系列重要文件。《21 世纪议程》已被人们看作可持续发展付诸实践的全球性行动纲领，它充分体现了国际社会可持续发展的新思路，反映了各国政府在环境与发展领域合作取得的共识和最高级别的承诺。2002 年 8 月，在南非约翰内斯堡举行可持续发展世界首脑会议，全面推进可持续发展建设。2012 年 6 月，在巴西里约热内卢召开联合国可持续发展大会，出席会议的 5 万名代表来自 190 多个国家和地区，其中包括上百名国家元首或政府首脑，本届大会旨在就全球可持续发展、环保及扶贫计划等问题上达成共识。2015 年 9 月，联合国可持续发展峰会在纽约总部召开，联合国 193 个成员国在峰会上正式通过《2030 年可持续发展议程》，确立 17 个可持续发展目标。《2030 年可持续发展议程》旨在从 2015 年到 2030 年间以综合方式彻底解决社会、经济和环境三个维度的发展问题，转向可持续发展道路。可持续发展目标呼吁所有国家（不论该国是贫穷、富裕还是中等收入）行动起来，在促进经济繁荣的同时保护地球。2021 年 10 月，习近平主席在《生物多样性公约》第十五次缔约方大会领导人峰会上的主旨讲话中指出：生态文明是人类文明发展的历史趋势。让我们携起手来，秉持生态文明理念，站在为子孙后代负责的高度，共同构建地球生命共同体，共同建设清洁美丽的世界！① 彰显了中国的大国担当。

在可持续发展理念全球一致认同的基础上，国际社会和世界各国逐渐向可持续发展的实践不断推进，提出了一系列推进可持续发展的对策建议。作为世界上最大的发展中国家，中国坚持发展为第一要务，已经全面启动可持续发展议程落实工作。2016 年 9 月，联合国召开"可持续发展目标：共同努力改造

---

① 中华人民共和国中央人民政府网站，https：//www. gov. cn/xinwen/2021 – 10/12/content＿5642048. htm，访问日期：2022 – 08 – 20。

我们的世界——中国主张"座谈会，发布《中国落实 2030 年可持续发展议程国别方案》。该国别方案包括中国的发展成就和经验、中国落实 2030 年可持续发展议程的机遇和挑战、指导思想及总体原则、落实工作总体路径、17 项可持续发展目标落实方案五部分，成为指导中国开展落实工作的行动指南，并为其他国家尤其是发展中国家推进落实工作提供借鉴和参考。又例如，2019 年发布的《全球环境展望》（GEO6）绝不仅仅是一份全球生态环境体检报告，它还提出了一套我们可以加以运用的推进可持续发展的行动指南。该报告建议各国减少肉类摄取和食物浪费，以降低食品行业的增产压力。目前，全球有 33% 的食物遭到浪费，且其中有 56% 发生在发达国家。在城市化问题上，报告建议通过提升治理效力、完善土地规划和增加绿色基础设施，城市化就能够在减轻环境影响的同时，改善居民的福祉。报告强调，在地方、国家和多国层面，正在发生的各种数据和知识革命为我们提高能力以应对环境与治理挑战和加快发展速度提供了机遇；大数据的应用，以及公共和私营部门之间的数据收集合作蕴含巨大的潜力，能够极大推动知识的更新换代。针对整个系统，如能源、食品和废物系统开展政策干预，相较解决个别问题（如水污染）可能更有效。例如，稳定的气候和清洁的空气是相互关联的；实现《巴黎协定》目标的相关气候减缓行动将耗资约 22 万亿美元，但减少空气污染带来的综合健康效益可能达到 54 万亿美元。世界拥有向更可持续发展道路迈进所需的科学、技术和资金：如果国家能将 GDP 的 2% 用于绿色投资，不仅能在预测范围内实现经济增长的长期目标，还能确保不会对气候变化、水资源短缺和生态系统丧失带来更大的影响。优先采用低碳、资源节约型做法的国家可能在未来全球经济中获得竞争优势。报告最后指出，要想实现"健康地球，健康人类"愿景，我们需要开启新的思维方式，即截至 2050 年，彻底摒弃"只顾眼前利益，不顾身后祸福"的发展方式，向近乎零浪费的经济模式转型。[1]

---

[1] 联合国环境署发布第六期《全球环境展望》（GEO6），http：//aoc. ouc. edu. cn/2019/0318/c9829a235212/pagem. htm，访问日期：2022 - 08 - 05。

第二节　消费的生态正义外延

消费会影响生态环境，因此消费的生态正义外延应当包括有助于削减消费对生态环境危害的一切行为，或者说，削减消费对生态环境危害的一切行为都具有消费的生态正义性。在现实中，消费对生态环境的影响以危害生物多样性、增加碳排放、增加污染、加快资源耗竭等方面为最典型，因此，维护消费的生态正义重点在于削减消费对生物多样性、碳排放、污染、资源等方面的影响。本书重点分析消费对生物多样性、碳排放的影响。

一、消费对物种多样性的影响

消费对物种多样性的影响有两种情形：直接的影响和间接的影响。

一是直接的影响：消费野生动植物，致使野生动植物濒危或灭绝。虽然从人类历史上看，人类早期一直是直接依靠消费野生动植物为生的，在人口数量较少、科学技术较低的条件下，这是人类生存和发展所必需的，而且对野生动植物的危害也较少，基本上能维护生态平衡与稳定。但人类进入文明社会特别是到了近代、现代，由于人口数量暴涨，科技进步带来捕捞技术、狩猎技术、采集技术的极大进步，如果人类继续消费野生动植物，对野生动植物可能带来毁灭性的影响。2019 年，麻省理工学院出版社出版了瓦科拉夫·斯米尔（Vaclav Smil）的新作《增长：从微生物到大都市》（*Growth：From Microorganisms to Megacities*），该书指出，在 7 万年的时间里，智人从行将灭绝的数千名狩猎采集者演变成了 77 亿人口。瓦科拉夫·斯米尔解释了随着人类从环境中采集能源的能力逐步增强，人类最终如何走向全球：粮食来自植物，劳力来自动物，能量来自化石燃料。通过支配地球的资源，人类文明得到了发展，但也付出了沉重的代价：大地、空气和水被污染；原野消失；大气中二氧化碳含量不断上升。联合国的研究报告表明，由于当今世界各国基础设施和建筑中非金属矿物的使用增加，从而人们的物质生活水平得到显著提升，但同时使得人均

"材料足迹"显著增加。发展中国家的人均"材料足迹"从2000年的5公吨增加到2017年的9公吨；到2050年，如世界人口增加到96亿，那么，要维持现有生活方式所需的自然资源相当于三个地球总资源的总和。①

　　以鱼翅消费为例。自明代以来，鱼翅就被列为御膳，是山珍海味的八珍之一，成为豪门筵席显摆的高档食材。因为鱼翅来源渠道有限，在中国主要靠进口，加上加工程序极其复杂，价格高；再加上大肆宣称"大补"，并贴上了美容的时尚标签，因而成为高档消费、面子消费的象征，被趋之若鹜，中国一度成为鱼翅消费最大国。值得欣慰的是，2012年以后，随着"中央八项规定"的出台以及消费者环境保护意识的增强，国内的鱼翅消费量日渐下降。鱼翅其实是鲨鱼翅筋，是鲨鱼鳍中的细丝状软骨，由鲨鱼的胸、腹、尾等处的鳍翅干燥制成。渔民抓住鲨鱼时大都割下最贵的鳍，然后将鱼扔回到海里。一旦鱼鳍丢失，鲨鱼就会迅速沉到海底，在疼痛中缓慢地死去。在不间断的全球鱼翅贸易下，鲨鱼数量持续下降。2021年，鲨鱼和鳐鱼有1/3的物种因过度捕捞而濒临灭绝，危及整个海洋生态系统的健全和许多国家的粮食安全。

　　二是间接的影响：消费危害当地生态环境，导致区域内的野生动植物削减。例如长江白鲟，2019年9月，国际自然保护同盟（IUCN）在上海组织专家组评估，专家组确认白鲟灭绝；2022年7月21日，IUCN发布全球濒危物种红色目录更新报告，正式宣布白鲟灭绝。白鲟是一种非常古老的生物，属国家一级野生保护动物，有"水中大熊猫"之称。白鲟体型十分庞大，可以直接吞食大型淡水鱼，成年的白鲟在长江中几乎是无敌的存在，位于食物链顶端，因此，其灭绝的原因只能与人类的行为有关。长江白鲟灭绝的主要原因归纳起来是四个：（1）渔民误捕（见表5-1）。有关保护单位的人员在接到渔民误捕长江白鲟信息后赶到现场，白鲟多已奄奄一息甚至已经死亡。（2）滥捕。渔业资源过度捕捞，致使长江白鲟赖以为生的鱼类资源减少。（3）长江航运问题，长江是我国航运最为繁忙的河流之一，由航运带来的一系列问题，比如船只航行、整治河道、炸礁、泄油污染等都影响着长江白鲟的生存。（4）葛洲坝的修建阻断了长江白鲟的产卵、洄游、繁殖之路。长江白鲟幼年时会随着长

---

　　①　联合国网站：https：//www.un.org/sustainabledevelopment/zh/sustainable-consumption-produc-tion/，访问日期：2022-08-08。

江顺流而下，到长江中下游地区觅食，长江中下游的水体营养丰富，滋养的鱼儿数量更多，有利于长江白鲟生长和育肥。性成熟之后，长江白鲟会逆流而上，回到上游产卵，其产卵地在长江上游的金沙江河段，其中柏溪镇对岸约500米江段是主要的天然产卵场，因此。葛洲坝的修建阻拦了长江白鲟的产卵之路。上述原因表明，虽然人们并不直接消费长江白鲟，但至少前面两个原因都与消费有直接关联性，第三和第四个原因与消费有间接关联性，即人们对其他鱼类的消费以及交通消费、电力消费等因素间接导致长江白鲟的灭绝。

表 5-1   1982~2003 年长江各江段中误捕白鲟数量

年份	宜宾市江段	泸州市江段	重庆市江段
1982	8	无数据	无数据
1983	5	无数据	无数据
1984	2	无数据	无数据
1985	2	无数据	无数据
1986	1	无数据	无数据
1987	0	无数据	无数据
1988	1	无数据	无数据
1989	0	无数据	无数据
1990	0	无数据	无数据
1991	1	无数据	无数据
1992	1	无数据	2
1993	4	无数据	0
1994	4	无数据	0
1995	3	0	0
1996	3	0	0
1997	2	1	1
1998	0	0	0

续表

年份	宜宾市江段	泸州市江段	重庆市江段
1999	0	0	0
2000	1	0	0
2001	0	0	0
2002	0	0	0
2003	1	0	0

注：2003 年至今，一直未发现也未误捕到长江白鲟。

资料来源：https：//www. sohu. com/a/570101497_120626859？ scm = 9010. 68. 577001 - 587005. 0. 0& spm = smpc. content. fd-d. 6. 1658452711509Z-ervEUB&_f = index_pagerecom_6，访问日期：2022 - 07 - 22。

二、消费对碳排放的影响

2022 年 5 月联合国专门机构——世界气象组织（WMO）发布的《全球气候状况报告》指出，2021 年，温室气体浓度、海平面上升、海洋热量和海洋酸化四个关键气候变化指标都创下新纪录，这是人类活动造成全球范围内陆地、海洋和大气变化的明显迹象，对可持续发展和生态系统有持久危害。（1）温室气体浓度。气象组织报告确认：过去七年是有记录以来最暖的七年，2021 年"仅仅"是这七个最暖年份之一。（2）海平面上升。全球平均海平面在 2013～2021 年平均每年上升 4.5 毫米，之后于 2021 年创下了历史新高。这一速率是 1993～2002 年的 2 倍多，主要原因是冰盖中冰量的加速流失。这对数亿沿海居民产生了重大影响，加大了其对热带气旋的脆弱性。（3）海洋热量。2021 年，海洋上层 2000 米深度继续升温，预计未来还将持续，这一变化在百年到千年的时间尺度上是不可逆的，且这种暖温正不断向更深层次渗透。（4）海洋酸化。海洋吸收了人类每年排放到大气中的约 23% 的二氧化碳。这与海水发生反应，导致海洋酸化，威胁着生物和生态系统服务，进而威胁到粮食安全、旅游业和沿海保护。公海表面的 pH 值现在是 2000 年来的最低值。①

———————

① 联合国报告：2021 年四项气候变化关键指标破纪录，https：//www. thepaper. cn/newsDetail_forward_18261883，访问日期：2022 - 07 - 25。

联合国政府间气候变化专门委员会（IPCC）第四次评估报告认为：二氧化碳是最重要的人为温室气体（IPCC，2007）。[1] 工业革命以来特别是近一百年以来，世界二氧化碳排放量迅速增加。联合国气候变化政府间专家委员会全球气候变化研究在其《第四次评估报告 AR4——"气候变化 2007"》报告中表明："气候变暖的原因除了自然因素影响以外，主要是由于人类活动的影响，特别是与人类活动中二氧化碳的排放程度密切相关。"世界气象组织发布的《2007 年温室气体公报》指出，在过去 10 年中，二氧化碳对全球变暖的贡献高达 87%（WMO，2008）。IPCC 第五次评估报告第一工作组报告《气候变化 2013：自然科学基础（决策者摘要）》进一步确认"观测事实表明气候系统变暖毋庸置疑"。该报告指出，自第四次评估报告以来，人类活动影响的证据日益增加，人类活动"极其可能"是 20 世纪中期以来观测到的全球气候变暖的主要原因。2022 年 2 月发布的联合国政府间气候变化专门委员会（IPCC）第六次评估报告警告，气候变暖正在导致更多的"复合型极端事件"；全球减缓气候变化和适应的行动刻不容缓，任何延迟都将关上机会之窗，让未来变得不再宜居，不再具有可持续性。[2] 国际社会普遍认为，导致全球气候变暖的最根本的原因是依赖化石能源燃烧的人类生产和生活方式，因此，人类必须改变已有的传统能源高消耗的生产和生活方式。

消费是温室气体排放的重要来源。人类的经济活动主要表现为生产和消费行为，因此，生产和消费成为了学者们研究低碳经济的两个视角。目前基于生产和企业的视角来研究低碳经济的研究比较多，但基于消费者角度的研究较少。然而企业的活动、生产的产品是为了满足人们的消费，人们的消费行为影响着国民经济各部门的产品和服务的生产活动。因此，从本质上来说，碳排放源于人的行为，特别是消费行为。而且，随着社会的发展，居民生活水平不断

---

[1] 温室气体（GHG）是指大气中任何能够使来自太阳的热量滞留在地球大气中（即产生温室效应），并进而导致气候变化的气体。最常见的温室气体包括二氧化碳（CO_2）、甲烷（CH_4）、一氧化二氮（N_2O）、臭氧（O_3）及水蒸气（H_2O）。

[2] 深度解析 IPCC 第六次评估报告（AR6）：气候变化如何影响着自然？https://www.ipcc.ch/report/ar6/wg2/，访问日期：2022－07－27。

提高，由居民生活产生的能耗及温室气体排放比例日益增加。[①] 大量的研究也表明：由于不合理的消费，致使技术进步、排放效率的提升并未能带来碳排放总量的减少。范建双和周琳（2018）基于碳排放系数法估算了 1997～2015 年中国城镇、农村和整体（包含城镇和农村）居民生活消费引起的直接碳排放量，结果表明，中国城镇和农村居民人均生活消费碳排放量在研究期内呈现逐年递增的趋势。[②]

我国尽管人均碳排放量仍处于较低水平，但从总量上看 2008 年开始已成为世界最大的碳排放国。据联合国环境规划署报告，2019 年，中国温室气体排放量是 140 亿吨二氧化碳当量，占全球总排放量的 26.7%（UNEP，2020）。[③] 这背后的一个重要原因是中国人口总量增加和快速城市化，特别是城市化对生产方式、消费方式带来重要影响，进而对中国碳排放量产生重要影响。中国目前处于城市化快速推进期，2000 年以来，城市化水平平均每年以近 1.4 个百分点的速度在增加，从 2000 年的 36.22% 上升到 2020 年的 63.89%，城市化的绝对人口增加量每年高达 2200 多万（见表 5－2）。城市化意味着生产和生活方式的变革，问题在于，这种变革会进一步增加碳排放量。联合国人类住区规划署（UN-HABITAT）《城市与气候变化：2011 全球人类住区报告》称，尽管城市只占地球表面面积的 2%，但它的温室气体排放却占总量的 70%。类似地，联合国《2030 年可持续发展议程》则认为，全球城市只占全球土地面积的 3%，但却产生了 60%～80% 的能源消耗和 75% 的二氧化碳排放。[④] 城市中排放的温室气体，其主要来源与化石燃料的消耗有关，包括用于发电、交通、商业和居民建筑的照明、烹饪、取暖及制冷，还有工业生产和废物处理的能源

---

① "保护国际"中国项目组和美国大自然保护协会提出了日常消费的"碳计算器"：乘坐飞机的 CO_2 排放量（kg）：短途 200 公里航程以内，公里数 ×0.275；中途 200～1000 公里航程以内，55 + 0.105×（公里数－200）；长途 1000 公里航程以上，公里数 ×0.139；开车的 CO_2 排放量（kg）：油耗公升数 ×0.785；用电的 CO_2 排放量（kg）：耗电度数 ×0.785。

② 范建双、周琳：《中国城乡居民生活消费碳排放变化的比较研究》，载于《中国环境科学》2018 年第 11 期，第 4369－4383 页。

③ 中国人均碳排放量和历史排放量并不高，2019 年人均排放量在 G20 国家中居第 10 位；中国的历史排放量（1751～2017 年）仅占全球的 12.7%，是美国的一半，也远低于欧盟 28 国的 22%（Our World in Data，2019）。

④ 联合国网站：https://www.un.org/sustainabledevelopment/zh/cities/，访问日期：2022－08－15。

供应。如果以生产类数据为基础进行测算，那么由城市人类活动引起的温室气体排放量所占比例为 40% ~ 70%。如果是以消费类数据为基础，即无论生产地在哪里，由城市居民消费所有产品导致的温室气体排放量所占比例则高达 60% ~ 70%。因此，联合国人类住区规划署执行主任克洛斯（Joan Clos）说："《报告》的一个重要发现是：城市向大气层排放了大量的温室气体，占总量的 70%。另外一个重要的发现是：城市中温室气体的排放不仅来源于生产环节，同时城市的消费也是温室气体的重要来源。"[1]

表 5 - 2　　　　　　2000 年以来中国城镇人口和乡村人口变动情况

指标	2020 年	2019 年	2015 年	2010 年	2005 年	2000 年
年底总人口（万人）	141212	141008	138326	134091	130756	126743
城镇人口（万人）	90220	88426	79302	66978	56212	45906
比重（%）	63.89	62.71	57.33	49.95	42.99	36.22
乡村人口（万人）	50992	52582	59024	67113	74544	80837
比重（%）	36.11	37.29	42.67	50.05	57.01	63.78

注：城镇人口是指实际经常居住在城镇某地区一定时间（指半年以上）的人口。乡村人口是指实际经常居住在乡村某地区一定时间（指半年以上）的人口。
资料来源：国家统计局网站，http：//www.stats.gov.cn/tjsj/ndsj/2021/indexch.htm，访问日期：2022 - 07 - 23。

　　中国成为世界最大的碳排放国，这不仅与中国城市化水平提升、能源消耗总量大有关，更与中国能源消费结构有关。1978 年以来，中国能源消费总量中，煤炭和石油矿物燃料一直占 90% 以上，2014 年后这一比例有所下降，但依然高达 75% 以上。相反，天然气、水电、核电、风电等清洁能源所占比重虽然近几年有明显上升，但目前仍只占 25% 左右（见表 5 - 3）。因此，我国《"十四五"现代能源体系规划》强调，"十四五"时期，重点做好增加清洁能源供应能力的"加法"和减少能源产业链碳排放的"减法"，推动形成绿色低碳的能源消费模式。

---

　　① 联合国称：《城市是当今世界最大的污染者》，载于《中国环境报》，2011 年 8 月 4 日。

表 5 - 3　　　　　　　　　　　中国能源消费总量和构成

年份	能源消费总量（万吨标准煤）	构成（能源消费总量＝100）			
		煤炭	石油	天然气	一次电力及其他能源*
1978	57144	70.7	22.7	3.2	3.4
1980	60275	72.2	20.7	3.1	4.0
1985	76682	75.8	17.1	2.2	4.9
1990	98703	76.2	16.6	2.1	5.1
1995	131176	74.6	17.5	1.8	6.1
1996	135192	73.5	18.7	1.8	6.0
1997	135909	71.4	20.4	1.8	6.4
1998	136184	70.9	20.8	1.8	6.5
1999	140569	70.6	21.5	2.0	5.9
2000	145531	69.2	22.2	2.2	6.4
2001	150406	68.3	21.8	2.4	7.5
2002	159431	68.0	22.3	2.4	7.3
2003	183792	69.8	21.2	2.5	6.5
2004	213456	69.5	21.3	2.5	6.7
2005	235997	70.8	19.8	2.6	6.8
2006	258676	71.1	19.3	2.9	6.7
2007	280508	71.1	18.8	3.3	6.8
2008	291448	70.3	18.3	3.7	7.7
2009	306647	70.4	17.9	3.9	7.8
2010	324939	68.0	19.0	4.4	8.6
2011	348002	68.4	18.6	5.0	8.0
2012	361732	66.6	18.8	5.2	9.4
2013	375000	66.0	18.4	5.8	9.8

续表

年份	能源消费总量（万吨标准煤）	构成（能源消费总量＝100）			
		煤炭	石油	天然气	一次电力及其他能源＊
2014	428334	65.8	17.3	5.6	11.3
2015	434113	63.8	18.4	5.8	12.0
2016	441492	62.2	18.7	6.1	13.0
2017	455827	60.6	18.9	6.9	13.6
2018	471925	59.0	18.9	7.6	14.5
2019	487488	57.7	19.0	8.0	15.3
2020	498000	56.8	18.9	8.4	15.9

注：＊2013 年及以前为水电、核电、风电数据。

资料来源：（1）2013 年及以前数据源于国家统计局网站，http：//data. stats. gov. cn/normalpg？src＝/lastestpub/quickSearch/y/year17. html&h＝800，访问日期：2013 － 07 － 16。（2）2014 年及以后数据源于国家统计局网站，http：//www. stats. gov. cn/tjsj/ndsj/2021/indexch. htm，访问日期：2022 － 07 － 24。

统计表明，我国每年能源消费总量的大约 11%、CO_2 排放量的 16% 左右是直接由于居民消费行为以及满足这些消费行为需求的经济活动造成的；另一项关于我国居民生活行为对能源消费及 CO_2 排放的研究表明，1999～2002 年我国每年源消费总量的大约 26%、CO_2 排放的 30% 是由居民生活行为及满足这些行为需求的经济活动造成的。[①] 且随着我国生活水平提高，人均能源生活消费也会持续提高，从 2000 年的 132 千克标准煤上升到 2019 年的 438 千克标准煤，19 年间增长了 2.32 倍（见表 5 － 4）。目前我国正处于高速经济增长和社会转型时期，居民消费正发生着深刻变化，这正是构建新消费模式的战略机遇期。为此，早在 2010 年，《中共中央关于制定国民经济和社会发展第十二个五年规划的建议》指出："要合理引导消费行为，发展节能环保型消费品，倡导与我国国情相适应的文明、节约、绿色、低碳消费模式。"2020 年，《中共中央关于制定国民经济和社会发展第十四个五年规划和二〇三五年远景目标的建议》进一步提出"开展绿色生活创建活动。降低碳排放强度，支持有条件的地方

[①] 北京理工大学能源与环境政策研究中心：https：//ceep. bit. edu. cn/zxcg/yjjb/b34331. htm，访问日期：2022 － 08 － 05。

率先达到碳排放峰值，制定二〇三〇年前碳排放达峰行动方案。"

表5－4 中国人均能源生活消费变化

指标	2019年	2018年	2015年	2010年	2005年	2000年
人均能源生活消费量（千克标准煤）	438	431	366	273	211	132
人均煤炭生活消费量（千克）	47	55	70	68	77	67
人均电力生活消费量（千瓦小时）	756	717	548	383	221	115
人均液化石油气生活消费量（千克）	20.3	22.4	18.5	11.5	10.2	6.8
人均天然气生活消费量（立方米）	35.7	33.4	26.1	17.0	6.1	2.6
人均煤气生活消费量（立方米）	3.3	3.4	5.8	12.5	11.1	10.0

资料来源：国家统计局网站：http：//www. stats. gov. cn/tjsj/ndsj/2021/indexch. htm，访问日期：2022－07－24。

第三节　消费的生态正义影响因素

有哪些因素影响消费的生态正义，实际上就是要探究消费对生态环境的影响大小取决于哪些因素。多项研究表明，一国经济发展水平与生态环境质量好坏存在显著关系；消费行为是在一定的消费观念支配下的，因此，消费者的生态环境意识高低直接影响消费的生态正义；另外，市场经济下，价格是影响消费者行为的重要因素，因而，生态环境的价格是影响消费的生态正义的重要因素。因此，经济发展水平、消费观念、生态环境价格可能是影响消费的生态正义的重要因素。

一、经济发展水平

一国经济发展水平表现为人均国内生产总值的高低，因此经济发展水平与生态环境质量的关系具体表现为人均国内生产总值与生态环境质量之间的关系。研究表明，人均国内生产总值与生态环境质量之间存在显著关系，环境库兹涅茨曲线是最具代表性理论。1955年美国经济学家库兹涅茨（Simon Smith

Kuznets）在研究收入不均和经济增长之间的关系时，提出了著名的倒 U 形"库兹涅茨曲线"假说。① 1991 年，美国环境经济学家格罗斯曼（Grossman）和克鲁格（Krueger）将库兹涅茨曲线引入生态环境领域，对经济发展和环境污染之间的内在关系进行研究，创造性地提出了倒 U 形环境库兹涅茨曲线（Environmental Kuznets Curve，EKC）假说。② EKC 假说认为，环境污染随着人均收入水平的提高呈现先升后降的倒 U 形曲线关系。当一个国家处于经济起飞阶段时，环境污染程度较轻，但是随着人均 GDP 的上升，环境污染程度也由低趋高，环境恶化的程度会随着经济的增长而加剧；当经济发展到一定水平时，即到达某个临界点（或称"拐点"，人均 5000 ~ 8000 美元）后，随着人均 GDP 的进一步提升，环境污染又会由高趋低，环境污染的程度会逐渐减缓，环境质量也会获得改善和提升（见图 5 - 1）。环境库兹涅茨曲线假说一经提出便引起广泛关注，国内外学术界进行了大量的研究和阐释，国内外众多学者从一个国家（或一个区域）的经济发展水平与整体污染程度之间的关系进行实证研究，或者从一个国家（或一个区域）的经济发展水平与污染物的某个方面（例如水污染、雾霾、碳排放等）之间的关系进行实证研究。虽然到目前为止，学术界对环境库兹涅茨曲线假说并未形成完全一致结论，但总体上看，这一假说所描述的倒"U"形曲线基本上是客观地反映了经济发展水平与污染程度之间的趋势性关系，体现了规律性。

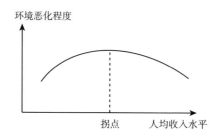

图 5 - 1　环境库兹涅茨曲线

---

　　① KUZNETS S, Economic Growth and Income Inequality, *American Economic Review*, 1955, pp. 1 - 28.

　　② GROSSMAN G M, KRUEGER A B, Environmental impacts of a North American Free Trade Agreement, *Social Science Electronic Publishing*, 1991, pp. 223 - 250.

如果说环境库兹涅茨曲线，是间接研究了消费与生态环境之间的关系，那么进一步，有的学者利用环境库兹涅茨曲线直接研究了消费与生态环境之间的关系，尽管相关研究并不多。例如，李孙桂等（2013）基于广西 2000～2010 年消费增长与环境污染水平的数据，对广西人均社会消费品零售总额和环境指标数据的关系进行探讨，其结论是广西在 2000～2010 年 SO_2 浓度、废水排放总量、工业废水排放量、生活垃圾随着消费增长均呈现倒 U 形关系，与发达国家所呈现的环境质量先变差后变好的趋势基本相同。[1] 张彩云和张运婷（2015）进一步运用空间经济杜宾模型（SDM）研究了消费的环境库兹涅茨曲线，其结论是：（1）控制污染转移后，如果消费结构变化不大，随着消费上升，消费的污染排放上升，那么一个地区生产的污染排放也是在上升的；如果消费结构发生变化，例如污染排放较少的产品比重增加，即使消费增加，也可能出现污染排放下降的现象。（2）污染排放量较大的产品大部分属于耐用消费品范围，在促进消费需求的经济政策下，耐用消费品的替代年限大幅缩短，甚至演变为了消耗品，这大大强化了污染。因此，政府要提倡社会循环利用耐用品，提高使用年限，节约消费。同时，鼓励环保型非耐用品消费，或减少消耗，使其由消耗品变为耐用品，尽量减少对环境的不利影响。（3）与中低收入群体相比，高收入群体对生活质量要求较高，可能出现过多消费耐用品现象，从而对环境产生更加不利的影响。因此应当：一方面鼓励高收入群体减少不必要消费，另一方面在高低收入群体中，合理分配污染责任，对某些污染较重的耐用消费品增加其消费税，以减少污染转移带来的环境不公平。[2]

二、生态环境意识

生态环境意识简称环境意识。从广义上来讲，环境意识是人们对于人与环境的认知水平、理解程度和各种心理反应；从狭义上来讲，环境意识是人们对

---

[1]　李孙桂等：《广西消费增长的环境库兹涅茨曲线分析》，载于《广东农业科学》2013 年第 2 期，第 165 页。

[2]　张彩云、张运婷：《消费的环境库兹涅茨曲线存在吗?》载于《商业经济与管理》2015 年第 10 期，第 77 页。

环境状况和环境保护有所认知之后，发生的保护环境的自觉性。因此，狭义的环境意识和环保意识的内涵是一样的，环保意识偏重保护环境，在日常生活中使用较多，而学术界较多地使用环境意识。环境意识也可使用环境素养、环境关心、新环境范型或新环境范式（New Environmental Paradigm）等词汇来表达。

范型，是库恩（Thomas Kuhn）在他的《科学革命的结构》一书中提出来的，是指一个社会所共同具有的概念、价值、知觉，以及实践的观念网，它是社会成员对有关事实的特殊看法的一种集体观念，是社会组织信仰的基础。西方社会自从工业革命以来，一种以"物质文明"为主的"主流社会范型"（Dominant Social Paradigm）对社会发展起支配作用，甚至一定时期内成为整个世界的主流观念。这种范型从本质上说是反生态的，是人类破坏生态环境的主因。因此，从可持续发展理论提出后，渐渐形成了另一股声势越来越大的社会发展主流，称为"新环境范型"。米尔布雷斯（Milbrath，1984）把新环境范型与主流社会范型作了如下对照（见表5–5）。新环境范型基本反映出了环境意识的主要内涵，尽管有些方面是值得商榷的，如把"发展核能发电"列为非持续发展形态等。①

表5–5　　　　　　　　　新环境范型与主流社会范型对照

新环境范型（持续发展形态）	主流社会范型（非持续发展形态）
对自然有高度评价： 尊敬自然 人类与自然和谐共处 环境保护优先于经济增长	对自然评价不高： 自然乃经济资源 人类支配和控制自然 经济成长优先于环境保护
普遍关心： 其他物种 其他种族 祖先及后代利益	只关心近亲好友： 剥削其他物种 漠视其他物种 只关心这一代利益
谨慎周密地规划以防止风险： 科学与技术非万能 停止发展核能发电 发展和利用软性技术 立法保护自然	接受风险以增加财富： 科学与技术至上 热衷于发展核能发电 强调硬性技术 不主张有太多的法律规范

———————————

① 俞海山：《可持续消费模式论》，经济科学出版社，2002年，第290页。

新环境范型（持续发展形态）	主流社会范型（非持续发展形态）
经济成长有极限： 资源会枯竭 要控制人口 保育节约	经济成长无极限： 资源取之不尽，用之不竭 无人口问题 生产及消费
日益求新，崇尚改革： 人类社会与自然已受严重破坏 崇尚自由开放与参与 远见规划促进公众利益 鼓励合作 后物质主义思想 简单而高品质的生活方式 强调工作所带来的满足感	满足现状，无意改革： 人类并未有严重破坏自然 崇尚阶级差异和效率 市场供需决定公众利益 强调竞争 物质主义思想 繁杂而快速的生活方式 强调工作所赚取的收入
新政治观： 共同协商和参与 政争于人与自然的未来与幸福 愿采取直接行动以达目的 强调前瞻性规划	传统政治观： 专家至上 政争于经济利益的控制 反对直接行动 强调市场控制

资料来源：林健枝等：《迈向 21 世纪的中国环境、资源与可持续发展》，香港中文大学，1999 年，第 372 页。

无论怎样定义环境意识，环境意识的内涵最后总是要表现为消费者的消费行为上，一般情况下，具有较高环境意识的消费者会注重环境保护，在日常生活上选择骑单车或搭乘大众交通工具出行、购买环境友好型产品、节约用水用电等。也许，环境意识的内涵、主要内容及其行为方式在"历年世界环境日主题"中基本能体现出来。1972 年 6 月 5 日在瑞典首都斯德哥尔摩召开了联合国人类环境会议（Nations Conference on the Human Environment），会议通过了《人类环境宣言》，并提出将每年的 6 月 5 日定为"世界环境日"（World Environment Day，WED）。同年 10 月，第 27 届联合国大会通过决议接受了该建议，成为联合国促进全球环境意识、提高政府对环境问题的注意并采取行动的重要手段。世界环境日的确立，反映了世界各国人民对环境问题的认识和态度，表达了人类对美好环境的向往和追求。第一个即 1974 年确定的世界环境日主题是"只有一个地球"，此后每年一个主题（见专栏 5 - 2）。有意思的是，2022 年世界环境日主题又是"只有一个地球"，从 1974 年到 2022 年似乎走了一个主题的循环。

专栏 5-2 2000 年以来世界环境日主题

2022 年：只有一个地球（Only One Earth）

2021 年：生态系统恢复（Ecosystem Restoration）

2020 年：关爱自然，刻不容缓（Time for Nature）

2019 年：蓝天保卫战，我是行动者（Beat Air Pollution）

2018 年：塑战速决（Beat Plastic Pollution）

2017 年：连接人与自然（Connecting People to Nature）

2016 年：对野生动物交易零容忍（Zero tolerance for the illegal trade in Wildlife）

2015 年：七十亿个梦，一个地球，关爱型消费（Seven Billion Dreams. One Planet. Consume with Care.）

2014 年：提高你的呼声，而不是海平面（Raise Your Voice，Not the Sea Level）

2013 年：思前，食后，厉行节约（think eat save）

2012 年：绿色经济：你参与了吗？（Green Economy：Does it include you?）

2011 年：森林：大自然为您效劳（Forests：Nature at Your Service）

2010 年：多样的物种 唯一的星球 共同的未来（Many Species One Planet One Future）

2009 年：地球需要你：团结起来应对气候变化（Your Planet Needs You-Unite to Combat Climate Change）

2008 年：促进低碳经济（Towards a Low Carbon Economy）

2007 年：冰川消融，后果堪忧（Melting Ice—a Hot Topic）

2006 年：莫使旱地变为沙漠（Deserts and Desertification—Don't Desert Drylands!）

2005 年：营造绿色城市，呵护地球家园！（Green Cities—Plan for the Plan）

2004 年：海洋存亡，匹夫有责（Wanted! Seas and Oceans—Dead or Alive）

2003 年：水——二十亿人生于它（Water—Two Billion People are Dying for It!）

2002 年：让地球充满生机（Give Earth a Chance）

2001 年：世间万物 生命之网（Connect with the World Wide Web of life）

2000 年：2000 环境千年，行动起来（2000 The Environment Millennium—Time to Act）

国民环境意识的高低，国内外大多是使用问卷调查测量的；中国现有的几个规模较大的环境意识统计数据也都是基于问卷调查的。但现有的调研问卷未能做到定期每月或每年发布一次，所以难以对环境意识进行系统的纵向比较。目前规模较大的中国国民环境意识测量数据是中国人民大学中国调查与数据中心发布的 2003 年、2010 年的环境意识调查数据，但可惜的是在中国这些调查既不连续也相当匮乏（王娜，2018）。比较全面、系统的一次调查是中国社会科学院社会发布的《2007 年全国公众环境意识调查报告》，该报告采用了概率抽样和入户面访的问卷调查，覆盖了全国二十个省、自治区和直辖市。调查对象为 15～69 岁的城乡居民，调查内容包含公众的环境知识、环境意识和环保行为。结果显示：（1）在环境知识方面，报告选取白色污染、世界环境日、垃圾分类、三废、温室效应、有机食品、生物多样性 7 个环境科学知识的基本概念，询问被访者是否听说过上述概念。结果显示，听说过"垃圾分类"的占全体被调查者的 66.3%，其后依次为世界环境日（62.6%）、白色污染（56.9%）、有机食品（52.2%）、环境污染中的三废（45.5%）、温室效应（41.4%）、生物多样性（27.8%）。可见，呈现出越是与日常生活关系密切的环境科学知识了解越高，如垃圾分类、白色污染、有机食品等，了解程度均在 50% 以上；而与人们日常生活关系相对较远的环境科学知识，则公众对其的了解程度偏低，如三废、温室效应、生物多样性等的知晓度均在 50% 以下。（2）在环境意识方面，报告调查列举了包括环境污染在内的 13 项社会问题，请被访者依据其严重性，结果显示：有 10.2% 的被访者将环境污染列为当前中国面临的首要社会问题，有 9.1% 的被访者将环境污染问题列为第二重要的问题，有 13.2% 的人将其列为第三重要的问题。经加权计算，环境污染问题在 13 项社会问题中列第四位，仅次于医疗、就业、收入差距问题之后，而居于腐败、养老保障、住房价格、教育收费、社会治安等问题之前。（3）在环境行为方面，公众实际采取的环境保护行为以能降低生活支出或有益自身健康的行为为主，而对于与降低生活支出及自身健康无关或须增加支出的环境保护行为则相对较少。①

公民的环境意识会影响消费行为，环境意识越强则绿色消费意愿越强、消费行为越环保，已有文献大多结论一致。这意味着环境意识越强，则消费的生态正义性越强。例如，有学者指出消费者的环境意识会影响其对环保产品的购买，环境意识越强的消费者购买欲望越大（Chitra，2007）。赵爱武等（2015）研究表明，提高消费者的整体环境意识水平可以显著提高绿色购买所占市场的份额。有学者通过实证研究发现具有高气候变化意识的民众不仅愿意为缓解气候变化效应支付费用，而且会为最小化气候变化效应采取环保行动（Dienes，2015）。有学者针对瑞士圣加仑的可再生能源市场，基于计划行为理论（TPB）设计了一次大规模的行为干预调查。研究表明，通过向消费者提供有关可再生能源的信息，可以使得绿色电力市场份额显著上升。此外，高价格不是消费者购买绿色电力的唯一阻碍，信息不对称、惰性等因素都对绿色电力购买行为产生阻碍。因此，需要加强环境知识传播和环境意识的培养：提供信息使消费者能够感知到绿色电力带来的社会收益；通过有针对性的沟通使消费者克服电力零售的惰性（Litvine and Wustenhagen，2016）。上述观点被实践中消费统计数据所证实。比如，丰田汽车公司的混合动力车普锐斯（Prius）的价格大概是同等动力汽油车的1.5倍，但2008年普锐斯在日本的销量却排在了新车销售榜的第5位。②

既然公众环境意识的提升，有助于促进公众自觉进行环境保护、抵制环境污染，因此，一些国际组织均强调培养公众环境意识的重要性、迫切性。1992年在联合国环境与发展会议上通过的《里约环境与发展宣言》指出，最好是在全部有关公民参与下处理环境问题，各国应该通过广泛提供环境问题的信息来促进和鼓励公众的认知与参与。2015年，联合国制《2030年可持续发展议程》制定了以17个可持续发展目标为核心、到2030年实现一个更美好更健康

---

① 社科院发布《2007年全国公众环境意识调查报告》，https://news.sina.com.cn/o/2008-04-03/153413681381s.shtml，访问日期：2020-11-20。

② Litvine, D., Wustenhagen, R., Helping "light green" consumers walk the talk: Results of a behavioral intervention survey in the Swiss electricity market. *Ecological Economics*, 2011, 70 (3): 462-474.

的世界的蓝图。为落实可持续发展目标，联合国特别强调"改变从我做起"，倡议为我们所有人提供了更好实践"言行一致"的机会。倡议指导并鼓励我们在工作中、在家中通过改变消费模式、使用自行车等非机动交通工具、购买本地食品等行为，践行更加可持续的生活方式。其编写的《懒人的救世指南》告诉我们每一个人："消除赤贫。对抗不平等和不公正。解决气候变化问题。全球目标很重要，改变世界的目标需要各国政府、国际组织和世界领袖合作。普通人似乎不可能产生影响。你要就这样放弃吗？不要放弃！变化始于你。真的。地球上的每个人，即使是我们之中最冷漠、最懒惰的人也是解决方案的一部分。"[①]

三、不同价格制度

价格制度对生态环境的影响很重要，其中生态环境的价格制度直接影响着生态环境的质量，影响着消费的生态正义。生态环境的价格制度不同，主要体现在环境成本是外在化还是内在化制度。环境成本是指商品在生产、使用、运输、回收过程中为解决和补偿环境污染、生态破坏和资源流失所需的费用之和。一般认为，环境成本由三部分组成：一是正常的资源开发获取应支付的成本；二是同资源开采、获取、使用及产品使用回收相关的环境净化成本和环境损害成本；三是由于当代人使用了这一部分资源而不能为后代人使用的效益损失。环境成本的高低具体又受到以下几种因素的影响（黄惠萍和王毅成，2000）：环境要素禀赋，环境技术禀赋，环境政策。通过收费、征税，或者提供补贴、实行差别税收等经济手段，使得"人们对环境的关注通过改变当事人的条件而不是当事人的价值结构或偏好而内在化了"。[②] 环境成本内在化意味着，如果经济主体采用更有利于环境的行为就能获得更多的经济利益，因此，经济主体的态度和行为将"自动地"转向更有利于环境保护、有利于社会的方向上来。

反之，环境成本外在化（即外部性）是环境破坏的根本原因。特别是在国际贸易中，某些出口生产、营销活动会污染空气和水、恶化环境资源，甚至

---

① 联合国网站：https://www.un.org/sustainabledevelopment/zh/takeaction/，访问日期：2022－08－14。

② 经济合作与发展组织：《环境管理中的经济手段》，中国环境科学出版社，1996 年，第9页。

造成跨国境或全球性的环境问题（如酸雨、河流污染、气候变暖），然而这些环境资产的价值往往在出口生产和国际贸易中被忽略不计，这些没有计入的环境成本就是国际贸易中的外部成本，从而产生了外部性。由于外部性的存在，出口商品或劳务的价格不包含环境成本，这种国际贸易的开展会加重市场失灵而使环境更加恶化。由于环境成本外在化所导致的环境问题在国际贸易中表现得十分明显，主要表现在发展中国家以极低价格向发达国家出售资源密集型商品和污染滞留型商品。① （1）发展中国家低价出口大量的资源密集型初级产品。根据贝罗1994年的一项研究，世界上15个债务最重的第三世界国家20世纪70年代以来在森林砍伐量上翻了三番，主要是不得不用大量的自然资源换取生活的基本需要。发展中国家木材资源的过度出口导致国内森林锐减，水土流失严重；矿产资源的过度出口刺激国内企业盲目开采，生态失衡加剧；农产品的过度出口影响耕地质量，并导致土地沙化退化。（2）发展中国家低价出口大量的污染滞留型初级产品。在初级产品贸易上，发达国家有时并不是直接从发展中国家进口原材料，而是只进口原料中的精华部分，而把其余部分废物残留在当地。例如，为了生产纸张所需，美国、日本等国并不直接从发展中国家进口原木，而只进口木浆，这样就把制造木浆过程中产生的大量废物滞留在发展中国家当地，污染当地环境。发展中国家的企业之所以能以极低的价格出售资源密集型商品和污染滞留型商品，主要是这些国家没有把环境成本内在化，使出口企业不必考虑商品的环境成本。

因此，必须将外在化的环境成本重新"内在化"，环境成本内在化的基本含义是将产品生产和消费过程中产生的环境成本纳入产品的成本中，并由生产者和消费者承担。一旦环境成本成为生产成本的一个组成部分并体现在商品价格之中，使得商品价格反映了全部社会成本，环境因素便进入生产环节而成为一个新的生产要素，一个同资本、劳动、资源、技术等要素并列的生产要素。环境成本内在化反映在国际贸易中，就是要求把环境成本纳入出口商品或劳务的真实成本中，以便促进资源的合理使用和环境的有效保护。而且，环境成本内在化措施是符合当今世界贸易组织规则的：WTO的宗旨中明确规定"按照

---

① 俞海山：《环境成本内在化的贸易效应分析——兼论近年我国出口关税调整政策》，载于《财贸经济》2009年第1期。

可持续发展目标使世界资源得到最合理利用，维护和保护环境，并根据各成员不同需要和不同经济发展水平的情况加强采取措施。"在《补贴与反补贴措施协议》第8条第2款规定了"不可申诉"的补贴，即若有助于消除严重的环境压力且采取最合适的环境手段，可考虑接受环境补贴。

实施环境成本内在化具有多种政策途径。（1）强制手段：制定环境标准。环境标准的不同直接地对厂商环境成本和生产成本产生影响：厂商为了满足环境标准会主动投入用以控制污染、治理环境的技术和设备，从而导致环境成本内在化。当然，政府也可以"命令与控制"方式直接管理干预，即政府通过制定规则和法规限定生产过程、限制产品的消费或在规定的时间和地点限制直接污染者的行为。（2）庇古手段：征收污染税费。（3）科斯手段：界定产权。科斯定理表明，只要把环境产权明确，外部成本可以通过当事人的之间的自愿谈判、排污权交易而达到内在化。庇古手段和科斯手段在本质上都属于经济手段，"采用经济手段的动机在于，如果当事人的眼中采用更有利于环境的行为意味着更多的好处，那么他们的态度和行为将'自动地'转向更有利于社会的方向上来。"[1] 从各国实践上看，环境标准、排污税费征收、排污权交易就成为环境成本内在化政策的主要途径。目前，发达国家征收的环境税已近百种，其实，早在20世纪70年代初美国就开征了SO_2税，其后德国、日本、挪威等国也先后征收SO_2税；20世纪90年代初开始，瑞典、丹麦、芬兰、荷兰、挪威、美国相继征收CO_2税，使得这些国家的SO_2、CO_2的排放量显著下降，环境质量有了显著提高。

目前，环境成本内在化的理论在国内是得到普遍认同的，因而我国生态资源环境价格改革的方向也就明确了。基于此，国家和地方都在积极探索生态资源价格改革的具体举措。比较典型的例如江苏省，稳步推进资源性产品价格和环保收费改革，初步构建了体现江苏特色的资源环境价格政策体系，充分发挥价格杠杆作用促进生态环境持续改善（见专栏5-3）。[2]

---

① 经济合作与发展组织：《环境管理中的经济手段》，中国环境科学出版社，1996年，第9页。

② 江苏省物价局课题组：《完善资源环境价格政策体系，促进经济结构调整和转型升级研究》，载于《价格理论与实践》2015年第10期，第40页。

专栏 5-3　江苏的价格改革与环境成本内在化

积极推行排污权有偿使用与交易。2008 年,江苏省在太湖流域对直接向环境排放水污染物的纺织染整、化学工业、造纸、钢铁等 6 大行业征收化学需氧量(COD)排放指标有偿使用费每年每吨 4500 元,对集中式污水处理行业征收排放指标有偿使用费每年每吨 2600 元。同时在全省电力行业开展二氧化硫(SO₂)排放指标有偿使用试点。2010 年,进一步扩大排污权有偿使用与交易政策覆盖范围,在纺织印染、化学工业、造纸、食品、电镀、电子等行业开展氨氮、总磷排放指标有偿使用收费。2013 年,又将二氧化硫排污权交易试点范围由电力行业扩大到钢铁、水泥、石化、玻璃等重污染行业。2015 年,江苏省再次扩大排污权有偿使用的污染物种类和地域范围,在全省范围内对氨氮、总磷、化学需氧量和氮氧化物全面推行排污权有偿使用。

加大排污收费政策实施力度。为补偿治污成本,自 2007 年 7 月 1 日起,江苏省在全国率先大幅度提高废气、污水排污费征收标准,其中废气排污费征收标准由每污染当量 0.6 元提高到 1.2 元;污水排污费征收标准,由每污染当量 0.7 元提高到 0.9 元。2010 年 10 月 1 日,江苏省再次提高太湖流域污水排污费,征收标准由每污染当量 0.9 元提高到 1.4 元。积极推进扬尘排污收费工作,2009 年,开始对城市施工工地扬尘排污收费进行试点。2014 年,制定出台加强大气污染防治深入推进扬尘排污收费政策,将江苏省扬尘排污收费政策推广至全省范围,并将收费标准由每平方米每月 0.24 元调整为 1 元,促进了大气环境的改善。

全面实行城市生活垃圾处理收费制度。江苏省从 2000 年 12 月 1 日起全面开征城镇垃圾处理费。2003 年 1 月,提请省政府办公厅转发了《关于实行城市生活垃圾处理收费制度促进垃圾处理产业化的意见》。2009 年 2 月,制定出台《江苏省城市生活垃圾处理收费管理暂行办法》,并根据国家要求,在南京市开展城市生活垃圾处理费收费方式改革试点,实行住户垃圾处理费与水费等形式同步征收。其后,苏州、镇江等地也陆续实施住户垃圾费与水费同步收取,使城镇生活垃圾处理费收缴率明显提高,直接抄表到户的收缴率由以前不足 50% 提高到 90% 以上。

第六章

消费的人本正义

人是肉体和精神的统一体。一方面，人的肉体生活离不开自然界，人需要通过物质消费与自然界进行物质与能量的交换；另一方面，人又需要精神生活，需要精神消费，而且，只有人的精神消费才真正体现人的本质。本书第三章已指出，消费的人本正义核心是减少和消除消费对人自身的侵害，促进人自身"身"与"心"之间的和谐。本章对消费的人本正义进行实证分析和影响因素分析，目标是在物质消费的基础上充分体现精神消费，以实现人的自由和全面发展。

第一节　消费的人本正义实证

消费维持着人这个生命有机体，从这个意义上说，人是消费的结果、是消费的产物。人的寿命长短和自身发展程度，一方面取决于遗传，这是先天因素；另一方面取决于消费（特别是食品消费、医疗消费、教育消费等），这是后天因素。非正义消费不仅危害自然、危害社会，也会危害自身。消费对人自身的侵害——消费的人本非正义，比较典型地反映在过度消费、有害消费领域。

一、过度消费

过度消费常常表现为过度的物质消费，因此，如果没有特别说明，过度消费就是指过度的物质消费。过度的物质消费可以从两个维度来衡量。从单个人的角度，过度的物质消费是指个人物质消费超过了个人生理上的需要——这就是消费对人自身的非正义；从整个人类的角度，过度的物质消费是指整个人类的物质消费超过了地球所能承载的能力——这就是消费对自然的非正义。消费对自然的非正义，在本书的第五章"消费的生态正义"中开展分析，本章这里分析的是消费对人自身的非正义。

从理论上说，衣食住行用等各个物质消费领域均可能产生过度消费，但在实践中最典型的过度消费是在饮食消费领域，具体表现为由于过度饮食消费导致肥胖。联合国统计数据表明，2015 年"全球有 20 亿人超重或者肥胖"。[①] 世界卫生组织已把"肥胖"确定为十大慢性疾病之一，《2022 年欧洲区域肥胖报告》称，超重和肥胖在欧洲已达"流行病"程度。肥胖已成世界性难题，不仅存在于发达国家，即使像中国这样的发展中国家，肥胖问题也已非常严重。《中国居民膳食指南（2022）》显示，超重肥胖及慢性病问题日趋严重：目前我国成年居民超重或肥胖已经超过一半（50.7%），6 岁以下和 6 岁至 17 岁儿童青少年超重肥胖率分别达到 10.4% 和 19.0%。18 岁及以上居民超重率和肥胖率，分别为 34.3% 和 16.4%。[②]

肥胖症的患者可以出现高血糖、高血脂以及高血压，严重危害人的身体健康，容易患心、脑血管疾病。从 WHO 的数据看，人类的全因死亡率（all-cause mortality，ACM）[③] 排名第一的病因不是我们很多人以为的恶性肿瘤，恶性肿瘤只排第二位，排第一位是糖尿病、心脑血管疾病等慢性病，而这些慢性病和肥胖的关联程度非常高。肥胖的原因尚未完全明了，有各种不同的病因，例如遗传原因、药物导致、缺乏运动、新陈代谢不好等，甚至可能是以上几种因素共同导致。虽然肥胖的原因多种多样，但单纯性肥胖占肥胖者的 90% 以上。从本质上说，若一个人的能量摄入超过人体的消耗，即无论多食或消耗减少或两者兼有均可引起能量过剩，过剩的能量便以脂肪的形式积存于体内。因此，从本质上说肥胖主要就是因为过度饮食，是过度消费的一种表现形式。肥

---

① 联合国网站：https://www.un.org/sustainabledevelopment/zh/sustainable-consumption-produc-tion/，访问日期：2022 – 07 – 09。

② 世界肥胖日：50% 以上中国成年人超重，国内现存减肥企业超 4 万家，https://baijiahao.baidu.com/s? id = 1732534544635330251&wfr = spider&for = pc，访问日期：2022 – 07 – 07。

③ 全因死亡率是指一定时期内各种原因导致的总死亡人数与该人群人口数之比。

胖的背后是整个社会生产力提高、经济增长、物质产品不断丰富，这就能解释为什么在生产力落后、物质产品匮乏的年代难以产生普遍的肥胖现象。

过度消费是非正义消费的一种。过度消费为什么是非正义的？因为过度消费虽然耗费了资源、付出了成本，但却危害消费者身体，即收益是负的。那么，人为什么会进行过度消费？这是由于人的非理性。人或者由于贪欲、或者由于无知，这种非理性的结果就会导致过度消费。以饮食为例，有的人贪吃，可能是因为不知道贪吃、过度饮食会危害自己的身体，那就是因为无知；而有的人明知贪吃会导致肥胖，会导致生理机能下降或产生疾病，但依然控制不住自己，那就是因为贪欲。更深入地探究下去，有些人明知肥胖有害身体却依然贪吃，可能是两个原因：一是与人类的"贪吃基因"有关。[1]《人类简史》的作者尤瓦尔·赫拉利指出"想要了解人类的天性、历史和心理，就得想办法回到那些狩猎采集的祖先头脑里面，看看他们的想法。"[2] 在智人的历史上，他们绝大多数的时间都是靠采集为生，他们生活在草原上或森林里，高热量的甜食罕见，永远供不应求。如果是一个3万年前的采集者，他想吃甜食只有一种可能来源：熟透的水果。如果他碰到一棵长满甜美果实的树，最明智的做法就是吃到吃不下为止，否则等附近的狒狒也发现这棵树，他可能一颗也吃不到了。到今天，尽管我们的冰箱塞满食物，但我们的 DNA（脱氧核糖核酸）还记得那些在草原上的日子，因此我们会不知不觉地贪吃，尤其是各种甜食。D. 莫利斯（Desmond Morris）在《裸猿》一书中一直强调：尽管技术在飞跃发展，但人类仍然是相当简单的生物现象；尽管人类有着崇高的思想、矜持骄傲，但我们仍然只是微不足道的动物，受着动物行为一切规律的支配。二是可能与消费者的社会心理有关，因为有研究表明，那些富含糖类和脂肪成分较多的食物一般情况下口感好，食用这类口感好的食物是"人们对付压力、不幸和无法满足的情感需要的诸多途径之一。"[3] 这就一定程度上能解释，现实中为什么有的人在失恋后或失去亲人后甚至在失业后会产生暴饮暴食行为，其主

---

[1]　尤瓦尔·赫拉利：《人类简史》，中信出版集团，2017 年，第 40 页。

[2]　尤瓦尔·赫拉利：《人类简史》，中信出版集团，2017 年，第 39 页。

[3]　Richard Wilkinson, *Unhealth Societies：The Afflictions of Inequality*, London：Routledge, 1996, pp. 185 – 186.

要原因可能是为了缓解心理压力或痛苦。

二、有害消费

如果说过度消费是指只有在消费"过度"时才会对消费者自身产生危害性，那么，有些消费无论消费是否过度，都不利于消费者自身的健康，这种消费可称为有害消费，包括但并不限于吸烟消费、毒品消费、黄色消费、酗酒消费（适量的饮酒消费对消费者自身有没有危害，这在医疗界是有争议的，但酗酒消费对消费者自身存在危害，这是没有争议的）等。

消费对消费者自身的危害，以香烟消费最为典型。全世界已经有无数个研究报告证明，吸烟有害健康。行伟波和田坤（2020）比较系统地梳理了吸烟对健康危害的文献：根据医疗统计，全球每年会有超过 700 万人死于吸烟引起的各种疾病，并产生高达 1 万亿美元的健康花费。[①] 经医学研究表明，吸烟行为是引发肺癌发病率和死亡率上升的重要因素（Khuder，2001）。除此之外，吸烟还会导致诸如胰腺癌、膀胱癌等其他癌症的多发（Inoue-Choi et al.，2017）。同时，吸烟行为也会提高心脑血管疾病和呼吸系统疾病等慢性病的患病风险和死亡率（Babizhayev and Yegorov，2011）。吸烟不仅危害吸烟消费者自身，而且还会对下一代造成严重危害，有研究表明，未实施控烟政策的辖区其烟雾环境使得该区域的婴儿猝死综合征死亡率显著高于实施控烟政策的辖区（Markowitz，2008）。吸烟行为对经济社会的发展也会产生极大的负面作用。吸烟行为可能导致贫穷，烟草的直接开销和由此引发疾病带来的间接花费会导致严重的贫困问题（Ciapponi et al.，2011）。吸烟对收入有着长期的负向影响，研究发现，由于吸烟导致的身体健康水平下降和劳动力水平降低，致使吸烟引起的收入损失在过去 30 年中一直在上升，吸烟者的收入水平比非吸烟者低 24% 以上（Auld，2005）。"每年被香烟夺去生命的人比被艾滋病、交通事故、

---

① World Health Organization，WHO Report on the Global Tobacco Epidemic，2017：Monitoring Tobacco Use and Prevention Policies，2017，Geneva：World Health Organization URL，https：//www.who.int/tobacco/global_report/en/，访问日期：2020－11－09。

自杀、谋杀、火灾、海洛因、酒精、可卡因加在一起所夺去生命的人更多"。[①]

尽管吸烟有害健康，但吸烟行为在世界各国依然广泛存在。以中国为例，我国于 2003 年签署并加入世界卫生组织《烟草控制框架公约》（Framework Convention on Tobacco Control，FCTC），控制烟草流行成为政府支持的健康行动，在全国范围内以各种形式展开。2011 年 3 月，"十二五"规划明确提出"全面推行公共场所禁烟"；2012 年 10 月，国务院印发《卫生事业发展"十二五"规划》，提出"要加强控烟宣传，建立免费戒烟热线，全面推行公共场所禁烟，积极创建无烟医疗卫生机构、无烟学校、无烟单位，建立完整的烟草流行监测体系"。然而，我国控烟政策的实际效果仍不明显，我国依然是世界上最大的烟草生产国和消费国，每年消费者占世界的 30% 以上。2016 年中国疾病预防控制中心（Chinese Center for Disease Control and Prevention，CDC）在全国范围内开展的成人烟草调查数据显示，"十二五"期间，我国烟草销售量持续上升，烟民增加 1500 万人，吸烟者日平均吸烟量较 2010 年增加 1 支；15 岁及以上人群吸烟率为 27.7%，与 2010 年基本持平；吸烟者总数为 3.16 亿人，没有实现"十二五"规划的控烟目标。2016 年，我国有 7.4 亿人不同程度地受到二手烟的危害，每年因吸烟相关疾病而致死亡的人数超过 100 万人。[②] 行伟波和田坤（2020）的一项研究表明，吸烟显著地降低公民健康水平这一结果在中国是稳健的：卷烟销售量每增加 1%，肺癌死亡人数将增加 0.247 万人，新发肺癌人数将增加 0.309 万人，肿瘤科门急诊人数将增加 8.322 万人。而且，他们估算了 2011~2014 年吸烟致癌在全国范围内造成的生命健康损失、间接损失及相关医疗费用的增长情况（见表 6-1）。

表 6-1 中国卷烟销售的生命健康损失及治疗费用：肺癌（或肿瘤门诊）

年份	卷烟销售量（亿支）	导致肺癌死亡人数（人）	导致新发肺癌人数（人）	导致肿瘤科门急诊人数（人次）	治疗肿瘤相关费用（亿元）	间接损失（亿元）	费用总计（亿元）
2011	24125	5928	7416	199728	323.21	149.99	473.20
2012	24725	6143	7685	206972	336.41	169.66	506.07

① 保罗·霍肯：《商业生态学——可持续发展的宣言》，上海译文出版社，2001 年，第 81 页。
② 中国疾病预防控制中心：《2017 中国成人烟草调查报告》，2017 年 12 月 24 日。

续表

年份	卷烟销售量 （亿支）	导致肺癌 死亡人数 （人）	导致新发 肺癌人数 （人）	导致肿瘤科门 急诊人数 （人次）	治疗肿瘤 相关费用 （亿元）	间接损失 （亿元）	费用总计 （亿元）
2013	24998	2727	3412	91887	152.23	84.93	237.16
2014	25495	4911	6143	165455	282.63	164.61	447.24

注：肿瘤患者由发病到死亡存在一个滞后区间，上表暂不考虑这种滞后效应对估计健康损失和医疗费用的影响。

既然吸烟有害健康，那为什么依然有那么多人吸烟？原因是吸烟者无知，未能充分认识到吸烟带来的危害；或者是因为吸烟者烟瘾发作、难以控制自己的行为。当然，也有研究者认为，吸烟与吸烟者所在的社会阶层、所从事的工种有密切关系，吸烟具有大幅度倾斜的阶级矢量（布莱恩·巴利，2012）。"吸烟与人们在工作中拥有自由的程度呈反向增长的关系……人们作出的不卫生的选择并不是非理性的选择。我们不得不将其视为受到约束的理性，充分利用最糟糕的境遇……因此，通过对他们进行说教的办法不可能改变他们的行为。你们不得不改变选择得以作出的语境。"① 当焦虑和压力遍布于整个社会（即使不是以均衡的方式）时，我们只能从物质匮乏以外来探寻富裕国家中包括吸烟在内的不良卫生的主要原因。从这个意义上说，中国政府尽管不断增强吸烟管控力度，但吸烟消费量近几十年持续增长、最近几年居高不下，这也许与国人面临的各种压力和焦虑有关，特别是工作的压力、购房的压力甚至是人际关系的压力等。

第二节　消费的人本正义衡量

人的消费基本可分成为物质消费、精神消费两大类。② 一方面，人通过衣

---

① Richard Levins. "Is Capitalism a Disease? The Crisis in Public Health", in Hofrichter, ed, *Health and Social Justice*, p. 380.

② 精神消费也可称为文化消费，本书在这两个概念表述时根据文字场景需要而灵活使用，不作刻意的统一表述。

食住行用等各种物质消费满足人的生理需要，维持人的生理机能正常运转，维持人的生存，强健体质；另一方面，人通过接受教育、艺术欣赏、旅游观光、社会交往等各种精神消费满足人的精神需要，维持人的精神生活，促进人的精神健康和个性的充分发展。因此，消费的人本正义衡量尺度在于精神消费，即精神消费在整个消费中所占的比重（数量）以及精神消费的内容（质量）。

学者李明生早在 1990 年就研究精神消费范畴，比较系统地提出了精神消费的内涵与外延的问题。他认为，精神消费范畴的内涵包括下列几个方面：（1）精神消费是满足人们精神需要（主要体现为文化需要）的一种高级精神活动。如果把在一定社会制度的活动范围里实现的思想、观念、科学知识、理想等的生产叫作精神生产的话，那么，精神消费就主要是指人们在日常生活和学习中，在相互交往生活中，采用不同的方式，接受和吸收各种精神产品，来满足各方面精神需要的精神性活动。这些精神性活动虽然与精神价值的生产有密切的联系，但在内容上和形式上是可以与精神价值的生产相区别的，成为广义精神生产四个组成部分（即精神价值的生产、分配、交换和消费）中的一个相对独立的部分。（2）精神消费的对象是精神价值生产的观念性产品。从形态上看，精神消费的对象可分为物质的形态和劳务（服务）的形态，但本质上都是观念性的东西。① 在精神消费过程中，主体和对象、工具和结果，有机地结合起来了，显示出与物质消费不同的独特形式。（3）精神消费的结果是人的精力的再生产和提高。在精神消费过程中，人获得了精神享受和升华，恢复了精力，精神素质得到提高。这也是人生产自身的一种形式。从一般的意义来说，精神消费的最终结果是在逐步满足人的智力获得充分自由发展和运用的需要中，使人获得自由的全面发展，再生产出个体和谐的完整的人，有益于社会的进步。

从上述内涵出发，精神消费的外延大致包括如下：（1）娱乐和艺术享受

---

① 物质形式的消费，如音像、书刊、美术作品、工艺品、文具、文化相关设备例如演艺、摄录、游乐游艺等设备的购买；精神服务消费，包括不限于：文化熏陶和艺术体验（书画、图片展览、艺术培训、艺术品拍卖等）、文化场馆参观（博物馆、文化馆、美术馆、图书馆等）、观影赏剧（电影、话剧、歌剧、舞剧等）、传统文化体验（非遗、节庆活动等）、科技动漫（网络视听、数字阅读、虚拟现实等）、体育健身、知识充电、群众文化体验（广场舞、大合唱）等——2021 年全国文化消费数据报告，https：//view.inews.qq.com/a/20220420A0A82S00，访问日期：2022 - 07 - 12。

的精神消费活动。这是最普遍的精神消费活动。它的功能主要是通过调剂人的精神活动、陶冶性情，获得艺术美的享受，恢复和提高人的精力，使人身心健康、精力充沛地从事各项工作。例如，看戏跳舞、打牌下棋、看娱乐性的电视录像，歌咏比赛、电子游戏等文体活动，就属于这一类的精神消费活动。

（2）获取文化科学知识的精神消费活动。这是内部层次高低不一、较普遍的精神消费活动。它的功能主要是通过学习活动，提高人的一般文化知识和科学技术水平，从而提高人的精神素质，在更高的层次上生产出复杂的精神生产能力和精神消费能力。例如，看书学习、知识比赛、听科技演讲、看知识性的电视录像以及学术讨论等精神消费活动，就属于这一类的精神消费活动。

（3）走向大自然和完美人自身的精神消费活动。这是人们在满足了基本的物质文化生活需要后，追求大自然美的享受和讲究自身美的塑造的精神消费活动。它的功能在于扩大人的视野和知识面，使人的身心更健康、更完美地发展。这种精神消费活动，随着社会物质文化生活水平的提高，迅速地发展起来。例如，旅游、欣赏时装、美容、保健按摩、健美活动等都越来越盛行。"精神消费的外延是随着社会生产力的发展、人们物质生活需要获得不断满足和提高，而不断开拓着新的领域，扩大着它的外延。"[1]

何炼成教授早在 2005 年就系统概括了精神消费的特点：[2] 消费的不是物质产品而是精神产品；受物质产品的制约，同时又作用于物质产品的生产和消费；既受生理因素的影响更受心理因素的影响；与人类历史、社会方式、生产方式紧密联系，不同的历史时期、不同的社会生产方式有着不同的精神消费；还受文化教育、风俗习惯、民族种族、国家地区、宗教信仰、阶级阶层的影响很深。笔者认为，虽然精神消费不同于物质消费，有各自不同的特点，但两者却有非常密切的关联，有时候甚至难以严格区分开来。物质消费、精神消费两者的区分依据主要是以哪一方面为主，因为两者往往同时存在，并不能截然分开。例如，艺术欣赏、旅游消费在内容上主要是精神消费，可以归入精神消费，但艺术欣赏、旅游过程中离不开相应的物质消费支撑。反之，食品消费在内容上主要是物质消费，因此归入物质消费，但食品消费中也存在精神消费的

---

① 李明生：《试论精神消费范畴》，载于《经济科学》1990 年第 5 期，第 71 - 72 页。
② 何炼成：《精神消费简论——兼论学术争鸣》，载于《消费经济》2005 年第 4 期，第 12 页。

内容，食品消费中所谓"色香味俱全"的"色"可能更多的是指精神上的享受——因此，食品消费在一定程度上存在着精神上的愉悦，有精神消费的因素在其中。可见，精神消费不仅是指人们对精神产品的消费，而且也部分地体现在对物质产品的消费中。

消费的人本正义目标是人的自由和全面发展。人的自由和全面发展是社会发展的根本目标，这是马克思主义最基本的理论。马克思在《1844 年经济学哲学手稿》中指出："共产主义是私有财产即人的自我异化的积极的扬弃，因而是通过人并且为了人而对人的本质的真正占有；因此，它是人向自身、向社会的人的复归。"① "人以一种全面的方式，也就是说，作为一个完整的人，把自己全面的本质据为己有"，从而成为"具有人的本质的全部丰富性的人。"② 1947 年，恩格斯在《共产主义原理》中指出："在这种社会制度下，……使每个社会成员都能够完全自由地发展和发挥他的全部力量和才能。"③ 在《经济学手稿（1857—1858）》中，马克思、恩格斯强调了"建立在个人全面发展和他们共同的社会生产能力成为他们的社会财富这一基础上的自由个性。"④ 在《资本论》中，马克思提出，社会生产力的发展将为未来的社会奠定现实的基础，未来社会将是"一个把每一个人都有完全的自由而全面发展作为根本原则的最高级社会形态。"⑤ 可见，马克思、恩格斯始终是把基于物质生产力发展之上的人的全面发展、个性自由作为社会发展的终极目标，这也是消费的人本正义的目标。

消费的人本正义要求人类不断增长精神消费。不断增长精神消费，既是体现人本质的要求，也是可持续发展的要求。一方面，不断增长精神消费是体现人本质的要求。人的生存，虽然与其他物种一样离不开地球，但人区别于其他物种的独特性和本质在于具有精神生产能力和精神消费能力。人既受自然界的限制又能超越自然界的限制：从理论领域来说，人把自然界作为自然科学的对象，作为艺术的对象；从实践领域来说，人把自然界作为人的生产资料和生活

---

① 《马克思、恩格斯全集》（第 42 卷），人民出版社，1979 年，第 120 页。
② 马克思：《1844 年经济学哲学手稿》，人民出版社，1985 年，第 77 页。
③ 《马克思、恩格斯全集》（第 4 卷），人民出版社，1979 年，第 364 页。
④ 《马克思、恩格斯全集》（第 46 卷），人民出版社，1979 年，第 104 页。
⑤ 《马克思、恩格斯全集》（第 23 卷），人民出版社，1979 年，第 649 页。

资料的来源,逐步改变了自然界的原初状态,使自然界成为到处都体现着人类精神的影响和痕迹的"人化"的自然界。人的精神生产和精神消费能力最充分体现了人的精神创造性,也就是人所特有的本质力量。另一方面,不断增长精神消费是可持续发展的要求。与物质生产和物质消费相比,精神生产和精神消费所耗费的自然资源很少,它是最节省自然资源的、最符合可持续发展原则和要求的生产和消费。如果说千百年来人们一直在为着"物质"生存而奔波,那么现在应该开始转向为"精神"生活而努力:"人们的物质需要是有限的,人们的精神需要是无限的;社会的物质生产和物质消费是有限的,因为自然资源是有限的,社会的精神生产和精神消费是无限的,因为精神资源是无限的。"①

我们提倡不断增加精神消费,强调物质消费与精神消费的平衡,这并不意味着每个人的物质消费与精神消费支出(无论是时间支出或者货币支出)相等。事实上,物质消费、精神消费支出的多寡与物质、精神的满足程度没有必然的关联。(1)从货币支出角度看,有的物质消费需要大量货币支出,例如住房消费(无论是租房还是购买住房)往往在消费的货币支出中占有极大比重,而有的精神消费(例如阅读)却只需要很少的货币支出,但却可能导致消费者极大的满足;反之,有的物质消费货币支出不大(例如水消费),但对于消费者生存却极其重要。当然,有的精神消费(例如旅游消费)需要较大的货币支出。进一步说,在精神消费内部,不同种类的精神消费,其价格差异极大,所以消费者的货币支出差异也极大。(2)从时间支出角度看,虽然物质消费与精神消费都需要时间的支出,但精神消费往往比物质消费需要更多的时间支出。事实上,随着物质生产力水平的不断提高,机械化、自动化技术不断应用,人的物质生产和物质消费所需要的时间不断在缩减。现代绝大多数人为了吃面包采用直接购买、消费成品面包,而没必要像历史上曾经那样磨面粉、加水加糖加酵母形成面团、面包成形、烤面包那样,整个生产和消费过程需要耗费大量时间。相反,精神消费,无论是艺术欣赏、阅读、交友聊天、娱乐、旅游……都需要消耗大量的时间。

---

① 赵桂珍、刘云章、谢嘉:《马克思主义关于精神消费的几个问题》,载于《河北师范大学学报(哲学社会科学版)》2008 年第 6 期,第 62 页。

问题在于，工业化时代以来，人们物质生活水平得到极大提高，但货币、市场、启蒙、科层、科学等"理性"元素正压制着人类的意义、价值、人性、信仰和精神。[①] 马克思指出，人类处于"被异化的危险"[②]；韦伯认为，人类正陷入由科层和理性所打造的"铁笼"[③]；福柯哀叹"人死了"[④]；马尔库塞直陈，工业社会将人们打造为"单向度的人"[⑤]。因此，纳斯鲍姆感叹我们这个时代被利益动机和对经济成就的渴求所支配。他指出，其实，经济增长固然是良好公共政策的一部分，但也只是一部分而已，只是一种纯粹的工具。人民才是最重要的，利润不过是人类生活的工具性手段。无论是国内政策还是全球政策，其目标都是一样，都是让民众过上充裕和有创造性的生活，发展他们的潜力，营造一种平等人性尊严所要求的有意义的存在。"换言之，发展的真正目标是人类的发展（Human Development）。"[⑥] 所以，纳斯鲍姆提出了"能力理论"，这一理论的出发点是一种对全体人类的平等尊严的承诺，即无论他们的阶级、宗教、种姓、种族或者性别，致力于让所有人过上符合平等尊严所要求的生活。这一理论认为，人均 GDP 的增加、物质消费的增加，只是生活品质的一方面指标，并不能反映出人真的过上了那种平等尊严的生活。

第三节　消费的人本正义影响因素

消费的人本正义的核心要求是不断加强精神消费。精神消费的数量多寡、内容如何这些精神消费的量和质的问题，从宏观上看，主要与一国的生产力水平和经济发展水平、文化传统等因素有关；从微观上看，主要与一个人的收入水平、消费习惯、受教育程度等精神消费力相关。

---

① 王会：《消费主义文化视角下农村闲暇娱乐物化及其对乡村社会的影响——对苏北泉村闲暇娱乐文化的调查与思考》，载于《中共宁波市委党校学报》2020 年第 1 期，第 97 页。

② 马克思：《1844 年经济学哲学手稿》，生活·读书·新知三联书店，1987 年。

③ 马克斯·韦伯：《新教伦理与资本主义精神》，人民出版社，2000 年。

④ 米歇尔·福柯：《词与物：人文科学考古学》，上海三联书店，2001 年。

⑤ 赫伯特·马尔库塞：《单向度的人：发达工业社会意识形态研究》，上海译文出版社，2006 年。

⑥ 玛莎·C. 纳斯鲍姆：《寻求有尊严的生活——正义的能力理论》，中国人民大学出版社，2016 年，第 128 页。

一、生产力水平

精神消费是一个历史的范畴（李明生，1990），是生产力发展到一定水平的产物。在原始氏族社会，生产力水平极低，原始人为获得最基本的生存资料而斗争，那时还顾不上精神消费的问题。只有到了生产力获得一定程度的发展后，人们除了拥有生存资料以外，还有剩余产品可作为享受资料、发展资料使用时，尤其是当文字产生、脑力劳动从体力劳动中逐步分离出来后，社会生产开始划分为物质生产和精神生产、出现了满足人们文化需要的精神产品时，精神消费才有可能从物质消费中独立出来。因此，精神生产和精神消费的出现是人类历史的一种划时代的进步。

学者谢名家（2006）曾把精神消费的发展历程划分为三个历史阶段（他称为"三个历史轮回"），与人类生产力发展的历史阶段相对应。[1]（1）原始的精神消费。在人类的原始社会，人类第一位的任务是生存。为了生存，当时人类必须耗费大量时间和精力抵御自然灾害和野兽袭击，获取食物、维护人身安全。由于社会生产方式原始，物质生产和精神生产实际上难以区分，因而物质消费和精神消费合为一体。到了原始社会后期，随着劳动进化、社会分工，物质生产力的提高，随着早期文字的发明和原始艺术的出现，人类原始的精神消费开始从原始的生产和消费中分化出来并逐渐走向独立。这一阶段的特征是精神消费寓于物质消费之中，并滋长出独立的精神消费萌芽。（2）古代的精神消费。在原始社会晚期和奴隶社会早期萌发的精神消费，随着精神生产从物质生产领域中分离出来，逐步从物质消费中析出，并成为相对独立的领域。在经过奴隶社会和封建社会的漫长岁月，精神消费获得了巨大的发展并形成了不同的消费领域，而且某些领域的精神消费达到了空前的地步。例如，世界各地普遍存在的宫廷诗乐歌舞；中国的唐诗宋词元曲不仅产量之多、质量之高世所罕见，而且应用和消费之广也是世所无双。这一阶段的特征是精神生产决定消费，精神消费不断促进生产。（3）现代的精神消费。随着现当代物质生产力

---

[1] 谢名家：《论精神消费的社会历史嬗变》，载于《学术研究》2006 年第 4 期，第 42 - 43 页。

和精神生产力的飞速发展，精神消费在促进社会进步中的作用日益突出。精神消费已经成为社会生活的主旋律，成为社会进步和人们生活水准提升的标尺和杠杆。这一阶段的特征是精神消费决定精神生产①，并在此基础上呈现传统与现代、开放与矜持、中西方文化兼容并存与剧烈碰撞同在的"超级"精神消费景象。

生产力水平从根本上决定了精神产品的供给水平，因为精神生产是精神消费赖以存在的前提。马克思在分析精神生产的特点时，按照精神生产和消费之间的联系与区别，确定了精神生产的两种基本形式。第一种形式的结果是产生这样的价值：它们"能在生产和消费之间的一段时间内存在，并能在这段时间内作为可以出卖的商品而流通，如书、画以及一切脱离艺术家的艺术活动而单独存在的艺术作品。"第二种形式是被创造的产品"同生产行为不能分离，如一切表演艺术家、演说家、演员、教员、医生、牧师等的情况。"② 精神生产方式决定精神消费方式，有什么样的精神生产方式就有什么样的精神消费。精神生产的上述两种形式是精神消费赖以存在的基础。第一种形式生产的产品能够由一代人传给另一代人，从而有可能作为文化遗产保存下来，供后人世世代代享用；第二种形式生产的产品直接和精神价值的消费相一致，不过这一形式限制了精神生产的产品在一代代人中的传递。人类历史发展的实践已经证明，新的一代人必须依赖人类以往积累的生产经验和精神产品，只有依赖过去时代的精神成果才能创造出更辉煌的精神产品——所谓只有"站在巨人肩膀上"才能有所创新。这就是说，在创造新的精神产品、精神价值以前，人们必须掌握在他们之前已经被创造出来的精神价值，并从中不断改造人类自身。特别是在正面的积极的精神产品消费过程中，人的精神境界、内心世界、思想观念乃至感觉情感都会得到改造、升华。

科学技术是第一生产力，科学技术的进步必然影响生产力发展进而影响文化消费。特别是当代互联网背景下，文化消费的内容、载体、场景与以往发生

---

① 笔者以为，这里用"精神消费引导精神生产"可能更确切，但为尊重原作的精神，这里未作修改。

② 《马克思、恩格斯全集》（第26卷），人民出版社，1972年，第442－443页。

了明显变化。① （1）互联网催生数字文化产业和数字文化消费。相对于传统线下文化产业，以互联网原生内容为主的数字文化产业迅猛发展，截至 2020 年 3 月，中国已经拥有 8.5 亿的网络视频（含短视频）用户、7.3 亿的网络新闻用户、6.3 亿的网络音乐用户、5.5 亿的网络直播用户，以及 4.5 亿的网络文学用户。数字化的内容消费已经成为大众文化消费的主流形态，影响着大众的生活方式、社交方式和表达方式。而且随着科技创新不断推动数字文化产业裂变发展，各种文化产业的内容、形态、边界不断融合，长短视频、直播、游戏、影视、文学等不同亚太 IP 联动成为主流，融合多形态元素的文化新业态不断涌现，例如云游戏的升温扩展、虚拟主播等形态的虚拟文娱、叠加 IP 元素的竖屏短剧等网络视听，不断创造文化消费新动力。（2）线下文化机构数字化转型，"云上文化"消费成热点。大众对于线下文化娱乐服务的需求线上化，倒逼线下供给侧转型，推动逆向 O2O（Offline to Online）发展，扩充了线上数字化的文化供给品类，引发"云上文化"热议。例如长短视频平台纷纷联合线下文化机构推出"云演出""云看展""云旅游"等新型文化消费场景，包括传统剧团、乐队等线下演出行业将舞台艺术作品向视频平台迁移，开启付费直播新模式。（3）线上线下文化消费交融，成为文化消费新常态。而线上数字文化消费需求明显提升，普及度和用户黏性均有所增加。从更长远来看，这甚至会成为文化生活方式改变的开始。这将加速数字文化产业积累的巨大势能向消费新动能转化，加速文化消费结构的改变。回顾文化消费的嬗变历程，与终端载体形态的不断迭代密不可分：30 年前购买 CD、VCD、DVD 的场景，早已被数字音乐下载、影视点播付费所取代。终端载体的升级也推动文化消费内容生产和传播方式的进化，例如，600 岁的故宫正在探索以"5G + 4K 超高清 + 互动多结局 + 场景沉浸"的创新形式制作剧集，并尝试 5G、VR 电影和多屏互动的可能性。5G、AR/VR、AI 等现代技术拓展文化生产内容与形式，为文化消费提供新的终端载体和创新引擎。未来，线上文化消费将有望作为更加独立的场景，与线下双轨并行，良性互动，推动文化产业的数字化转型升级，激活文化新消费。（4）共创式互动式文化表达，开创文化消费新"体验"。互

---

① 2021 年全国文化消费数据报告，https：//view. inews. qq. com/a/20220420A0A82S00，访问日期：2022 - 06 - 22。

联网的普及降低了文化消费内容创作和消费的门槛，平台型文化创新和文化消费业态的出现，推动数千万普通的"产消者"释放创意潜力。尤其是以短视频为代表的泛众表达，缩小了消费者的数字表达鸿沟。区别于传统文化消费的单向传播，用户观看视频形成独特的"弹幕文化"，在社交平台上的话题分享和交流，使得互动、共创、分享成为线上文化消费的独特价值。随着技术推动产品形态不断更迭，涌现出互动短视频、互动影视剧、互动小说等交互体验升级，通过剧情参与的沉浸式体验，消费者参与文化生产，进一步推动文化消费业态升级。

二、文化传统

生产力水平和经济发展水平对于精神消费水平具有重要影响，但为什么生产力水平和经济发展水平处于同一层次的国家，有的国家精神消费水平较高，而有的国家精神消费水平却较低？甚至有的生产力水平、经济发展水平较低的国家其精神消费水平反而更高，这又是为什么？这种现象的背后是因为精神消费水平又与一国文化传统有密切关系。

以音乐消费为例。中国人民大学音乐与录音艺术学院编写的《音乐人生存现状与版权认知状况调查研究报告》显示，挪威、日本、丹麦、瑞典、英国、美国、冰岛、澳大利亚、德国是世界上人均音乐消费最高的国家，而且消费水平比较接近，年人均在 15~22 美元，其背后是因为上述国家有大致相同的生产力水平、经济发展水平，这表明音乐消费水平与一国生产力水平、经济发展水平有密切关联。该研究报告同时还显示，挪威年人均音乐消费是 21.68 美元，美国年人均音乐消费水平 16.41 美元，而中国仅为 0.15 美元，挪威、美国的年人均音乐消费是中国的 145 倍和 109 倍。①

不仅不同国家的文化传统对精神消费的水平有影响，而且同时不同国家的文化传统也会导致不同的精神消费内容和消费方式。中国的京剧、日本的柔道文化、美国的牛仔精神、印度的歌舞文化、法国的浪漫主义、俄罗斯的勇敢精

---

① 中国人均音乐消费仅为 0.15 美元 与美国差距百倍，http：//finance. sina. com. cn/chanjing/cyxw/ 2018 - 09 - 28/doc-ifxeuwwr9154176. shtml，访问日期：2022 - 06 - 25。

神、巴西的桑巴舞、西班牙的斗牛文化（见专栏6-1），都是这些国家有代表性的文化传统。几乎世界上每一个国家都有其独特的文化传统，相应地就有独特的精神消费内容和消费方式。

专栏6-1　西班牙斗牛文化

西班牙斗牛起源于西班牙古代宗教活动（杀牛供神祭品），13世纪西班牙国王阿方索十世开始这种祭神活动，后来演变为赛牛表演，真正斗牛表演则出现于18世纪中叶。现在西班牙拥有300多家斗牛场，每年3～11月是西班牙斗牛节，有些时候每天都斗，通常以星期日和星期四为斗牛日。

整个斗牛过程包括引逗、长矛穿刺、上花镖及正式斗杀四个部分。引逗是整个表演的开锣戏。由于此时牛野性始发，所以由三个斗牛士助手负责引逗其全场飞奔，消耗其最初的锐气。几个回合过去，骑马带甲的长矛手出场，他们用长矛头刺扎牛背颈部，使其血管刺破，进行放血，同时为主斗牛士开一个下剑的通道。

长矛手完成任务后，由花镖手徒步上场，手执一对木杆制、饰以花色羽毛或纸、前端带有金属利钩的花镖，孤身一人站立场中，并引逗公牛向自己发起冲击。待公牛冲上来，便迅捷将花镖刺入背颈部，如果刺中，利钩会扎在牛颈背上，也起放血作用。由于作出瞄准、前冲、刺入的时间很短，且需判断牛的冲势，因此需要其动作干净利落。

最后手持利剑和红布的主斗牛士上场，开始表演一些显示功力的引逗及闪躲动作，如胸部闪躲，即让牛冲向直线冲向自身时，腿一侧滑，牛贴身冲过，另外还有如"贝罗尼卡"，即是以红布甩向牛的面部，以激怒引逗公牛。其他还有斗牛士原地不动，引逗着牛围着其身体打转的环体闪躲等不一而足。

在最后阶段，也即最后刺杀阶段，也是斗牛的高潮。斗牛士以一把带弯头利剑瞄准牛的颈部，尔后既引逗牛向其冲来，自己也迎牛而上，冲上前把剑刺向牛的心脏。于是牛会在很短的时间内应声倒地。刺杀是最富有技巧的，斗牛士须将剑与眼睛齐平，踮脚，手水平下压，发力，剑入牛身后须抖腕使剑稍微左弯，以冲破心脏主心室，这要求很高的速度、力量和准确性。

牛被刺后，如果剑刺得不够深或牛足够强壮，会暂时不倒地而死，这时斗牛士或其助手会以十字剑或短剑匕首刺中牛的中枢神经部位，这时牛会立即倒地而死。这时装束着花饰的骡子车即会出场将牛拖走，斗牛士会接受观众的欢呼致意，斗牛士按刺杀水平由低至高分别享有保留牛耳、保留牛尾、被从正门抬出的荣誉。

进一步地，一国内部不同地区也会产生不同的精神消费。特别是像中国这样一类的大国，不同地区由于文化传统差异较大、文化特色明显，于是不同地区也产生了不同的精神消费内容和消费方式。以戏剧为例，越剧消费主要在江浙沪地区，二人转消费主要在东北地区……中国五大剧种都有相应的地方消费群体（见专栏 6 - 2）——尽管有的剧种例如京剧逐渐演变为全国性的戏剧、具有全国性的消费群体。这种现象不仅表明了"一方水土养一方人"（物质消费），而且还表明"一方水土消费一方剧"（精神消费）。

专栏 6 - 2　中国主要剧种

京剧又称平剧，也被称为我国的国粹，京剧最早是起源于徽剧。京剧最先发展是因为徽州商业发展起来的一种文化，起初都是徽商自己在家蓄养家班，慢慢地徽剧开始兴起。因为常年在外奔走戏曲班社被人称为"徽班"，清代乾隆 55 年，四大徽班陆续来到北京，并吸收昆曲、秦腔以及不同地域的民间曲调交流融合而成了现在的腔调以西皮、二黄为主，用胡琴和锣鼓等伴奏，场景布置注重写意的京剧。

越剧是中国的第二大剧种，被称作第二国剧，也是我国流传最广的地方剧种，是首批国家级非物质文化遗产名录。越剧发起于浙江嵊州，汲取了昆曲、话剧、绍剧之特色，流传于世界，期间经历了男子越剧到女子越剧的演变。越剧曲调多为抒情，主要以唱为主，流派众多。

豫剧最初起源于河南省，也是中国五大戏曲剧种之一，属于地方性剧种。豫剧的前身是河南梆子，因河南简称豫，故称豫剧。2006 年，豫剧被列入第一批国家级非物质文化遗产名录。豫剧的唱腔不同于越剧的柔情，更加铿锵大气、抑扬有度，唱曲者的唱字都比较清晰，并且人物形象更加接近现实。

评剧俗称"蹦蹦戏"或"落子戏"，从流行于 19 世纪末河北唐山民间的说唱艺术莲花落的基础上演变而来，融入了东北民间歌舞，擅长表达现实生活。评剧主要流传于北方地区。评剧并没有越剧、京剧这样悠久的历史，但是却兴起于百姓中，最具代表性的评剧有《杨三姐告状》《秦香莲》《刘巧儿》等剧目。

黄梅戏是中国五大戏曲剧中最受欢迎的一种，起源于湖北黄梅，是融合山歌、秧歌、茶歌、采茶灯、花鼓调等逐渐发展起来的剧种，是安徽省的主要地方戏曲剧种。2006 年，黄梅戏被列入第一批国家级非物质文化遗产名录。黄梅戏曲调欢快活泼，唱腔淳朴流畅，极具感染力；黄梅戏演员的妆造相对于京剧来说更精简，《天仙配》《女驸马》是黄梅戏代表性曲目。

三、精神消费力

马克思把生产力分为物质生产力与精神生产力。我国著名的消费经济学家尹世杰先生（1994）则把消费力分为物质消费力和精神消费力。他认为，"物质消费力就是消费者为了满足自己的物质需要而消费物质消费品的能力，精神消费力就是消费者为了满足自己的精神文化需要而消费精神文化消费品的能力。"[1]

精神消费力对于促进精神消费、引导精神消费具有重要作用。精神消费力支撑着精神消费，促进消费层次提高和消费结构改善。精神需要主要是享受资料、发展资料的需要，一般是高层次的需要。当人们的收入水平提高后，不仅要求满足物质生活需要，更重要的是要求满足精神文化需要。如果一个消费者有较高的精神消费力，那么就能够丰富消费者的精神消费对象，扩大精神消费范围，增加精神消费数量，改进精神消费方式，促进精神需要得到较好的满足，使享受资料、发展资料在消费结构中的比重不断提高，从而提高消费层次和改善消费结构。此外，精神消费力通过促进精神消费能促进劳动力素质提升，并最终促进生产力的发展。因为精神消费有一个重要特点是直接影响人的思想、道德、品质和精神面貌，对人的发展和劳动力素质的提高影响极大——这就是为什么受教育程度越高、精神消费越多的劳动者能创新出更高的劳动生

---

① 尹世杰：《论精神消费力》，载于《经济研究》1994 年第 10 期，第 71 页。

产率。特别是健康的精神消费，能培养人们高尚的品德、高雅的情操、科学的观念和理性的思维，使人们树立正确的世界观、价值观、人生观和文明健康的生活方式，还能提高人的智力甚至激发人的创新能力，促进人的身心健康和全面发展，从而促进生产力水平的提高。

个人的精神消费力强弱与其个人的收入水平、生活习惯、受教育程度等密切相关。一般情况下，个人的收入水平越高、越有精神消费习惯、受教育程度越高，则其精神消费力就越强，其精神消费水平就越高。特别是受教育水平越高的消费者，则其精神消费的比重会越高。一个文盲不可能产生阅读消费、一般也不可能产生音乐美术等艺术欣赏消费；类似地，有人视古董为珍宝，有人视古董为废物，背后的主要原因是不同人的精神消费力不同。李明生（1990）指出，精神消费对消费主体的文明素养有要求，即要求消费主体具有文化性，这是与精神产品的特点分不开的。物质产品是人类与大自然进行物质变换而生产出来的劳动产品，其构成是物质实体，主要是用物质实体去满足人们的物质需要，其物质实体随着人们对产品的消费过程的终结而消失或失去效用。而精神产品是精神生产的主体，运用人类世世代代积累起来的知识，通过创造性的精神劳动的产物，它虽然也可以有物质的载体，但是其主要的却是观念性的知识产品，它是人类复杂的精神劳动的产物。精神产品所隐含的使用价值，需要消费者具有一定的文化水平，尤其是一些专业性较强的精神产品，要求消费者必须具备相应的专业的知识水平才能消费，否则就无法理解它，无法享受和吸取它的精华。

赵桂珍等（2008）很好地阐释了消费者在精神消费过程中的主体性和个性化两个方面特点，一定程度上解释了精神消费力的作用。[1]（1）人们在精神消费过程中的主体性远远高于在物质消费过程中的主体性。在物质消费过程中，物品的构造、功能、操作方法等都已经由生产者事先设定完成，消费者只能按照生产者和产品本身的要求来使用，在这一过程中消费者是被动的，物质产品支配消费者。在精神消费过程中，消费者的主体性作用则显示出来，在这一过程中消费者是主动的，消费者支配精神产品。消费者在消费精神产品时头

---

[1] 赵桂珍、刘云章、谢嘉：《马克思主义关于精神消费的几个问题》，载于《河北师范大学学报（哲学社会科学版）》2008 年第 6 期。

脑中不是一块"白板",而是具有"前结构"或"合法的成见",它们构成了精神消费的主观基础。伽达默尔说:"我们存在的历史性产生成见,它实实在在地构成我们全部体验能力的最初直接性。成见即我们向世界敞开的倾向性。"① 这就使精神消费过程和结果带有了消费者极为强烈的主体性特征。

(2) 人类精神本身的个性化色彩从根本上决定了精神消费的个性化。一是精神生产过程和精神产品的个性化决定着精神消费的个性化。物质生产过程可以重复,可以建立标准化的生产工艺流程,所生产的物质产品往往也是标准统一的。精神生产过程往往是个性化的,是不可重复的,是创新性劳动和创新性生产,所生产的精神产品也是个性化的、独一无二的。二是精神产品的多样化为人们对精神产品的选择和消费的个性化提供了可能。精神生产力的提高为人们生产出数量繁多、品种齐全的精神产品,为满足人们各个层次、各个方面的精神需要,从而为人们对不同精神产品的选择和消费提供了可能。三是精神消费主体的精神消费能力的差异性使精神消费过程和精神消费结果具有个性化特点。精神消费过程是消费主体运用自己的精神消费能力对消费客体进行选择、理解、内化的过程。因此,即使对于同一精神产品,由于消费主体的文明程度、价值观念、艺术修养的不同,不同消费主体所获得的消费感受就不同,对精神产品的享受层次也就不一样。真如"一千个读者眼中就会有一千个哈姆雷特",每个人对一部文学作品的解读、赏析和看法都不一样,每个人都有自己的观点,每个人也会从中吸取不同的营养。对于同一精神产品,有的人仅能对它做浅层的消费,有的人则能对它做深层的消费,有的人甚至可以在对其消费的过程中引起灵感或启示,创造出新的精神产品。

---

① 转引自胡木贵、郑雪辉:《接受学导论》,辽宁教育出版社,1989 年,第 37 页。

第七章

消费正义：何以必要

有人认为，消费属于私领域：消费什么、如何消费与他人无关。如果消费是一个纯粹私领域的个人问题，那就不存在正义性问题。然而，果真如此吗？其实，消费还是一种具有重要自然影响和社会影响的行为，消费会影响生态环境，消费会影响社会，所以消费在很大程度、很多时候其实是属于公领域，因而存在着正义性问题。本章考察消费正义的必要性：现实中，不仅颠倒了消费与生产、消费与经济发展的关系，而且消费也给自然、对社会、对消费者自身带来了严重的危害。①

第一节　消费，从目的沦落为手段

马克思批判地吸收古典经济学消费思想的基础上，科学论述了消费与生产的关系。马克思认为，一方面，生产首先决定消费，生产为消费创造作为外在对象的材料，生产为消费提供对象，生产力水平决定消费水平，生产的发展速度决定了消费的提高速度；另一方面，消费作为经济的重要一环，对生产、分配和交换起着能动的反作用，消费为生产创造作为内在对象、作为目的的需要，是保证生产过程不断进行的前提，毕竟消费是一切社会形态中生产的最终目的。马克思指出："因为消费创造出新的生产的需要，因而创造出生产的观

---

① 本章部分内容，笔者已发表在《浙江社会科学》2020 年第 11 期。

念上的内在动机，后者是生产的前提。消费创造出生产的动力，它也创造出在生产中作为决定目的的东西而发生作用的对象。如果说，生产在外部提供消费的对象是显而易见的，那么，同样显而易见的是，消费在观念上提出生产的对象，作为内心的图像，作为需要、作为动力和目的提出来。"① 可见，在生产与消费的关系方面，生产只是满足消费的手段，消费不仅是生产的动力，更是生产的最终目的。

然而，梳理西方学者关于消费与经济增长关系的理论观点就可以发现，他们的理论观点是随着不同历史阶段而演变的，尽管以斯密为代表的早期经济学家是主张节俭的，但越到后来就有越多的学者特别是经济学家主张扩张消费，以消费带动经济增长。早在 1913 年，德国社会学家、经济学家维尔纳·桑巴特出版了《奢侈与资本主义》，大胆提出不是节欲而是纵欲才催生出资本主义。赵宁（2007）梳理了西方学者和 20 世纪 90 年代以来国内学者关于"消费——经济增长模式的理论"②，基本反映了消费与经济增长关系观点的变化过程。

哈罗德－多马模型指出了消费率较低有利于经济增长。哈罗德－多马经济增长模型集中考察了社会资本再生产过程中的三个变量及其相互关系，即资本系数、储蓄率、有保证的增长率。哈罗德强调了资本对于经济增长的决定作用，认为只要一个国家的资本积累率即储蓄率保持在一个较高的水平上，它的经济就会以一个较快的速度增长。正是基于这种经济增长理论，发展经济学家长期以来一直认为，一国消费率较低、积累率较高对于经济发展往往是有利的。

凯恩斯认为消费不足会抑制经济增长。凯恩斯认为，要使国民经济均衡，就要使供给和需求相等，即要使消费＋投资＝消费＋储蓄，于是投资＝储蓄。这样，从总产出均衡决定的角度出发可以推论出，合理的投资水平应是以一定的总产出均衡水平为标准的与消费互补的水平。凯恩斯认为，形成资本主义经济萧条的根源是由于消费需求和投资需求所构成的总需求不足以致无法实现充分就业。而消费需求不足是由于边际消费倾向递减规律（即随着收入的增加，

---

① 《马克思、恩格斯选集》（第二卷），人民出版社，1995 年，第 9 页。
② 赵宁：《消费——经济增长模式的理论探讨》，载于《湘朝（下半月·理论）》2007 年第 2 期。

人们也会增加消费，但消费的增加小于收入增加的幅度）的作用，人们不会把增加的收入全用来增加消费。既然消费不足会抑制经济增长，因此他主张用扩大消费、扩大总需求的方法来扩大就业、带动经济总量的增长。这也是西方国家在 20 世纪 30 年代大危机之后被普遍采用的经济政策。

罗斯托认为"消费—增长"具有阶段特征。美国经济学家罗斯托 1960 年在其著名的《经济成长阶段》一书中提出了经济增长阶段理论，首次将各国经济增长过程概括为六个阶段，在经济增长的不同阶段，消费、储蓄、投资与经济增长的关系是不同的。（1）传统社会阶段即农业社会。经济增长缓慢，消费在国民收入中占较大的比例，消费率较高，但这一阶段的消费处于低水平。（2）为起飞创造前提条件的阶段。消费在国民收入中所占的比例要低一些，消费率有所下降，而更多的国民收入用于储蓄，储蓄率上升较快。这方面主要的因素可能有：第一，经济起飞过程（包括起飞前的准备和起飞进入持续增长阶段）、经济的高速增长需要大量的投资支持。第二，这一阶段第二产业比重上升，它的发展需要大量的投资支持。第三，政府为促进本国经济实现起飞，会通过各种政策来限制消费的过快增长，鼓励人们增加储蓄，增加国内资金来源，从而促进国民收入中消费份额的下降，储蓄份额的上升。第四，经济起飞阶段，消费品工业尚不发达，以及低收入阶段形成的消费习惯滞后于国民收入的增长，也在一定程度上制约了消费的过快增长。（3）起飞阶段。一部分人收入的大幅度增加，他们具有很高的储蓄、扩大的投资和上升的消费水平。（4）走向成熟阶段。经济持续增长，消费水平迅速提高。在经济增长进入高收入阶段以后，消费在国民收入中所占的份额也比较大，消费率比较高。这方面主要的因素可能有：第一，高收入阶段，生产力水平的极大提高，大量新兴消费品不断涌现，会使边际消费倾向提高。第二，经济进入成熟阶段以后，经济增长会有所降低，投资增长率也会降低。第三，在经济进入成熟阶段，由于消费者对高额消费和生活质量的追求，第三产业比重大幅度上升，技术密集型产业成为主导部门，而以资本密集型为主的第二产业比重下降，从而使得投资在国民收入中的份额有所下降。（5）大众高消费阶段。越来越多的资源被引导到耐用消费品的生产和大众服务的提供，耐用消费品产业和服务业成为经济中的主导部门。（6）追求生活质量阶段。这一阶段的特点是追求闲暇和娱乐，而不是把收入增长看得最重要。此一阶段，消费质量提升很快。

钱纳里对消费率与人均 GNP 动态变化作了实证研究。H. 钱纳里等进行的一项实证研究表明：人均国民生产总值（GNP）不同水平时的消费变化呈动态分布。以 1964 年的美元来衡量，居民消费率在人均 GNP 低于 100 美元时（中值 70 美元）为最高，达到 77.9%，为贫困型高消费。此后随着人均 GNP 提高到 1000 美元，居民消费率开始直线下降，累计下降 16.2 个百分点。但是，当人均 GNP 迈过 1000 美元门槛以后，居民消费率的图景出现了转折性变化，开始步入上升阶段。当人均 GDP 超过 1000 美元以后，消费结构升级显著加快。根据钱纳里等的标准结构，在人均 GNP 超过 1000 美元以后，食品和衣着类等生存型消费比重下降，发展享受型消费比重迅速上升。代表居民食品、饮料、烟草等消费支出比重的恩格尔系数，从 100 美元以下时的 53.2% 下降到 1000 美元时的 28.4%，降幅达 24.8 个百分点。在人均 GNP 达到 1000 美元以上（中值 1500 美元）时，恩格尔系数降幅趋缓，仅下降 1.6 个百分点。

工业化进程中消费率的"倒马鞍型"曲线。从世界各国经济发展和工业化进程看，投资率呈现从低到高、再从高到低并趋于相对稳定的变动过程，近似一条平缓的"马鞍型"曲线，消费率变动过程则呈现与投资率相反的平缓的"倒马鞍型"曲线。投资率和消费率变动是由工业化进程中消费结构和产业结构的逐步提升引起的。在工业化进程中，随着收入水平的提高，消费结构不断提升，食品等初级产品消费比重逐步下降，工业制成品消费比重逐步上升，第二产业发展相对较快，造成投资率不断上升，消费率不断下降。当工业化进程基本完成、经济发展迈向发达阶段时，消费结构由工业品消费为主转向以住房、教育、旅游等产品为主，第三产业发展相对较快，造成投资率出现下降，消费率相应上升。从长期看，第三产业发展必须以第二产业为依托，为满足消费结构不断提升的消费需求，需要第二产业和第三产业协调发展。这样，投资率和消费率在维持一段时间的下降和上升后，又在新的起点上形成了平衡并维持相对稳定。

国内对消费与经济增长关系的研究。20 世纪 90 年代中期以来，中国宏观经济运行出现了显著变化，与同样经济发展水平的国家以及各国普遍情况相比，我国投资率偏高而最终消费率偏低，其中居民消费率偏低尤为突出，对这一现象寻求增长层面的解释也开始引起经济学家的兴趣。虽然我国有个别学者例如刘维刚和赵玉琳（2014）对消费与生产的关系作了重新定位，认为"生产决定消费仍是一个尚未得到证实的假说"[1]，并从社会再生产过程的自然属性、主体属性、意识属性、内在逻辑等方面论证了"消费决定生产"的观点（见专栏7-1），但总体上看，生产决定消费、消费反作用于生产的观点得到我国理论界比较普遍一致的认可。从国内经济理论研究来看，以消费、投资与经济增长为课题的理论研究成果主要集中在两个层面：第一，侧重于微观经济学要素价格决定需要方面的分析方法、宏观经济学西方国民收入核算的分析方法和简单国民收入决定理论分析方法等，从引致需求、名义 GDP 和实际 GDP 的关系、消费边际倾向等方面阐述消费对经济增长的重要性；第二，侧重于研究消费投资和经济增长的关系，提出消费拉动理论，该理论分析了中国经济增长模式的选择，特别强调以消费拉动经济增长。

专栏7-1　消费决定生产

第一，人首先是作为消费者而存在的自然人。人对自然的依赖关系时时刻刻都存在，人在任何时候、任何条件下都不能脱离自然而独立存在，只有消费自然物质的人才是活着的人，才能够成为生产的主体，因而经济人是作为消费者而存在的自然人。唯独消费能够表明人作为有生命的个体的存在，这一特殊功能使之具有极其重要的经济意义：作为最原始的经济行为，消费行为使生产行为得以产生，从而把自然与社会连接起来，使人类社会的发展真正成为一个自然历史过程；作为人的第一个经济行为，消费决定人类的一切经济活动乃至社会活动，这一切活动离开消费都不能最终得到科学的说明；作为个性化的行为，消费决定了人的经济行为初始的利己动机，使社会经济活动产生了内在的动力，推动着社会再生产的持续进行。

第二，人是社会再生产持续进行的原动力。从宏观角度研究消费与生产在整个社会再生产中的主从关系就会发现，社会再生产过程的主线是人力与物力的互相转换，其中包括物力与物力的转换和人力与人力的转换两个基本方面和

---

[1]　刘维刚、赵玉琳：《应重新认识消费与生产的主从关系》，载于《经济纵横》2014年第8期，第29页。

多个层次，这一切互相转换的关系都是由人力推动的，而不是由物力推动的，人始终是社会再生产的原动力。生产作为使人客体化的一个环节，消费作为使物主体化的一个环节，两者相比较，显然消费是起支配作用的主要环节，是社会再生产过程的核心。也就是说，从一般的社会再生产过程的基本特征或主体属性来看，人类自身的再生产才是社会再生产过程的根本目的，这也是消费决定生产的根本依据。

第三，社会再生产过程是人类有目的、有意识的活动。从主体与客体的关系方面看，生产是人作用于物并使物质存在形式改变的过程，其结果是生产出物质产品。同样道理，从主体与客体的关系方面看，消费是物作用于人并使人的素质改变的过程，即物力转化为人力的过程，其结果是再生产出劳动力。从社会再生产的主体与客体的统一看，是消费决定生产；从社会再生产的主观性与客观性的统一看，是需要决定生产。这两个命题具有同一性，消费决定生产是需要决定生产的基础，需要决定生产是消费决定生产的体现。

第四，社会再生产的逻辑起点和终点只能是消费。社会再生产作为连续不断的发展过程，其中的每一个环节都是前一阶段的终点，又是后一阶段的起点，选择任何一点都是这样，这是社会再生产中各个环节之间固有的内在逻辑关系。社会再生产过程的起点和终点只能由其中一个环节承担，才能使社会再生产过程保持连续不断，才不至于人为割断再生产过程各环节之间的内在联系，否则，就不是科学的社会再生产理论。消费与生产两者之间存在因果联系，虽然消费与生产在社会再生产过程中互为因果，但最初的消费是生产起点，把消费看作终点，各个循环阶段之间就不存在直接联系，每一次循环都是一个完全独立的阶段，即再生产过程为生产—分配—消费，各个阶段之间就不能联系起来，所以这根本谈不上是再生产理论。如果把生产既视为起点又视为终点，那么，再生产过程将表现为生产—分配—消费—生产，整个社会再生产的最终目的就不是消费，而是生产，这显然不符合客观事实。由此可见，一般的社会再生产过程的内在逻辑，是证明消费决定生产这一规律客观存在的一个重要依据。

归纳上述研究，我们可以得出两个结论：（1）上述各种理论，有的人从理论上阐述了消费对经济的拉动作用，有的人从实证角度证实了消费对经济增长的拉动作用，从而使得以消费拉动经济增长的观点不断流行、扩张，几乎得到所有学者的认同，更得到经济实践界人士的认同和政策推行。以消费拉动经济增长，这种理论及其相应的政策，再加上现代化的生产体系把越来越多样、越来越大量的消费品推向社会，以及企业为促进消费而产生的各种营销手段、技术手段特别是广告的配合，使得消费在全球不断扩张，消费主义在全球不断蔓延。（2）上述各种理论虽然论证方式不同、观点结论不同，但其共性都是把消费作为经济增长的救命稻草，当作经济增长的手段，消费从目的沦落为手段。艾伦·杜宁早就指出："只有人口增长能与高消费相匹敌成为生态恶化的原因，但至少世界上的很多政府和人民已经把人口增长看作是一个问题；与之相反，消费却几乎一直被普遍看作是好事——确实，消费增长是国家经济政策的首要目的。"① 这些理论忘记了马克思早就告知我们的基本理念：消费本身应当是生产和经济发展的目的，因而彻底颠倒了消费与生产、与经济发展的关系；同时，消费也给自然、对社会、对消费者自身带来了严重的危害。因此，我们应当把颠倒的关系重新颠倒过来，真正确立消费作为目标的地位，这是消费正义的必然要求。

第二节　消费对自然的非正义

消费侵害自然，形成消费对自然的非正义。从历史视野看，消费对自然的非正义有一个不断加剧加速的过程。

在人类出现以前，地球上各种微生物、动植物共同作用于地球，共同构成地球自然生态演化的因素。但自从人类出现在地球上以后的大约7万年间（也可称为"人类世"），"人类已经成为全球生态变化唯一最重要的因素。"② 人类对自然的侵害并非像有些学者所说的那样始于近代，而是始于人类早期。有研究表明，地球上第一波物种灭绝浪潮是由于人类采集者的扩张，第二波物种

---

① 艾伦·杜宁：《多少算够——消费社会与地球的未来》，吉林人民出版社，1997年，第3-4页。

② Simon L. Lewis and Mark A. Maslin, Defining the Anthropocene, *Nature*, Vol. 519, 2015, pp. 80 -171.

灭绝浪潮是由于农民的扩张，第三波物种灭绝浪潮是由于人类的工业活动①。只是与以往相比，第三波浪潮即近代工业革命以来的人类对自然的侵害速率迅速增大。世界自然保护同盟、联合国环境规划署、世界野生生物基金会在其共同撰写的研究报告中披露：自从工业革命以来，地球人口数量增加了8倍；在过去100年中，全球工业生产增长了100多倍，失去了600多万平方公里的森林，大气中的甲烷增长1倍，二氧化碳浓度增加27%，同温层臭氧遭到严重破坏②。用保罗·霍肯（Paul Hawken）等的话来说，那就是我们的"自然资本储备在急剧减少"。③ 自然资本包括人类所利用的各种自然资源——水、矿物、石油、森林、鱼类、土壤、空气等，也包括草原、沼泽、港湾、海洋、珊瑚礁、河岸走廊、苔原和雨林等在内的生态系统。表面上看，这是经济增长特别是农业、工业发展的结果，实际上背后是消费扩张的结果，因为"我们消费的每一种商品，都有一段被隐匿的历史，一份商品的材料、资源和造成影响的未成文的清单，还有它被使用和处理所产生的伴随废料。"据统计，制造一块半导体芯片产生的废料量是它自身重量的4000倍，生产1夸脱佛罗里达橘子汁需要用2夸脱汽油和1000夸脱的水，生产一吨纸张要用掉98吨其他的资源。④

工业革命以来人类对自然的影响迅速增大，究其原因，如果从消费领域分析则主要是以下三个方面：（1）是消费水平迅速提高，且人口数量剧增，两者叠加导致消费总量剧增。因为消费总量是人均消费量（即消费水平）与人口数量的乘积。（2）是消费方式变化，例如，由传统上消费常温食品转为现代更多地消费冷冻食品，冷冻食品比常温食品需要持续制冷、需要增加包装材料和运输能量，因而需要消耗更多的自然资源和能源——冷冻食品通常比它们

---

① 尤瓦尔·赫拉利：《人类简史》，中信出版集团，2017年，第70-71页。

② 世界自然保护同盟、联合国环境规划署、世界野生生物基金会：《保护地球——可持续生存战略》，中国环境科学出版社，1992年，第6页。

③ PAUL HAWKEN 等：《自然资本论——关于下一次工业革命》，上海科学普及出版社，2000年，第4页。

④ PAUL HAWKEN 等：《自然资本论——关于下一次工业革命》，上海科学普及出版社，2000年，第60页。

的新鲜状态需要多消费 10 倍多的能量①。一次性消费品被越来越多地使用，电池、茶杯、水笔、毛巾、尿布、各种盒子罐子甚至相机等大量采用"用了即扔"的一次性消费方式，导致自然资源浪费和生态破坏。特别是随着科技发展、消费观念的变革，在现代社会，即使诸如家电之类的所谓耐用消费品，因为出现了功能更多、性能更好、款式更新颖的替代商品，导致家电更新换代速率大大加快，致使家电消费方式呈现"类一次性物品"。（3）是消费品种类更加丰富，而且随着科学技术的进步大量出现了自然界难以降解的人工合成材料及其制品，冰箱、电视机、汽车、电脑、塑料和泡沫制品、空调……，这一切都需要消耗更多的自然资源甚至需要付出巨大的环境代价才能被供给、被消费。美国生态学家保罗·霍肯（Paul Hawken）举例说：当你购买一台电视机时，你是购买了约 4000 种化学物质，500～600 克的铅和一个会引起爆炸的真空管，甚至世界上"没有一个地方可以安全地把电视机处理掉。"② 《垃圾之歌》一书披露了 20 世纪 60 年代初美国州际高速公路网络刚刚建成时的状况：美国人纷纷驾车上高速，并且随意往车窗外丢弃各类包装垃圾等，这种消费习惯对生态环境造成极大危害。根据美国高速公路研究会当时出版的一份报告显示，在每一英里的美国高速公路上，可以找到 710 个啤酒空瓶、143 个不含酒精的饮料空罐、227 个玻璃瓶罐、155 件塑料制品、352 个包装纸盒、58 份报纸和杂志，以及 1195 件其他纸类。换言之，每一英里的平均总垃圾量是 3279件。③ 直到 1965 年美国召开"自然美景会议"（Conference on Natural Beauty）后才逐渐改观。

自然生态环境遭到破坏，根源于人类的生产和消费活动，但归根到底是根源于消费，因为生产的最终目的是消费。其实，一些智者早已认识到了这一点：早在 1992 年，前世界自然保护同盟主席施里达斯·拉夫尔（Shridath Ramphal）就指出："消费问题是……环境危机问题的核心。"④ 艾伦·杜宁则

---

① David Pimentel, Energy Flow in the Food System, in David Pimentel and Carl W. Hall, eds., *Food and Energy Resources*, Orlando, Fla.: Academic Press, 1984.

② 保罗·霍肯：《商业生态学》，上海译文出版社，2001 年，第 77 页。

③ 威廉·拉什杰、库伦·默菲：《垃圾之歌》，中国社会科学出版社，1999 年，第 246 页。

④ 施里达斯·拉夫尔：《我们的家园——地球》，中国环境科学出版社，1993 年，第 13 页。

指出："描述消费者社会的增长轨迹的上扬消费线，是环境危害高涨的指示剂。"① 赫尔曼·E. 戴利指出："现有的北方国家的消费水平和方式并不能成为整个世界的范例，因为即使是世界上现有的最好技术也无法保证不超过生态承载能力，即不消耗自然资本，因而不毁灭地球支持未来生活和福利的能力。"② 在他 1996 年出版的《超越增长——可持续发展的经济学》一书中描绘了这样一个图景：只要尝试想一想 12 亿中国人都拥有汽车、电冰箱、洗衣机等，就可以到得北方国家资源消耗水平推广到全球所产生的生态结果的图像。虽然，赫尔曼·E. 戴利描绘这种图像有阻止中国等发展中国家发展、消费水平提高之嫌，但他也较好指出了消费对自然的影响。问题在于，到 2022 年，中国不仅已普及电冰箱、洗衣机、空调等家电，也开始日渐普及家庭轿车（尽管与北方国家相比，普及率仍有较大差距），而且中国人口已达到 14 亿，因而，其消费对自然的影响力之大不言而喻。

第三节 消费对社会的非正义

消费侵害他人，形成消费对社会的非正义。消费对他人（即对社会）的侵害可以从直接、间接两个角度进行分析。

首先是直接侵害。消费对他人的侵害广泛存在，消费者的衣食住行用等消费行为均可能对他人造成侵害，常见的表现形式，例如消费者在公共场所吸烟、开车排出噪声和尾气等，在有的领域甚至愈演愈烈。以在城市居住小区家庭饲养宠物狗为例（家庭养宠物本质上是一种消费行为），常见狗的主人遛狗不牵绳、威胁到邻居安全，不处理狗屎、污染居住环境，狗狂叫带来噪声、影响邻居休息，不想养了就随意丢弃、导致流浪狗泛滥……，成为当今我国居住小区微信群中的讨论热点甚至经常发生争执。造成这种侵害的原因，是养狗消费存在负外部性，消费的负外部性是指消费行为侵害到他人但却并未给他人提

① 艾伦·杜宁：《多少算够——消费社会与地球未来》，吉林人民出版社，1997 年，第 6 页。
② 赫尔曼·E. 戴利：《超越增长——可持续发展的经济学》，上海译文出版社，2001 年，第 6 - 7 页。

供相应补偿，其实质是消费成本外溢于他人，即收益由狗主人获得而成本（至少是一部分成本）由他人承担①，这种消费就属于非正义消费。在当前中国，城市居住小区内养宠物狗越来越普遍，但由此引发的宠物狗伤人问题和人际矛盾冲突触目惊心。

在约束制度缺失或者不力时，人们为什么会忽视甚至放任自身消费行为对社会的侵害，这就与人的本性有关，所以，这里还需要阐述一下人的本性问题。人有许多方面的特性，但就像动物由细胞组成、物质由化学元素组成一样，即所谓"元特性"、本质特性，人亦如此。按照熊秉元教授的看法，人的最本质特性就是"理性"和"自利"。②

一方面，人是理性的——尽管是有限理性。理性隐含着"比较"和"选择"，它是指人们根据自己所拥有的资源，在面对环境条件和制约时，根据自己的意志选择对自己最有利的行为。在封建社会里，人必须在封建体系的阶层结构里顺从地扮演好自己的角色，很少有自己的选择；在当代社会，人才越来越多地享有理性选择的机会和权利——不仅有政治上的选择权利，还有经济上的选择权利。在经济领域，无论厂商还是消费者都具有选择的权利，都可以进行理性的选择。当然，作为消费者，人们主观上的消费理性目标并非意味着客观上必然是消费理性的，这或者是由于消费者个体认知上的局限，或者是人类总体认知上的局限（表现为科学技术水平的有限性，例如，人类一度认为氟利昂是最环保最理想的制冷剂，但后来才发现，氟利昂排放到大气中会导致臭氧含量下降，导致地球上的生物受到严重的紫外线伤害），所以，理论界把人的理性称为"有限理性"。

另一方面，人是自利的——尽管有时候会无私。做同样的工作，人们总希望收入更高；买同样的商品，人们总希望价格更低。当然，这种自利是以不违反公序良俗、不违背政策法律为前提。根据诺贝尔经济学奖获得者科斯的观点，目前经济学唯一坚信不疑的理论就是"需求定律"，即价格和需求数量呈

---

① 这里的收益、成本并非只是经济领域的，还应当包括心理领域、劳务领域等方面的收益和成本。例如，收益除了养狗者能获得出售收益、配种收益等以外，还包括养狗者能获得心理安慰、精神舒畅等；而成本除了需要购买狗粮、医治病狗等费用支出以外，还包括给狗洗澡、遛狗、清理狗屎等的劳务成本。

② 熊秉元：《正义的成本》，东方出版社，2014年，第48页。

反方向变动。而背后支撑这一定律的恰恰就是"人是自利的"这一特性。而且，只有自利才会使经济活动走向均衡，使交易成交。例如，一个人到自由市场小贩那儿去购买苹果，小贩最初的要价是"每斤8元"，购买者还价为"每斤6元"，最后小贩折中为"每斤7元"成交，这就是基于人（包括卖方、买方）的利己心而逐渐走向均衡的过程。当然，这一讨价还价过程可以经过多个回合；而且，最终对于小贩提出的"每斤7元"这一条件，买者可以接受（即实际购买），也可以不接受（即放弃购买）。这一过程如果转换到另一场景——消费者到超市购买物品，则会有适当"变形"：表面上似乎没有了讨价还价的过程，但本质上依然存在这一过程，例如超市对某种苹果标价"每斤8元"，消费者基于利己心对苹果的效用经过内心评价，或者接受（即实际购买）、或者不接受（即放弃购买）。只是小贩例子中讨价还价可能是多个回合，而到超市则演变成了一个回合。

人的自利性可以体现在各个消费领域各个方面。举一个显而易见的例子，在交通行为领域，在我国国内每一个城市红绿灯口几乎都可以见到这样一种现象：机动车（主要是指汽车而不包括电瓶自行车）违规少而行人违规多，为什么？这绝不是因为机动车驾驶员道德水平高、行人的道德水平低，而是因为利己心在起作用——因为基于目前我国有关规定，汽车驾驶员违规闯红灯会遭到罚款和扣分（扣分达到12分则需要重新考驾照，需要更高的成本），而行人违规则几乎没有任何处罚——偶尔会有交警对行人违规闯红灯行为进行口头教育。比较一下，发达国家很少有人闯红灯，这绝不是因为发达国家行人的道德水平比我国行人高，而是因为发达国家行人闯红灯背后的社会成本极高，并久而久之养成了行人遵守红绿灯的习惯。同样，我国实施"酒驾入刑"制度[1]后，酒驾人数在短时期内迅速降低，这绝不是因为人们的道德水平在短时期内得到迅速提高，而是因为大大提高了酒驾的成本。实证研究表明，"当交通违规的罚款提高之后，违规的人数会减少。"[2]

正因为人是自利的，所以如果某种消费行为具有负外部性，即成本外溢，

---

① 2011年5月1日起，《中华人民共和国刑法修正案（八）》正式实施，醉酒驾驶作为危险驾驶罪被追究驾驶人刑事责任。

② 熊秉元：《正义的成本》，东方出版社，2014年，第62页。

则消费就会过度（即超过帕累托最优水平），而且负外部性越多，则消费就会越过度；反之，如果某种消费行为具有正外部性，即收益外溢，则消费就会不足（即低于帕累托最优水平），而且正外部性越多，则消费就会越不足。消费外部性作为外部性的一种，其本质上依然是个体成本与社会成本的不对称性、个体收益与社会收益的不对称性。正由于这种不对称，使得消费者在作出消费决策时所依据的价格，既不能精确反映其全部社会成本，也不能精确反映其全部的社会收益，依据失真的价格信号而作出的经济活动决策使资源配置达不到帕累托最优，进而危害整个社会的福利水平，所以诺贝尔经济学奖获得者斯蒂格里茨指出："只要存在外部效应，资源配置就不是有效的。"[1]

现实中，交通小事故常常导致大拥堵，这一现象可以用消费外部性来解释。我们在现实中经常可以看到这种现象：两辆汽车在马路上行驶过程中发生一个小事故，即两车相互刮擦导致汽车表面少量油漆损坏或出现划痕，但没有人受到人身伤害，如果以经济损失来衡量可能只有几百元钱。然后，这两辆事故车就停在马路中间，而且这两位车主因为谁赔偿谁、赔偿多少等问题发生争执，这种争执可能持续几分钟、十几分钟甚至 1 小时以上，致使周边交通严重堵塞。最后，往往是交警来进行处理，双方才移动事故车辆，才使交通逐渐恢复畅通。在上述常见现象中，两车相互刮擦这一交通事故本身导致的汽车损失只有几百元，但因为交通堵塞而造成的损失巨大，这种损失包括被堵塞者的时间损失，被堵塞者的汽油损失（因为无法预知堵塞时间长短，所以堵塞期间汽车发动机往往并未关闭），消耗汽油所带来污染损失，等等。那么多被堵塞的车辆和人员累计起来，这种损失往往巨大，一场小事故带来的损失可能是几千元、几万元甚至几十万元。这种损失事实上由谁承担了？由被堵塞的无故的其他驾驶者或公交上的乘客承担了（他们主要承担了时间损失和油耗损失），以及由整个社会承担了（主要承担污染损失），但是，让这些没有过错的人和社会来承担显失公正。上述损失并非由交通事故的当事人来承担，而是由他人或整个社会来承担，这就是交通事故中的外部成本。交通是一种具体的消费行为，是消费行为中的一类，所以上述案例中交通事故当事人的消费行为就属于

---

[1] 斯蒂格里茨：《政府经济学》，春秋出版社，1988 年，第 206 页。

非正义消费。

要解决上述问题，实现消费正义，唯一的办法就是外部成本内部化，即让所有外部成本的损失由事故的当事人来承担（在事故两方当事人中，最后主要应该由交警认定的事故责任方来承担——除非另一方在交通事故发生时有过度索取赔偿的行为或者有敲诈行为），例如每堵塞一分钟就赔偿 1000 元。这 1000 元赔偿给谁？从理论上说，一部分（时间成本和油耗成本等）应当赔偿给被堵塞者，另一部分（环境污染成本）应当赔偿给国家或地方政府，但鉴于要公正地赔偿给每一个被堵塞者的"行政成本"或"交易成本"很高（从理论上说，在同一次事故中，每一个被堵塞车辆及其乘客的时间损失、油耗损失等都不同，所以获得的赔偿金额也应该不同），所以最简单的办法是赔偿给国家或地方政府，由政府取之于民、用之于民。当然，交通事故外部成本损失的实际衡量是很难的，在不同城市、不同时间、不同道路上，交通事故导致的堵塞情形都会不同，由此带来的外部性损失的量也会有很大不同。但是，从理论上说，只要交通事故责任人承担外部性，哪怕只是承担外部性中的一小部分，依然会迫使事故的当事人尽快协商赔偿、从马路上移走事故车辆，从而迅速恢复交通。

其次是间接侵害。间接侵害主要表现为人际消费差距过大，即一部分人高消费甚至过度消费，而另一部分人则消费不足甚至不足以维持其基本的生存需要——因为在世界资源一定的情况下存在此消彼长的关系，前者的消费行为间接地对后者构成事实上的侵害。根据联合国《1998 年人类发展报告》，当时世界最富有的 1/5 人口消费世界全部肉类和鱼类的 45%，消费全部能源的 58%，拥有电话线路总数的 74%，消费全部纸张的 84%，拥有全部车辆 87%，而世界最穷的 1/5 人口相应数据仅仅为 5%、4%、1.5%、1.1%、1%。20 年后，尽管全球贫困率自 2000 年以来已经下降了一半以上，但仍有 7.83 亿人生活在每天 1.90 美元的国际贫困线以下，在撒哈拉以南非洲仍有 42% 的人生活在贫困线以下①。

毫无疑问，人际的消费差距过大，根源于人际的收入差距过大。当人际间

① 联合国《变革世界的 17 个目标》之"目标 1 无贫穷"，消除贫困，https：//www.un.org/zh/sections/issues-depth/poverty/index. html，访问日期：2020 - 06 - 12。

收入差距过大时，特别是这种收入差距不是来自人们比较公认的努力和付出时，其非正义性就会更加凸显。社会学者近年对中国部分地区的调查表明，人们对收入结果的差距具有相当复杂的反应。一方面，他们认为收入差距大具有负面作用，但另一方面，他们又反对"劫富济贫"的收入拉平办法。分析显示，人们对收入差距是否容忍，不仅与差距的结果有关，更与对差距的评价有关，即与收入是否"正当"有关。① 在对100多名基层人士的访谈中，研究者发现，有的收入差别被他们认可，有的则不，理由是，人们认为有些差别是公平的——比如体育竞赛和科技竞赛奖金，有些则不公平——比如走后门、运用关系或者依靠权力垄断获得的收入。社会成员评价收入的标准，一是看作为（有无切实的贡献），二是看程序（是否经公开竞争的规则），三是看是否符合公共利益（能否被广泛分享），越接近这几个标准的收益，人们评价为公正的概率越高。可见，当今中国社会已从原来的"不患寡而患不均"逐渐演变为"不患不均而患不义"。

第四节　消费对人自身的非正义

消费侵害消费者自身，形成消费对人自身的非正义。消费是人生存和发展之必需，但是，过度消费、不适当消费反而会侵害消费者自身。消费对人自身的侵害表现为身、心两个方面。

首先，消费可能侵害人的身体。主要表现为物质上的过度消费，过度消费必然会侵害人的身体。因为人作为一个生命体，个体为维持其生存的物质需要是一个相对不变的常数，在消费数量方面存在一个生理承载力。物质消费数量如果超过人的生理承载力，则必然与人的生命机能相冲突，就会引起各种生理疾病。现代医学早已揭示，过度饮食导致肥胖并进一步带来心脏病、脑血管疾病等，常见的"三高"（高血脂、高血压、高血糖）以及高尿酸、高胆固醇等都与过度饮食、饮食结构不当有必然关系。过度消费是非正义消费的一种，因

① 张静：《社会身份的结构性失位问题》，载于《社会学研究》2010年第6期，第42页。

为过度消费虽然耗费了资源、付出了成本，但却危害消费者身体，即收益是
负的。

过度消费导致肥胖，不仅广泛存在于发达国家，在中国这样一个发展中国
家也已十分严重（见专栏 7-2）。因此，国家卫生健康委等部门在 2020 年 10
月发布的《儿童青少年肥胖防控实施方案》提出了明确的目标：以 2002～
2017 年超重率和肥胖率年均增幅为基线，2020～2030 年全国 0～18 岁儿童青
少年超重率和肥胖率年均增幅要在基线基础上下降 70%。其中，北京、上海、
江苏等 12 个省份作为儿童青少年超重肥胖率高流行水平地区，要求上述指标
的下降幅度达到 80%。

专栏 7-2　中国儿童肥胖问题①

根据 2017 年由北京大学公共卫生学院、中国营养学会等单位联合编写的
《中国儿童肥胖报告》，1985～2014 年，我国 7 岁以上学龄儿童超重率由 2.1%
增长至 12.2%，肥胖率由 0.5% 增长至 7.3%。如果不采取有效的干预措施，
到 2020 年，7 岁及以上学龄儿童超重肥胖检出率将达到 22.3%，超重肥胖人
数将达到 3941 万；2030 年，7 岁及以上学龄儿童超重肥胖检出率将达到
28.0%，超重肥胖人数将达到 4948 万。

相关数据显示，在 21 世纪初，中国城市儿童的肥胖问题已经十分突出。
一组来自"中国学生体质与健康调研报告"的数据则显示，大城市的儿童肥
胖率增幅十分惊人。1985～2000 年，北京城区 7～18 岁男生的超重肥胖率从
5.3% 上升至 27.0%，女生的超重肥胖率从 4.7% 上升至 25.9%。沿海大城市
7～18 岁男生的超重肥胖率从 1991 年的 7.6% 上升至 2000 年的 23.6%，女生
的超重肥胖率从 4.2% 上升至 13.6%。由于我国各地区之间经济发展水平存在
差异，中小城市儿童肥胖率低于大城市，但也存在上升趋势。1985～2000 年，
沿海中小城市 7～18 岁男生的超重肥胖率从 2.7% 上升至 19.3%，女生的超重
肥胖率从 0.9% 上升至 10.7%；内陆中小城市 7～18 岁男生的超重肥胖率从
0.6% 上升至 10.3%，女生的超重肥胖率从 2.0% 上升至 6.3%。

---

① 《南方都市报》，2020 年 10 月 25 日。

进入 21 世纪后，我国儿童超重肥胖率增长速度加快。2014 年"中国学生体质与健康调研"结果显示，7～18 岁城市男生超重、肥胖检出率分别为17.1%、11.1%，城市女生分别为 10.6%、5.8%；农村男生分别为 12.6%、7.7%，农村女生分别为 8.3%、4.5%。儿童肥胖已呈全国流行趋势，特别是在农村学生中增加迅速。上海纽约大学一项 2014 年对上海儿童的调查也发现，参加调查的上海 7 个区县 73 所小学一年级儿童中，超重率和肥胖率分别是46%和24%，这个比率已经超过了美国儿童的平均水平。

其次，消费可能侵害人的精神。主要表现为在过度物质消费的同时对精神消费相对不足（特殊情况下，消费对人的精神侵害也可以表现为精神消费过度，常见的例如电脑游戏）。片面注重物质消费而忽视精神消费的结果，导致人文精神失落，丧失批判精神和对自由的追求，成为马尔库塞所称的"单向度的人"①；同时，由于消费者对物质消费的崇拜，使人陷入消费异化的境地而不能自拔，人成了消费机器。"我们已经变成了消费我们曾经生产的产品的机器，我们已经成了压迫我们自己的东西。"② 世界发达国家和收入快速增长的发展中国家的消费实践已证明，超过一定界限之后，更多的物质消费并不等于更多的充实和更多的快乐——"关于快乐最重要的一项发现在于：快乐并不在于任何像财富、健康甚至社群之类的客观条件，而在于客观条件和主观期望之间是否相符"③，因此，在现代这样一个充满物质的时代，如果要增加快乐，关键在于降低我们的期望。如果我们一直抱着消费攀比的心态，那就永远不会快乐，因为消费攀比永无止境，在这个世界上，无论是谁、无论你有多富有，总有人比你更富有（除了世界首富以外），总有人比你消费更高档次的物品。可惜的是，"由于被消费主义文化所蒙蔽，我们一直在徒劳地企图用物质的东西来满足不可缺少的社会、心理和精神的需要。"④

早在 2005 年，中国抗击 SARS 实践后不久，钟南山和王经伦曾对"抗击SARS 实践与新人文精神"进行了深入的思考，他们指出："抗击 SARS 的实

---

① 马尔库塞：《单向度的人——发达工业社会意识形态研究》，上海译文出版社，1989 年。

② P. 伊金斯：《生存经济学》，中国科技大学出版社，1991 年，第 55 页。

③ 尤瓦尔·赫拉利：《人类简史》，中信出版集团，2017 年，第 359 页。

④ 艾伦·杜宁：《多少算够——消费社会与地球的未来》，吉林人民出版社，1997 年，第 6 页。

践，提出了作为人自身在思维方式和行为方式诸方面如何自我提升、完善和超越，重建人类自身独有的精神家园这个重要问题。"① 以饮食和卫生习惯为例，SARS 之前人们习惯运用的思维方式是：什么好吃就吃什么（如滥吃野生动物），怎样方便就怎样做（如不使用公筷、随地吐痰、饭前便后不洗手），对由此产生的不良后果置之不理。SARS 的出现不仅猛烈地冲击着这种旧的思维方式，同时呼唤产生新的思维方式：必须预先考虑到后果，随后才选择怎么吃或怎么做，即把后果看作行为取舍的标准。这一思维方式才是健康的、文明的，也是"可持续发展"的。这样说，至少有两个方面的根据：（1）人们的"客体价值观"由以人为中心的片面的、非理性的"主体立场"向人与自然、社会高度统一的、系统的、科学理性的"客体立场"转变。人类社会步入工业时代后，以人的欲望无限扩张为内核的物质主义和以人的意志过度放大为内核的"征服主义"，使人在永不停顿获取更多物质的对客观外界的征服和索取中，不知不觉地滑到了与自然为敌、从而反过来受到自然报复或惩罚的可怕渊薮的边缘。果子狸并不是 SARS 病毒的"罪魁祸首"，它是人们不健康饮食方式的"受害者"。SARS 使我们重新审视务实的、理性的、科学的、系统的主体客体关系，感知古代先哲"天人合一"的人与自然增进和谐、减少冲突的伟大哲理，以及今天人类在人与自然关系中新的定位——即人与自然和谐共处。（2）人们的"主体价值观"，即人生或自身价值观，由追求片面发展或满足的"片面主义"，逐渐向如何做一个更加全面的、自足的、高尚的、助人的、高标准的个体修养发展和转变。思维方式转变的同时，一种最终以建构新的人文精神为目标的全社会共同成员的自我教育或修养方式，也势必逐渐自然形成，从而衍生出以健康、文明、科学、和谐为主要特征的，注重物质生活和精神生活以及人的身心平衡，提倡重视健康、重视家庭生活为核心的价值观，重视教育和自我教育，最终确立绿色的、生态型、知识型的生活方式和行为方式。

---

① 钟南山、王经伦：《抗击 SARS 实践与新人文精神的思考》，载于《广东社会科学》2005 年第 1 期，第 11 页。

第八章

消费正义：何以可能

消费是人的消费，所以能否实现消费正义与人的主观认识相关；消费基于收入，所以能否实现消费正义也与经济状况相关；任何消费都受制度制约，因而，能否实现消费正义又与国家的法律法规政策等制度相关。因此，本章从认知、经济、制度三个方面分析实现消费正义的可能性。从世界范围内看，人类认知进步，为消费正义确立了认识论前提；世界经济发展为消费正义奠定了物质基础；各国制度改进为消费正义提供了经验方案。①

第一节　认知进步：消费正义的认识论前提

人类的一切行为包括消费行为都是在一定理念支配下的，人类认知的进步带来消费理念的进步，从而为促进消费正义确立了认识论前提。

一是认识到人与自然必须和谐相处——重新认识人与自然的关系。对于人与自然的关系，人类的认识曾经走过曲折的弯路。在人类社会早期，人类对自然是敬重的甚至敬畏的，尤其在东方古国，中国的"天人合一"观、印度的"梵我同一"观，均表明朴素的追求人与自然和谐共处的理念。但在工业革命后，由于人类对自然的认识和改造产生了革命性的变化，从而产生了对自然的征服观。表现在理念上，培根（Francis Bacon）发表了《新工具论》的科学宣

---

① 本章的主要内容，笔者已发表在《江汉论坛》2022 年第 4 期。

言，提出"知识就是力量"，反映人类借助科学技术的进步而提升和扩展了人类自身的力量，一定程度上反映了人类对自然的改造和征服欲望；表现在实践中，人类征服大江大海天空——人类借助机器的力量在大江上筑坝、在大海上航行，甚至在天空上飞行，人定胜天似乎成为事实。然而工业革命开始后，人类在物质文明取得重大进展的同时，对自然的侵害也达到了前所未有的高度。对此，恩格斯早就指出："我们不要过分陶醉于我们对自然界的胜利。对于每一次这样的胜利，自然界都报复了我们。"① 人类对自然征服越严重，自然对人类的报复也就越厉害。然而，恩格斯的这一伟大思想在当时并没有在世界范围内得到广泛传播和认同，一直到 20 世纪中叶前后世界环境问题日益暴露（尤以世界八大公害事件为典型）、1962 年蕾切尔·卡逊（Rachel Carson）《寂静的春天》出版，保护地球、促进人与自然关系和谐才逐渐成为主流价值观。时任美国副总统阿尔·戈尔写道："蕾切尔·卡逊的影响力已经超过了《寂静的春天》中所关心的那些事情。她将我们带回如下在现代文明中丧失到了令人震惊的地步的基本观念：人类与自然环境的相互融合。"② 正如《地球母亲权利世界宣言》所称"人类权利实现的必要途径是认可及保护地球母亲和地球上的所有生物的权利"。③

当代，我们不但科学地认识到了人与自然的关系，认识到了保护自然的重要性；而且，对当今世界的自然状况（诸如生态环境破坏、自然资源稀缺）也有了更深入、更充分的了解，因而更加认识到保护自然的迫切性。"世界是从一个人造资本是限制性要素的时代进入到剩余自然资本是限制性要素的时代。"④ 捕鱼生产目前是受剩余鱼量的限制而不是受渔船数量的限制；木材生产是受剩余森林面积的限制，而不是受锯木厂多少的限制；原油的生产是受石油储量的限制，而不是受采油能力的限制；农产品的生产经营是受水和土地供应量的限制，而不是受拖拉机、收割机数量的限制。因此，保罗·霍肯等把"自然资本"与"下一次工业革命"相关联，并且明确指出，"一种经济需要

---

① 《马克思、恩格斯全集》第 20 卷，人民出版社，1971 年，第 519 页。
② 蕾切尔·卡逊：《寂静的春天》，吉林人民出版社，1997 年，前言第 19 页。
③ 科马克·卡利南：《地球正义宣言》，商务印书馆，2017 年，第 243 页。
④ 赫尔曼·E. 戴利：《超越增长——可持续发展的经济学》，上海译文出版社，2001 年，第 112 - 113 页。

4 种类型的资本来适当地运转：以劳动和智力，文化和组织形式出现的人力资本；由现金、投资和货币手段构成的金融资本；包括基础设施、机器、工具和工厂在内的加工资本；由资源、生命系统和生态系统构成的自然资本。"①

当今世界，人只有尊重自然、敬畏自然、顺应自然，才能促进人与自然和谐相处，这已成为世人共识。深入消费领域，目前我们已经认识到，人类纵情消费而不知节制，正在摧毁人类赖以生存和发展的自然根基。尽管当今人类拥有无与伦比的科技文明，但是如果消费野生动物，那么野生动物所携带的非常原始的病毒依然会对人类造成极大的打击，这实际上是在一次次地告诫我们，人类必须尊重自然、敬畏自然——即使是一个小小的病毒。总之，人与自然必须和谐相处，这种认识为保护地球、促进可持续发展奠定了认识论基础，也为促进消费的生态正义奠定了认识论基础。幸运的是，这种认知已成为全球共识，联合国《2030 年可持续发展议程》目标 12 强调"采用可持续的消费和生产模式"，可持续的消费和生产旨在实现"生产更多、更好、更节省"，在提升生活质量的同时，通过减少整个产品生命周期（LCA）的资源消耗、退化和污染，来增加经济活动的净福利收益。可持续消费和生产也要求从生产到最终消费这个供应链中各行为体的系统参与和合作，包括通过教育让消费者接受可持续的消费和生活方式，通过标准和标签为消费者提供充分的信息等。②

二是认识到人与人是命运共同体——重新认识人与人的关系。人类是一个命运共同体，这可以从人类的产生、繁衍说起。研究表明，尽管当前世界上的人类分成为不同种族、不同民族、不同国家，但如果追溯到最初，当今所有的人类都是来自同一对父母（猿），真可谓是"本是同根生"。③ 但人类在地球上分布完成后的很长历史时期内，由于地广人稀，不同种族、不同民族、不同地域的人群之间交往较少，在一定程度上是比较隔绝的，因而认识不到人与人之间的相互依赖性，缺乏人类命运共同体意识。直到工业革命以后，科学技术

---

① PAUL HAWKEN 等：《自然资本论——关于下一次工业革命》，上海科学普及出版社，2000年，第 4 页。

② 联合国网站：https://www.un.org/sustainabledevelopment/zh/sustainable-consumption-production/，访问日期：2021 - 11 - 05。

③ 根据人类历史学家尤瓦尔·赫拉利（Yuval Noah Harari）的描述，大概在 600 万年前，有一只母猿产下两个女儿，一个成了所有黑猩猩的祖先，另一个则成了所有人类的祖奶奶。参阅尤瓦尔·赫拉利：《人类简史》，中信出版集团，2017 年，第 5 页。

进步、交通工具革新、市场经济体制确立和国际贸易快速发展，使得各国各民族之间的联系得到迅速、广泛加强。马克思指出："由于机器和蒸汽的应用，分工的规模已使大工业脱离了本国基地，完全依赖于世界市场、国际交换和国际分工。"① 人类社会发展到今天，虽然世界上的不同种族、不同民族、不同国家都有各自不同的利益，会形成各种不同的利益群体或团体，但相对于整个人类来说，种族、民族、国家、团体等都属于小的命运共同体，都从属于整个人类所构成的一个大的命运共同体。人类历史上，两次世界大战、气候变暖等全球性环境问题……，均证明人类是一个命运共同体，灾难来临时，没有一个国家或民族能独善其身。

其实，早在 2015 年，习近平总书记在第七十届联合国大会上指出"携手构建合作共赢新伙伴，同心打造人类命运共同体"②。人类命运共同体理念已在世界范围内日渐深入人心，构建人类命运共同体倡议多次被写入联合国文件。人类命运共同体，意味着人与人之间是相互依存的，一个人不得侵害另一个人，一个群体不得侵害另一个群体，这是正义的必然要求。深入消费领域，人类命运共同体意识使人们认识到，个人消费如果侵害他人也就意味着侵害社会，必然侵害人类命运共同体，最后也会侵害到自己。认识到这一点，就为减少和消除非正义消费、促进消费的社会正义奠定了认识论基础。

三是认识到人"身"与"心"不可偏废——重新认识人类自己。哲人语"认识你自己"。对于人类来说，"我是谁""我从哪里来""我到哪里去"实在是三个根本性的问题。在人类早期，长期以来都是食物匮乏，物质生活条件十分恶劣，生存需要、安全需要等较低层次的需要也难以得到充分满足，此时，追求物质消费、维持生存是第一位的，这无可厚非、也是正当的。然而，上述演化过程也导致人类长期重物质消费而轻精神消费，一直延续并不断强化。这典型表现为以追求物质消费为重要特征的消费主义盛行。环视当今世界，无论是世界最大的发达国家美国，还是世界最大的发展中国家中国，各种宗教节日（例如西方国家的圣诞节）和传统节日（例如中国的春节）都已演变成了购物节、消费节，并且新产生了各种购物狂欢节日，例如"双十一节"

---

① 《马克思、恩格斯全集》第 4 卷，人民出版社，1958 年，第 169 页。
② 《习近平谈治国理政》（第二卷），外文出版社，2017 年，第 521 页。

"双十二节"等。然而，智者们早已指出，人类对物质消费的过度追求，不仅导致对人类自身身体的侵害，也导致人类的人文精神失落，人被物化、异化。

理论和实践均已表明，过分追求物质消费并不能真正使人感到快乐和幸福，物质消费的狂欢结束后往往给消费者带来空虚、失落。消费虽然促成了经济的增长，但是同时人也往往成了消费的俘虏。许多人购买物品不再为了真实需要，而是为了买而买，为了明星，为了品牌，为了随大流，为了优惠券而购买，消费脱离了其真正的目的。艾伦·杜宁说得好，决定人幸福与否的不是物质消费的满足，"事实上，社会关系的强度和闲暇的质量——二者才是生活中幸福的决定性心理因素"[1]，而社会关系的增强和闲暇质量的提升，只能通过社会交往和精神消费才能实现。

马尔库塞、弗罗姆和鲍德里亚等指出，在消费社会，消费符号文化不断对人的本性进行支配，最终人为物所役、主体性丧失，人自身也被异化成了消费符号。弗罗姆揭示了消费社会中物质消费对精神消费的取代与蔑视："如果我有钱，即使我对艺术没有鉴赏力，我也可以得到一幅精美的绘画；即使我不懂音乐，我也可以买最好的留声机；我可以买下一座图书馆，尽管只是为了炫耀之用；我可以买学问，尽管除了作为附加的社会资产之外这学问别无他用。我甚至可以毁掉买来的绘画或书籍，因为除了金钱损失之外我一无所失。只是有了钱，我就有了权得到我所喜欢的任何东西并随意处置它们。"[2]《人本主义宣言》说到"好生活的圆满源于个体对人类理想的投入"。[3] 片面追求物质消费而忽视精神消费，这甚至可以说是一个不健康的人。世界卫生组织（WHO）早在1948年成立之初的《宪章》中就指出"健康是身体上、心理上和社会上的完美状态，而不仅是没有疾病和虚弱的现象"。1989年，世界卫生组织修改了健康的定义，在原有的身体健康、心理健康和社会适应良好的基础上又增加了道德健康的内容，这是人类对于人自我"身"与"心"关系的重新认识。在人类历史长河中，"消费主义终将是一种短暂的价值体系。"[4] 如今，我们已

---

[1] 艾伦·杜宁：《多少算够——消费社会与地球的未来》，吉林人民出版社，1997年，第27页。

[2] 弗罗姆：《健全的社会》，贵州人民出版社，1994年，第107页。

[3] 参阅本书"附录三"之第4条。

[4] 艾伦·杜宁：《多少算够——消费社会与地球未来》，吉林人民出版社，1997年，第106页。

经认识到，对于绝大多数物质消费已经基本满足的人来说，安静地读一本好书，与家人或好友聊聊天、看一场电影、看一个画展，或者甚至只是一杯清茶、静静地享受午后的阳光……，这些偏向于人文性的、精神性的消费更能增加快乐感和幸福感。"停下脚步，去体验落日的余晖，这将滋养你的灵魂，使你的内心充满美丽并让我们满载生命的气息。"① 也许正是认识到这一点，因此，至少已有部分消费者的消费行为开始转型，从消费主义转向极简主义（主张"断舍离"），从物质消费转向越来越多的精神消费，追求人的自我完善，形成消费领域的返璞归真和人性回归，从而促进消费的人本正义。

有意思的是，人类对身心关系的重新认识，与其说是进步，还不如说是回归，因为在人类历史上，简朴、知足的生活理念扎根于人类，拜物主义、奢侈消费总是被哲人和宗教谴责，从释迦牟尼到穆罕默德，每一种世界性宗教都充满了反对过度物质消费之罪恶的告诫。知名历史学家阿诺德·汤因比说："这些宗教的创立者在说明什么是宇宙的本质、精神生活的本质、终极实在的本质方面存在分歧，但他们在道德律条上却是意见一致的，他们都用同一个声音说，如果我们让物质财富成为我们的最高目的，将导致灾难。"②

第二节 经济发展：消费正义的物质基础

世界各国经济发展并非一帆风顺，是有曲折的甚至有衰退的，而且不同国家的经济发展速度也不均衡、存在很大差异，但是，从较长历史时期、从整个世界范围看，经济总是向前发展的。且不说工业革命后世界经济的巨大发展，也不说第二次世界大战结束后世界经济的繁荣发展，即使从最近 20 年来看，2000 年以来世界经济及主要国家例如美国、中国、日本、欧盟、印度等主要经济体都得到长足发展。2000 年，全球经济总量（GDP）为 33.62 万亿美元，2021 年全球经济总量达到 96.1 万亿美元（见表 8 - 1）。

---

① 科马克·卡里南：《地球正义宣言》，商务印书馆，2017 年，第 105 页。
② 转引自艾伦·杜宁：《多少算够——消费社会与地球未来》，吉林人民出版社，1997 年，第 108 页。

表 8 − 1 世界主要国家 GDP 2021 年总量排名及增长率

排名	国家	GDP（万亿美元）	增速（%）
1	美国	22.94	6.0
2	中国	16.86	8.0
3	日本	5.10	2.4
4	德国	4.23	3.1
5	英国	3.11	6.8
6	印度	2.95	9.5
7	法国	2.94	6.3
8	意大利	2.12	5.8
9	加拿大	2.02	5.7
10	韩国	1.82	4.3

资料来源：https：//www.cadforex.com/gdp/95514.html，经笔者整理。

消费是人的消费，消费的目的是人的生存和发展。因此，从本源上说，消费只要有利于人的生存和发展，那么这种消费就是正义的。然而，在历史上，由于生产力水平低下，经济发展水平和物质资料的生产能力较低，即使实施平均主义的分配方式，也难以满足所有人的消费需要、难以确保人人都有生存权，致使饥饿、受冻、住房和医疗资源短缺等伴随着人类历史。而经济发展为消费正义奠定了物质基础。

首先，经济发展为促进消费的社会正义奠定了物质基础。经济发展、财富增长，使得救济穷人、提升穷人的收入水平成为可能，从而可能缩小人与人之间的消费差距，因而可能促进消费的社会正义。早在 1955 年，西蒙·史密斯·库兹涅茨（Simon Smith Kuznets）在实证研究美国、英国、印度、斯里兰卡、波多黎各等国家，横向比较后他发现发展中国家的收入不平等程度高于发达国家，他指出："收入分配不平等的长期趋势可以假设为：在前工业文明向工业文明过渡的经济增长早期阶段迅速扩大，尔后是短暂的稳定，然后在增长的后期阶段逐渐缩小。"① 即在一国的经济发展过程中，收入分配不平等程度先上升，在中等收入水平时达到顶峰，在基本实现工业化时开始下降，因而收入分配的轨迹呈现倒 U 形，这就是库兹涅茨曲线（Kuznets curve）。根据消费的社会正义内涵，消费差距扩大会间接地侵害他人，形成消费非正义；同时，根据库兹涅茨曲线，随着经济发展，越来越多的国家进入工业化、后工业化时期，收入差距缩小从而消费差距就会逐渐缩小，因而经济发展会逐渐促进消费的社会正义。然而，必须强调的是，经济发展只是为缩小人际消费差距、促进消费的社会正义提供了"可能"，而并非"必然"。这表现在实践中：在同一个国家的不同历史时期纵向比较可以发现，有的时期经济发展导致收入差距和消费差距缩小，而有的时期经济发展却导致收入差距和消费差距扩大。这背后原因与制度因素密切相关，特别是财政政策、税收政策等制度（这一点，将在下面第三节"制度改进"内容中详述）。

本书前面已经指出，饥饿人口的存在表明人的基本生存需要没有得到满足，是非正义消费的重要表现。为削减这种非正义，除了各国经济发展为减少饥饿奠定基础以外，国际社会也在努力削减饥饿问题，联合国《2030 年可持续发展议程》把"零饥饿"作为 17 个可持续发展目标的第 2 个目标（见专栏 8-1），并指出了"我们做什么"：可以在自己的生活中做出改变——在家、在工作的地方，以及在社区——支持当地农民或市场，作出可持续的粮食选择，支持人人享有良好营养，以及抵制浪费粮食。还可以行使作为消费者和选民的权利，要求企业和政府做出能够实现零饥饿的选择和改革。

专栏 8-1　目标 2（"零饥饿"）的具体目标

1. 到 2030 年，消除饥饿，确保所有人特别是穷人和弱势群体，包括婴儿，全年都有安全、营养和充足的食物。

2. 到 2030 年，消除一切形式的营养不良，包括到 2025 年实现 5 岁以下儿童发育迟缓和消瘦问题相关国际目标，解决青春期少女、孕妇、哺乳期妇女和老年人的营养需求。

---

① 库兹涅茨：《经济增长和收入不平等》，载于《美国经济评论》1955 年第 3 期，第 18 页。

3. 到 2030 年，实现农业生产力翻倍和小规模粮食生产者，特别是妇女、土著居民、农户、牧民和渔民的收入翻番，具体做法包括确保平等获得土地、其他生产资源和要素、知识、金融服务、市场以及增值和非农就业机会。

4. 到 2030 年，确保建立可持续粮食生产体系并执行具有抗灾能力的农作方法，以提高生产力和产量，帮助维护生态系统，加强适应气候变化、极端天气、干旱、洪涝和其他灾害的能力，逐步提高土地和土壤质量。

5. 到 2020 年，通过在国家、区域和国际层面建立管理得当、多样化的种子和植物库，保持种子、种植作物、养殖和驯养的动物及与之相关的野生物种的基因多样性；根据国际商定原则获取及公正、公平地分享利用基因资源和相关传统知识产生的惠益。

其次，经济发展为促进消费的生态正义奠定了物质基础。经济发展导致人均收入增长、消费结构改善，为生态环境保护创造了条件，因而促进消费的生态正义。关于经济发展（收入增长）与生态环境之间的关系，从历史上看，不少发达国家经历了一个环境质量先随着经济发展而恶化，到达一定程度（即拐点）后，再随着经济发展而逐渐好转的过程，即所谓"环境库兹涅茨"曲线（EKC）。对于 EKC 拐点的产生原因，一般解释是：伴随经济发展的产业结构调整，使高能耗高污染产业不断缩减；伴随经济发展的技术进步使企业得以减少污染物的排放；随着经济发展，环境规制日趋严格；经济发展到一定程度政府才可能对环境治理有足够的资金投入，等等。笔者以为，还可以从消费角度上作进一步的解释：经济发展和收入提升后，富裕了的消费者对环境质量提出更高的要求，政府也会在消费者的压力下实施更严格的环境标准；经济发展和收入提升后，消费者更偏好环保商品和服务、也更有能力购买价格较高的环境友好型商品和服务，并且进而引导商品和服务提供者生产和供给环境友好型商品和服务；经济发展，消费结构不断优化，服务消费比重不断提高，而非物化的服务消费较少消耗自然资源和污染环境，从而使得消费对生态环境的压力和侵害相应减少。以中国为例，2019 年中国人均 GDP 已突破 1 万美元，已超过环境库兹涅茨曲线的拐点收入水平，因此，从大概率上讲，未来随着中国经济继续发展、人均收入水平提升，消费结构继续优化，生态环境状况必然会不断改善，消费的生态正义会不断得到促进。

最后，经济发展为促进消费的人本正义奠定了物质基础。（1）经济发展、财富增加，政府可能加大救济穷人的力度，使穷人得以保障生存权，因而促进了消费的人本正义。要确保人的生存权，必须使人拥有"基本品"（Primary good）。罗尔斯把 Primary good 看作一个社会成员所需要的基本物品和条件，是个人权利、自由与机会以及财富与自尊的社会基础。仍以中国为例，中国贫困人口由 1978 年的 7.7 亿人减少到 2018 年的 1660 万人，成为第一个完成联合国减贫目标的发展中国家；2020 年，中国已实现全面小康，解决了绝对贫困问题，确保每一个中国人的基本消费权即基本生存权。这背后依托的是中国经济快速发展，是新中国成立 70 多年特别是改革开放以来 40 多年的巨大经济成就。（2）经济发展、财富增加，使得消费不断升级，精神消费不断增加。消费升级主要表现为消费结构的变化，从基本生活必需品升级到家电等耐用消费品、家用汽车等物质消费，再升级到服务消费、精神消费。经济发展促进精神消费的机理，可以从精神产品的供求两个方面来分析：一方面，经济发展导致闲暇和自由支配时间增加，促进了科学与音乐、绘画、戏剧、小说、诗歌等文学艺术产品的生产，形成了精神产品的供给，"创造可以自由支配的时间，也就是创造产生科学、艺术等的时间"①；另一方面，经济发展导致消费者的收入和购买力增加、闲暇和自由支配时间增加，产生了精神产品的需求。根据消费的人本正义内涵，精神消费不断增加的过程，就是消费的人本正义不断促进的过程。

第三节　制度改进：消费正义的经验方案

有句名言说："好的制度能让坏人干不了坏事，不好的制度能让好人变坏。"这句话反映了制度的极端重要性。且不说人的本性是善还是恶（况且人的本性好坏也是会变的），但人的欲望是无限的，只有依靠制度明晰每个人的责权利，再加上一套组织制度去监督，这样才能人尽其能，才能让人性恶的一

---

① 《马克思、恩格斯文集》第 8 卷，人民出版社，2009 年，第 86 页。

面无处发挥。阿马蒂亚·森说得好："任何公正理论都必须将制度的作用置于重要地位。由此，任何有关公正的合理分析都必须将制度选择作为其核心要素。"① 制度的种类、层级、内容繁多，对于消费正义而言，国家层面的环境领域、经济领域、社会领域的政策和法律法规等制度会直接影响到消费的生态正义、社会正义和人本正义。

制度改进会促进消费的生态正义。在世界环境保护大趋势下，各国的环境政策和法律等制度改进会促进消费的生态正义，这些制度改进主要体现在：（1）环境标准不断提高、环境政策日趋严厉。例如，欧盟汽车废气排放标准不断提高，从 1992 年开始实施欧Ⅰ标准、一直提升到 2013 年的欧Ⅵ标准（见表 8-2），使得单位汽车一定里程的污染排放强度、排放量不断降低，极大地有利于生态环境保护，这意味着降低了消费对生态环境的侵害，促进消费的生态正义。（2）财税政策转向。不少国家曾经用税收减免或直接补贴等方式支持对生态环境有害的产品生产和消费，包括汽车、能源、采矿、木材等②，例如，英国补贴其汽车产业，加拿大补贴其铝冶炼厂，随着环境保护运动的深入，上述政策或已降低力度或已消除。（3）价格政策转向：由环境成本外在化政策转向内在化政策。曾经，不少国家无视自然资源的生态价值，在土地使用、森林和矿产资源出售的价格中并没有包含生态价值，或者说并没有包含由于土地使用、森林砍伐、矿产开采等生产和消费活动对人类健康和生态系统的损害，这就是环境成本外在化。如果说，财政补贴和减税属于"明补"，那么环境成本外在化则是"暗补"。但从 20 世纪 80 年代末期开始，欧盟、日本等不少地区已通过征税、交费等形式把生产和消费自然资源的环境成本逐渐内在化。例如，经济合作与发展组织（OECD）国家在 1972 年就开始把污染者支付原则（PPP，Polluter-Pays-Principle）作为环境政策的经济原则③；20 世纪 80 年代初开始，OECD 各国逐渐实施排污收费、产品收费（主要针对汽车交通、

---

① 阿马蒂亚·森：《正义的理念》，中国人民大学出版社，2012 年，第 74 页。

② Mark Kosmo, *Money to Burn? The High Cost of Energy Subsidies*, Washington, D. C.: Worldwatch Institute, October 1991.

③ 经济合作与发展组织：《环境管理中的经济手段》，中国环境科学出版社，1996 年，第 4 页。

化石燃料、化肥、电池、包装等）、押金—退款制度、可交易许可证等制度①。
到了1992年，联合国《里约环境与发展宣言》"原则16"明确指出："考虑到
污染者原则上应承担污染费用的观点，国家当局应该努力促使内部负担环境费
用"②，自此，环境成本内在化逐渐成为各国共性的制度。

表8－2 欧洲卡车和公共汽车废气排放标准

标准等级	开始实施日期	一氧化碳（CO）	碳氢化合物（HC）	氮氧化物（NO$_X$）	悬浮粒子（PM）	烟雾
欧洲Ⅰ号	1992年	4.5	1.1	8.0	0.36	无标准
欧洲Ⅱ号	1996年10月	4.0	1.1	7.0	0.25	无标准
	1998年10月	4.0	1.1	7.0	0.15	无标准
欧洲Ⅲ号	1999年10月（EEV）*	1.0	0.25	2.0	0.02	0.15
	2000年10月	2.0	0.66	5.0	0.1	0.8
欧洲Ⅳ号	2005年10月	1.5	0.46	3.5	0.02	0.5
欧洲Ⅴ号	2008年10月	1.5	0.46	2.0	0.02	0.5
欧洲Ⅵ号	2013年1月	1.5	0.13	0.5	0.01	—

注：*EEV 是 Enhanced environmentally friendly vehicle 的缩写，意为"环境友好型汽车"，这个法律
仅在部分欧洲国家实行。

要注意的是，无论是征税还是收费都不应该以增加政府收入为目的，"绿
色税的主要功能并不是为政府增加收入，而是为市场参与者提供有关成本的准
确信息。当然，尽管以上的两个目的都达到了，但是其内在目的是消除无节制
地追逐更低价格而造成的扭曲，并向买主揭示真正的成本。"③ 保罗·霍肯指

① 经济合作与发展组织：《环境管理中的经济手段》，中国环境科学出版社，1996年，第61－
107页。
② 中国环境报社：《迈向21世纪——联合国环境与发展大会文献汇编》，中国环境学科出版社，
1992年，第31页。
③ 保罗·霍肯：《商业生态学——可持续发展的宣言》，上海译文出版社，2001年，第190页。

出，为了保证公众能够理解绿色税、费的目的不是增加国家的收入，绿色税、费必须中立于收入之外：绿色税、费的征收每增长 1 美元，应该相应地同等减少收入税和工资税。

制度对消费行为低碳化的影响已得到了研究证实。例如，芬兰是碳足迹比较高的国家，而赫尔辛基城市圈被认为是该国碳足迹最高的地区。该地区在 2007 年发布了大规模的减排政策，并制定了减排目标：2030 年温室气体排放量比 1990 年降低 39%。2012 年修订版制定新的目标：2050 年实现碳中和。为评估政策实施效果，来自芬兰和冰岛的研究人员运用芬兰家庭预算调查和环境扩展投入产出分析（EEIO）方法研究了赫尔辛基城市圈的家庭消费碳足迹，并分析了不同城区类型碳足迹变化的差异性。研究结果表明，虽然该地区 2006~2012 年的平均碳足迹呈现下降趋势。该项研究分析了赫尔辛基城市圈中六种不同城区类型的碳足迹变化，城区类型包括中心步行区、中心步行区外围、集中公共交通区、公共交通区、汽车专区以及副中心步行区。研究结果显示，2006~2012 年，虽然消费支出间增加了 1%，但是平均碳足迹减少了 7%，其中住宅能耗和汽车油耗造成的排放量下降幅度最大。在各城区中，赫尔辛基城市圈最外层的公共交通区和汽车专区减排量最大，清洁电力和提高建筑物能效有很强的减排效果。①

制度改进会促进消费的社会正义。根据消费的社会正义内涵，高消费阶层与低消费阶层之间消费差距过大以及消费外部性的存在，是典型的非正义消费。综观当今世界，各国促进消费的社会正义的制度主要是两类：一类是收入调节制度，因为消费是收入的函数，收入变化必然引起消费变化。因此，世界各国都会出台收入调节制度（无论是以法律形式出现还是以政策形式出现），尽管各国的收入调节方式（补贴或征税：对低收入者采用补贴、对高收入者征税）、调节范围（补贴或征税的人群范围）、调节力度（补贴额度、税率高低）等都不尽相同，但"劫富济贫"是各国收入调节制度的共性准则。另一类是削减消费外部性、直接调节消费领域社会关系的制度。消费外部性是指一个主体的消费行为对另一个（或另一些）主体所产生的非市场性影响；消费

① Juudit Ottelin；Jukka Heinonen；Seppo Junnila；JCLP 期刊 Volume 170, 1 January 2018, Pages 1523 – 1535. https：//doi. org/10. 1016/j. jclepro. 2017. 09. 204.

外部性的存在本质上是非正义的，而且市场不能自行解决，因而往往需要政府制度干预。例如，针对养狗等宠物消费所带来的外部性问题，美国有关制度有细致规定，其中关于犬主人的责任与义务包括：必须向当地政府指定的动物保护部门领取执照；必须定期为狗注射狂犬疫苗，并视情况为同狗接触多的家庭成员接种疫苗；禁止用散养的办法饲养，必须关在庭院中和房间里；饲养恶犬的主人必须购买 10 万美元的保险，以备他人在不幸被狗咬伤时能支付赔偿费。此外，美国《妨碍公共利益法》禁止不间断狗吠，尤其是在夜深人静时的连续狗吠；狗主人在遛狗和带狗外出时要及时清理狗的粪便。上述制度很大程度上削减了养狗消费中的负外部性，调节了消费领域的社会关系，维护和促进了消费的社会正义。

制度改进会促进消费的人本正义。人是肉体生活和精神生活的统一体。一方面，人的肉体生活离不开自然界，人需要通过物质消费与自然界进行物质与能量的交换；因此，消费的人本正义，首先就是要保障人的肉体生存，生存权是第一位的。生存权对穷人来说就是最重要的人权（对于富人来说，不存在生存权能否得到保障问题）。以典型的英国《济贫法》为例，如果说 1601 年出台的《伊丽莎白济贫法》（俗称旧《济贫法》）主要出于恩赐性，那么 1843 年出台的《济贫法修正案》（俗称新《济贫法》）则主要出于权益性。尽管《济贫法》的具体形式已经被废除，各国已普遍实施现代社会保障制度，但隐含在新《济贫法》中的理念——核心就是保障穷人的生存权——仍然深植于现行的法律和实践中。"从济贫法到现代保障立法的转变从根本上是立法理念的转变，是从恩赐到人道主义，再到人权观点的转变"①。这种制度改进确保了穷人的生存权和消费权，因而促进了消费的人本正义。另一方面，人又需要精神生活，需要精神消费，而且只有人的精神消费才真正体现人的本质。因此，消费的人本正义说到底就是必须在物质消费的基础上充分体现精神消费，实现物质消费与精神消费的平衡。在当前发达国家和绝大多数发展中国家物质消费基本满足甚至过度的情形下，为促进消费的人本正义，关键就在于促进精神消费。事实上，各国也在努力引导或鼓励精神消费、教育消费、休闲消费，

---

① 彭湖湾：《论英国济贫法演变史》，载于《法制与社会》2013 年第 8 期（下），第 1 页。

并促成了消费行为的变革。在英国、德国、荷兰、挪威、印度等许多国家，有越来越多的人尝试追求一种"非消费的人生哲学"①；在美国，至少从20世纪90年代初开始，舆论已经转向反对物质消费主义，消费者逐渐从疯狂购物转向减少购物，转而崇尚和践行简约消费、追求精神消费等非物质的满足。②

从较长历史时期看，人类的认知必然是进步的、经济必然是发展的、制度必然是改进的，因而消费正义必然是不断进步的，这是历史趋势；但这种发展和进步并不是线性的，在发展和进步的必然性中总会有偶然因素、突发事件的影响，因而，消费正义的进步过程可能是曲折的。从哲学上说，就是事物发展总是曲折的、是螺旋形发展的。

最后说明两点：（1）科学技术是一个非常重要的影响消费正义的因子，但科学技术不是一个独立的、直接的影响因子，而是渗透在认知进步、经济发展、制度改进等领域中，即科学技术进步带来认知的进步、经济的发展、制度的改进，并进而促进消费正义。正因为科学技术不是一个独立的、直接的影响因子，因此本书并未单独分析。（2）上面所述的人类认知进步、经济发展、制度改进，这一切只是宏观方面的条件，仅仅是为消费正义的实现创造了条件或提供了可能性，并非一定能实现消费正义。实现消费正义，尚需要其他主客观条件，特别需要消费者个体微观消费理念与消费行为的变革。

---

① Pierre Pradervand, independent researcher, Geneva, Switzerland, *private communication*, July 14, 1990; Groupe de Beaulieu, *Construire L'Esperance*, 1990.

② Amy Saltzman, "The New Meaning of Success", *U. S. News & World Report*, September 17, 1990.

第九章

消费正义：路径何在

我们要为我们的所作所为负责。人类的各种非消费正义危害社会、危害自然甚至危害自身，因此，人类必须为自身的行为负责，必须寻找实现消费正义的路径。本章试图从消费的社会正义、生态正义、人本正义角度寻求促进消费正义的路径。

第一节 促进消费的社会正义的路径

消费是收入的函数，本书前面已述，收入贫富差距过大严重影响消费的社会正义，"社会正义最大的敌人仍然是巨大的财富不平等及其增长趋势"①，因此，推进消费的社会正义首先就要改变收入分配结构。但是，收入的分配结构背后原因则是机会均等问题，特别是工作机会、受教育机会等。此外，在现代国家，消费又与政府提供的公共物品多寡高度相关。基于此，促进消费的社会正义基本上可以从收入分配、机会均等、公共物品三个方面着手。

一、调整收入分配

当今世界，市场经济已彻底占据主导地位。然而，市场经济会产生收入和

---

① 布莱恩·巴利：《社会正义论》，江苏人民出版社，2012年，第241页。

财富分配的不平等，这种不平等根源于不同人由于教育、家庭背景、个人能力、努力程度甚至运气等差异而导致对资源的不同利用。但无论如何，一旦有了收入不平等产生，由于马太效应（较高收入的人能接受较好的教育和较好的身体素质，接受较好教育和较好身体素质又使得他能拥有较好的工作、较多的投资机会和较高的投资成功率，进一步又使得他有更高的收入）致使这种不平等会越来越大，市场机制自身无法为那些低收入而生活在贫困线以下的人提供支持，即得不到"承认"——因而是非正义的，所以往往需要政府通过税收和财政转移支付来加以调节，这一点也是公认的。

税收是调节收入的重要举措。税收通过两种途径调节收入、缩小贫富差距，一是向富人征税，减少富人的富裕程度——而且一般按照累进税征收即收入越高者纳税越多（见表9－1）；二是向穷困者提供收入，提高穷人的收入水平。当然，通过向富人征税，并把税收通过国家的财政政策直接转移支付给穷人，即进行收入领域的"削峰填谷"，那就同时具有上述两种功能。

表9－1 中美个人所得税税率

级数	中国 2020 年税率标准		美国 2020 年税率标准	
	全年应纳税所得额	税率（％）	年收入	税率（％）
1	不超过 36000 元的部分	3	个人收入在 9875 美元及以下（夫妇收入 19750 美元及以下）	10
2	超过 36000 元至 144000 元的部分	10	个人收入 9876～40125 美元（夫妇收入 19751～80250 美元）	12
3	超过 144000 元至 300000 元的部分	20	个人收入 40126～85525 美元（夫妇收入 80251～171050 美元）	22
4	超过 300000 元至 420000 元的部分	25	个人收入 85526～163300 美元（夫妇收入 171051～326600 美元）	24
5	超过 420000 元至 660000 元的部分	30	个人收入 163301～207350 美元（夫妇收入 326601～414700 美元）	32
6	超过 660000 元至 960000 元的部分	35	个人收入 207351～518400 美元（夫妇收入 414701～622050 美元）	35
7	超过 960000 元的部分	45	个人收入超过 518400 美元（夫妇收入超过 622050 美元）	37

各种对低收入者的补贴一定程度上能缩减贫富差距。例如，一般而言，残疾人无法用自身劳动获得收入或者获得的收入相对较低，因此，无论一个国家的收入水平如何，残疾补贴都会使残疾人和健康人之间的收入差距缩小，从而在经济地位上趋于平等。

二、促进机会均等

"从概念上来说，机会均等原则是非常容易理解的，一个人的出生背景与其一生的机会没有关系就可以理解为机会均等。"[1] 前面说过，收入的分配结构背后原因则是机会不均等问题：富人有更多的机会、依靠明智的选择更好地抓住了机会，而穷人机会少，或者在机会来临时选择不明智因而没有抓住机会。这种机会包括投资的机会、工作的机会、受教育的机会等。

追求消费正义就必须关注就业机会。机会是指通过自身的选择和努力获取某物的能力。对于绝大多数人来说，大规模投资的机会不多，消费的背后是收入，而收入的背后就是就业机会，因此，研究消费正义需要关注就业机会的平等。从就业角度上说，"机会平等就是最有资格的人得到职位"[2]，即让最合乎岗位能力的人获得职位，所以，如何公正地筛选出最有资格的人得到其职位就成为机会平等的关键。然而，正是在这方面，社会经常有失公平正义。首先，公布职位时往往附带某种资格条件（例如学历、职业资格等条件，甚至还有婚姻和性别等歧视性条件），这可能使得最有资格的人或者最合乎岗位能力的人因为不符合某些条件而事先被出局，根本没有机会进入就业面试。其次，进入面试环节后，受面试者的各种"技巧"往往会很大程度上影响面试结果。"在对职位面试的各种研究中，调查者已经发现，有前途的受雇佣者在不足一分钟的时间之内就赢得了良好的印象。"[3] 在具备同样的能力和潜质时，面试往往更加有利于中产阶层的申请者而不利于下层阶层的申请者。"研究者强

---

① 世界银行：《公平与发展：2006－2007 世界发展报告合订本》，清华大学出版社，2013 年，第 19 页。

② 布莱恩·巴利：《社会正义论》，江苏人民出版社，2012 年，第 45 页。

③ Annette Lareau，*Unequal Childhoods：Class，Race and Family Life*，Berkeley and Los Angeles：University of California Press，2003. p. 5.

调，在面试过程中，眼神接触、有力的握手以及令老板感到轻松愉快是很重要的。"① 由于这些特征具有典型的中产阶层特色，因此，从这个意义上说，面试是一种带有阶层歧视的形式。在英国，面试中往往青睐具备"良好腔调"的人——过去常常被称为"公立学校"或"牛津"腔，后来固定为播音员使用的"BBC 腔"。进一步地分析，在获得职业后，未来职业发展空间、职位的提升从而收入的水平，也会受到其所在阶层的深刻影响。

父母家庭的经济状况会影响子女的就业就学决策，例如，低收入家庭的子女，他可能会选择一项职业而不是一项带来更高收益和更高失败风险的学业，类似的案例很多。在英国，高级律师受雇于高等法庭从事起诉和辩护业务；低级律师出入低级法庭且大多受理财产转让之类的业务。作为低级律师是一项安全的职业，而且无须父母的经济支持；相比之下，高级律师每年收入极高，但在获得资格之前却是一无所获，必须得到父母的经济支持。因此，贫困家庭的孩子为了避免欠债或者为了确保能留下大学期间的生活费，宁愿选择一所学费便宜的普通高校，而不是一所收获较高的名牌高校，这种选择决策可能影响其一生。

三、提供公共物品

公共物品尤其是基本公共物品是每一个人生活所必需的，如果这些公共物品也需要按照市场价格购买才能消费，那么有的人却可能因为缺乏足够的支付能力而无法获得，也就意味着作为人的基本生存权利就得不到"承认"——这种主张最早可以追溯到伊丽莎白时代的《济贫法》（见专栏 9 - 1）。从实践中看，世界许多国家在历史上都存在贫困人口，他们连最基本的消费品都购买不起。

专栏 9 - 1　伊丽莎白时代的《济贫法》

1601 年英王室通过了一个新法案：《济贫法》。作为英国第一个重要的济

---

① Annette Lareau, *Unequal Childhoods*: *Class*, *Race and Family Life*, Berkeley and Los Angeles: University of California Press, 2003. p. 5.

贫法，它不仅是这一法律制度的发端，而且为这一法律制度的发展确定了基本原则，因此也被称为世界上最早的社会保障法。

根据《济贫法》，治安法官有权以教区为单位管理济贫事宜、征收济贫税及核发济贫费。救济办法因人而异，凡年老及丧失劳动力的，在家接受救济；贫穷儿童则在指定的人家寄养，长到一定年龄时送去作学徒；流浪者被关进监狱或送入教养院。

这一法律遵循的基本原则就是，让那些没有工作能力的人，如孤儿、无人赡养的老人和身体残疾的人，得到救济或赡养；给那些有劳动能力的人一份工作，让他们能够以此谋生。

在第二次世界大战以后，一些关于社会正义的思想得到了比较广泛的赞同，一定程度上达成了共识，许多国家不断增加公共物品的供给。"统一的高质量①教育和卫生服务应该得到普遍供给，以便所有人都能够平等地获得它们，从而消除'给付能力'（ability to pay）的市场标准。虽然住房问题没有同样提到议程上来，但人们普遍承认它是一个十分重要而不应该留给市场力量解决的问题，虽然干预可能采用不同的形式。"② 第二次世界大战以来，许多国家特别是所谓那些"福利国家"，已经基本实现了上述目标，确保每个人都能享受到基本的生活资料和服务。

因此，政府应当尽量提供公共物品，特别是政府应当向全体居民提供基本的医疗、教育等，诸如免费医疗、免费上学，或者至少提供低价的基本医疗和低价的初等中等教育，这就能避免穷人家庭读不起书、看不起病。实际上，所有人都享受的"特权"已不再是"特权"，而是平权、平等。所以，政府向全体居民提供基本公共物品，这种普遍受益会消除"我们"和"他们"之间的区别，缩小穷人和富人的消费差距。总之，政府通过提供低价甚至免费的基本公共物品，一定程度上能缩小贫富消费差距，从而提升消费的社会正义性水平。

促进消费的社会正义，不仅需要各国政府，有时候还需要各国政府间合作甚至全球合作，因为有些物品是全球性公共物品，并非单个国家能够提供。

---

① "高质量"物品和服务与"基本"物品和服务，这两者并不矛盾，前者反映的是品质的高低，后者反映的是需要层次的高低。换言之，提供"基本"物品和服务并不等于提供劣质的物品和服务。

② 布莱恩·巴利：《社会正义论》，江苏人民出版社，2012年，第6页。

促进消费的社会正义，除了政府、国际组织应当积极作为以外，还需要我们每一个人积极作为。联合国为了实现其《2030年可持续发展目标报告》提出的"变革世界的17个目标"之目标1即"无贫穷"的目标，对我们不同角色人的参与行为作出了明确的指引（见专栏9-2）。

专栏9-2 为了消除贫穷，"我可以做什么？"①

如果你是一个年轻人：积极参与政策制定有助于解决贫穷。这样可以确保你的权利得到促进、你的声音得到聆听；确保代际知识得以分享；确保鼓励各年龄段的人的创新和批判性思考，以便支持人们生活和社区的转型变革。

如果你是政策制定者：政府可以帮助营造为贫穷和边缘化群体提供生产性就业和工作机会的有利环境，以及制定鼓励扶贫性增长和减少贫穷的战略和财政政策。

如果你在私营部门工作：作为经济增长的引擎，私营部门在决定它所创造的增长是否具有包容性，并且是否有助于减少贫穷方面发挥着主要作用。通过关注大多数贫民活跃的经济领域，即关注小微企业和在非正式部门开展业务的企业，私营部门可以促进为贫民提供经济机会。

如果你是科学和学术界成员：学术界和教育界在提高人们对贫穷影响的认识方面发挥了主要作用。科学为各种新的和可持续做法、解决办法和技术提供基础，以便应对减少贫穷和实现可持续发展的种种挑战。科学对消除贫穷具有显著作用。例如，使人们能够获得安全饮用水、减少水传播疾病造成的死亡，以及改善卫生状况，以降低与不安全饮用水和缺乏卫生设施相关的健康风险。

第二节 促进消费的生态正义的路径

促进消费的生态正义，要求消费行为向绿色环保转型，使消费行为对生态

---

① 有关目标1和其他可持续发展目标，http：//www.un.org/ sustainabledevelopment，访问日期：2019-08-01。

环境的影响最小化。消费行为绿色化转型，这是一个十分复杂的过程，涉及到消费者个人的观念更新，需要政府制度创新甚至全球性的制度创新安排，因此往往需要漫长的过程。中国2016年发布的《关于促进绿色消费的指导意见》，从培育绿色消费理念、践行绿色生活方式和消费模式、推进公共机构带头绿色消费、增加绿色产品和服务供给、开展全社会反对浪费行动、健全绿色消费长效机制等方面对绿色消费提出了明确要求，其中提出的"践行绿色生活方式和消费模式"对于公众消费行为提出了具体的指导（见专栏9-3）。同时，生态环境问题又是一个综合性的问题，涉及全球变暖（碳排放）、水污染、空气污染、森林锐减、海洋污染、化石资源消耗过快等多个领域，而每一个领域又有其不同特性，因此，促进消费的生态正义就需要针对不同领域采取不同策略。

专栏9-3 践行绿色生活方式和消费模式

倡导绿色生活方式。合理控制室内空调温度，推行夏季公务活动着便装。开展旧衣"零抛弃"活动，完善居民社区再生资源回收体系，有序推进二手服装再利用。抵制珍稀动物皮毛制品。推广绿色居住，减少无效照明，减少电器设备待机能耗，提倡家庭节约用水用电。鼓励步行、自行车和公共交通等低碳出行。鼓励消费者旅行自带洗漱用品，提倡重拎布袋子、重提菜篮子、重复使用环保购物袋，减少使用一次性日用品。制定发布绿色旅游消费公约和消费指南。支持发展共享经济，鼓励个人闲置资源有效利用，有序发展网络预约拼车、自有车辆租赁、民宿出租、旧物交换利用等，创新监管方式，完善信用体系。在中小学校试点校服、课本循环利用。

鼓励绿色产品消费。继续推广高效节能电机、节能环保汽车、高效照明产品等节能产品，到2020年，能效标识2级以上的空调、冰箱、热水器等节能家电市场占有率达到50%以上。加大新能源汽车推广力度，加快电动汽车充电基础设施建设。组织实施"以旧换再"试点，推广再制造发动机、变速箱，建立健全对消费者的激励机制。实施绿色建材生产和应用行动计划，推广使用节能门窗、建筑垃圾再生产品等绿色建材和环保装修材料。推广环境标志产品，鼓励使用低挥发性有机物含量的涂料、干洗剂，引导使用低氨、低挥发性有机污染物排放的农药、化肥。鼓励选购节水龙头、节水马桶、节水洗衣机等节水产品。

扩大绿色消费市场。加快畅通绿色产品流通渠道，鼓励建立绿色批发市场、绿色商场、节能超市、节水超市、慈善超市等绿色流通主体。支持市场、商场、超市、旅游商品专卖店等流通企业在显著位置开设绿色产品销售专区。组织流通企业与绿色产品提供商开展对接，促进绿色产品销售。鼓励大中城市利用群众性休闲场所、公益场地开设跳蚤市场，方便居民交换闲置旧物。完善农村消费基础设施和销售网络，通过电商平台提供面向农村地区的绿色产品，丰富产品服务种类，拓展绿色产品农村消费市场。

绿色消费涵盖内容十分广泛，本书不可能面面俱到，下面主要针对减少消费领域的碳排放问题进行阐述。

首先，是通过控制各国碳排放量以控制全球碳排放总量。全球碳排放量为什么要控制？因为全球碳排放量增加是地球遭遇酷暑、严寒、猛烈风暴等极端气候问题以及海平面上升等问题的根源。联合国的目标是使 21 世纪末全球气温上升幅度控制在高于 1750 年工业化前 2 摄氏度以内。联合国政府间气候变化专门委员会主席拉金德拉·帕乔里指出，要达到这个目标，全球温室气体排放到 2050 年必须削减至目前水平的 40% 至 70%[1]。要控制全球碳排放量就必须控制各国的碳排放量，而要控制各国碳排放量，采用各个国家碳排放配额也许是一个重要路径。

不同类型的国家控制碳排放总量应该存在不同的路径。一国碳排放总量等于人口与人均碳排放量的乘积，因此，一国要控制或降低碳排放量，或者是控制人口，或者是控制人均碳排放量，或者两者同时进行。从实践上看，发达国家重点在于降低人均碳排放量，因为发达国家的人口基本保持稳定甚至不少国家已进入负增长状态。而发展中国家的重点在于控制人口增量，特别是人口增长快的那些国家，因为绝大多数发展中国家的人均碳排放量远低于发达国家。但是，我们必须看到这个趋势：发达国家人均碳排放已趋于下降状态，而发展

---

[1] 联合国目标：本世纪末全球气温升 2 摄氏度以内，http：//www.tanpaifang.com/ditanhuanbao/2014/1207/40624.html。

中国家的人口却整体上还处于增长状态。

但这绝对不能是发达国家推卸"碳减排"责任的借口。美国学者斯密（Smith）早在1992年指出，温室气体排放引起全球变暖是因为地球暴露于这些气体之中造成的后果，但瞬时排放强度对于变暖的作用相对较小，讨论各国的责任最好是比较按时间累计的历史总排放量。1997年，巴西政府提出的"巴西案文"给出了累计排放的概念，该案文估算了不同国家地区的排放源对全球气候变化的相对贡献，强调由于温室气体在大气中有一定的寿命期，全球气候变化主要是发达国家自工业革命以来200多年间温室气体的排放造成的。近20年来，虽然发达国家的碳排放总量和人均排放量都有缓慢下降趋势，但是从人均历史累积碳排放的角度看，从1900年起，发达国家一直高于发展中国家①，这表明发达国家在历史碳排放问题上负有更大责任，因此在现实碳减排问题上同样应当负更大责任。

当然，在碳排放配额下，如果有的国家的碳排放额度不够，也可以向碳排放额度有剩余的国家购买，这就会形成一个自发的碳交易市场。如果购买需求不断增加，则导致碳排放的单位配额额度的价格不断上升，这一方面会减少对碳排放配额的需求从而抑制价格上升，另一方面会导致替代能源的加速开发，促进可再生能源替代矿物燃料，这就会增加能源供应从而也会抑制碳排放配额的价格上升。反之，如果碳排放购买配额需求不断下降，则会产生相反的效应。因此，碳排放交易市场，在供求、价格等方面也存在一种自动调节机制。

其次，可以尝试对单个消费者实施碳排放配额。本着公平正义的原则，这种配额的分配方式应当是每人平均的。在第二次世界大战期间，英国生活物资极度匮乏，为让每一个人都有生存机会，采取对生活消费品每人平均配额的方式，使少量的食物等生活资源能保障人最低限度的生存需要，防止富人过分地、不恰当地占有生活消费资料。布莱恩·巴利指出："那时②，最重要的是衣食，而现在最重要的是碳的需求。明显公平的方法是——而且也是唯一能够接受的——给所有成年人等量的份额，儿童则根据年龄获得较少的补贴。"③

---

① 戴君虎等：《人均历史累积碳排放3种算法及结果对比分析》，载于《第四纪研究》2014年第4期。
② 指英国第二次世界大战时。
③ 布莱恩·巴利：《社会正义论》，江苏人民出版社，2012年，第318－319页。

布莱恩·巴利甚至建议，取走归于个人消费（家用的、旅行的等）的碳排放的一半，发给每人一张智能卡（smart card），在每次产生碳排放的交易时则在每年的个人配额中进行相应的扣除。当然，富人可以通过碳排放交易市场购买配额以增加相关消费，但应当受到比较严格的限制，以避免在碳排放领域形成较大的贫富差距，从而防止出现新的非消费正义。

在家庭消费碳排放的构成中，交通出行、住宅的能源使用以及食品是家庭碳排放的主要的来源，而高收入群体往往居住在更宽大的住宅，有更多的出行且出行时更多依靠私人汽车、飞机而不是公共交通，消费更丰富更精致的深加工食品因而能耗更高。因而，富人更加需要实施低碳消费，这不仅是因为他们的碳排放量更多，还在于富人消费具有很大的消费示范效应，富人能给其他低收入人群产生带来消费示范。

再次，需要积极发挥国际组织的作用甚至需要新成立专门的国际组织。在生态环境保护这一问题上，地球是一个整体生态系统，因此需要世界上每一个人、每一个国家共同努力，在这一过程中，国际经济组织发挥着极其重要的作用。现行的三大国际经济组织中，国际货币基金组织（IMF）、世界银行几乎完全掌握在美国为首的富裕国家手上。按照不成文的规定，IMF 总裁一般由欧洲国家人员担任，世界银行行长一般由美国人担任（见表 9－2），这明显是不公平的；而 WTO 决策时虽然要求所有国家全体一致，但磋商拖沓。因此，"必须有一个全新的世界权威机构，替代 IMF、世界银行以及 WTO，这一机构拥有在某些方面具有代表性的宪法。"[1] 当然，正如布莱恩·巴利所说，最根本的问题是，新的组织必须将人口、可再生资源以及全球变暖的问题为其核心使命，其他经济贸易和援助问题等必须从属于上述核心问题。

表 9－2　　　　　　　　　　　历任 IMF 总裁及其国籍

任期	姓名	国籍
1946 年 5 月～1951 年 5 月 6 日	卡米尔·盖特	比利时
1951 年 8 月～1956 年 10 月	伊凡·罗斯	瑞典
1956 年 12 月～1963 年 5 月 5 日	皮尔·杰克布森	瑞典

[1]　布莱恩·巴利：《社会正义论》，江苏人民出版社，2012 年，第 319 页。

续表

任期	姓名	国籍
1963 年 9 月 1 日 ~ 1973 年 9 月 1 日	皮埃尔－保罗·斯切威泽	法国
1973 年 9 月 1 日 ~ 1978 年 6 月 17 日	约翰尼斯·维特芬	荷兰
1978 年 6 月 17 日 ~ 1987 年 1 月 16 日	雅克·德拉罗西埃	法国
1987 年 1 月 16 日 ~ 2000 年 2 月 14 日	米歇尔·康德苏	法国
2000 年 5 月 1 日 ~ 2004 年 3 月 4 日	霍斯特·克勒	德国
2004 年 3 月 4 日 ~ 2004 年 5 月 4 日	安妮·克鲁格（署任，非正式）	美国
2004 年 5 月 4 日 ~ 2007 年 11 月 1 日	罗德里戈·拉托	西班牙
2007 年 11 月 1 日 ~ 2011 年 5 月 19 日	多米尼克·斯特劳斯－卡恩	法国
2011 年 5 月 19 日 ~ 2011 年 7 月 4 日	约翰·利普斯基（署任，非正式）	美国
2011 年 7 月 5 日 ~ 2016 年 7 月 4 日	克里斯蒂娜·拉加德	法国
2016 年 7 月 5 日 ~ 2019 年 7 月 1 日	克里斯蒂娜·拉加德（连任）	法国
2019 年 7 月 2 日 ~ 2019 年 9 月 30 日	戴维·利普顿（署任，非正式）	美国
2019 年 10 月 1 日开始	格奥尔基耶娃	保加利亚

资料来源：笔者整理而得。

最后，要改变消费者的观念，增强消费者的生态消费意识。前面提到的，无论是对国家碳排放实施配额，还是对消费者碳排放实施配额，国家和消费者均是被动的。世界自然保护同盟（IUCN）、联合国环境规划署（UNEP）、世界野生生物基金会（WWF）合编的《保护地球——可持续生存战略》说得好："在争取可持续的社会中，每个人都是参与者，不存在什么'旁观者'或'运动对象'。"① 只有当消费者在观念上意识到自身的消费行为可能对生态环境造成的危害，才会使消费者主动地实施绿色消费，使自身的消费行为向着绿色方面转型。例如，当小轿车驾驶者意识到小轿车驾驶上下班比乘公共交通工具上下班有更多的碳排放或污染排放时，他才有可能主动放弃开车而乘坐公共交通。同样，当消费者意识到乘机空中旅行相比较其他旅游方式（例如乘火车）不仅会排放更多的碳、而且直接把二氧化碳排放在上层大气层中因此危害更大时，才能让消费者自觉地减少乘机旅行。

---

① 世界自然保护同盟等：《保护地球——可持续生存战略》，中国环境科学出版社，1992 年，第 41 页。

对于不同的消费品和服务类型，人们转移到低碳消费的意愿以及价格弹性是不同的。对于像供电、供暖这一类生活必需品消费，价格弹性较低，采用价格手段来促进节能、减碳行为的效果不大，不能更好地促进大家对于节能产品的使用。因此更需要依靠教育来增强消费者的低碳消费意识，例如通过向消费者展示自身或他人具体消费行为的碳排放数字等直观的方式来进行干预，能够很好地传递低碳、节能环保的社会规范信息，往往可以起到较好的促进低碳消费行为的效果。

第三节　促进消费的人本正义的路径

根据马克思主义基本理论，人的本质是社会性，这种社会性特别需要通过精神消费来实现。因此，促进消费的人本正义，一方面，应当增加精神消费，使消费者身心平衡发展；另一方面，应当削减以物质消费为重要特征的消费主义。

首先，应当努力增加精神消费，促进人的全面发展。（1）应当充分认识到精神消费的重要性。恩格斯指出，在社会主义社会"不仅进行大规模生产以充分满足全体社会成员富裕的消费和造成充实的储备，而且使每个人都有充分的闲暇时间从历史上遗留下来的文化——科学、艺术、交际方式等——中间承受一切真正有价值的东西；并且不仅是承受，而且还要把这一切从统治阶级的独占品变成全社会的共同财富和促使它进一步发展。"① 恩格斯在这里对社会主义促进精神消费、建设精神文明提出了重要历史使命，甚至放到和物质文明建设同等地位。退一步讲，即使为了发展物质文明、促进经济增长，同样必须依靠精神消费。马克思认为，为了劳动力的再生产，"工人必须有时间满足精神的社会的需要，这种需要的范围和数量由一般的文化状况决定。"② 而且，人的精神劳动产品尤其是科学技术的发明和运用能产生巨大的物质生产力，"科学这种既是观念的财富同时又是实际的财富的发展，只不过是人的生产力

---

① 《马克思、恩格斯选集》第2卷，人民出版社，1995年，第479页。
② 《马克思、恩格斯全集》第23卷，人民出版社，1972年，第260页。

的发展……所表现的一个方面，一种形式。"① 事实上，当代科学技术和生产力的现代化，越来越使劳动者的文化科学素质成为生产力提高的决定性因素，而劳动者文化科学技术的提高主要就是通过消费精神产品尤其是在消费文化科学技术方面的精神产品来实现的，劳动者创新创造发明成果和经营管理水平提升乃至劳动者心理素质的调节和提高，都是通过精神消费来实现。罗卫东教授（2001）分析了现代经济增长中精神因素的作用，他甚至提出了"精神资本"范畴，用以解释经济增长中各种实体性生产要素或一般人力资本概念无法解释的现象：精神资本乃是一种心理能量，它通过特定的价值观、道德品行、意志力和激情等精神状态表现出来。② （2）应当大力促进精神产品的供给。精神消费的范围非常广泛，凡是文化、娱乐、休闲等消费活动都属于精神消费范畴，主要包括教育消费、文化消费、科技消费、体育消费、娱乐消费、旅游消费等，而且随着社会的发展人们的文化消费范围将不断扩大。精神消费无论是采取个体形式如个人阅读、看电视，或采取群体的形式如群体性文娱活动、知识竞赛等，其消费对象都是观念性的产品或知识产品，即精神产品。精神消费的发展必须以精神产品的供给为前提，因此，必须大力发展教育培训产业、出版影视演艺动漫等文化娱乐产业、体育传媒产业、旅游产业等，发展文化消费市场，丰富文化消费业态，并加强文化产业的数字化转型以适应精神消费方式现代化。

加强精神消费，除了应当在量上增加精神消费外，还应当在质上提升精神消费，防止精神消费庸俗化、异化。

本书前面已经指出，精神消费是有很强的地域性的，因此，我国促进精神消费往往需要地方政府的努力。北京市早在 2014 年就出台了《关于促进文化消费的意见》，从培育文化消费理念、加强文化消费供给、引导文化消费行为等方面提出了明确的举措（见专栏 9 - 4）。

专栏 9 - 4　北京市促进文化消费的重点任务

加强文化消费供给。优化文化产品供给结构，打造各具特色的原创文化精

---

① 《马克思、恩格斯全集》第 46 卷（下），人民出版社，2003 年，第 34 - 35 页。
② 罗卫东：《论现代经济增长与"精神资本"》，载于《浙江大学学报（人文社会科学版）》2001年第 11 期。

品，积极汇聚世界文化艺术精品，为消费者提供更好更多的文化消费选择。通过政府购买服务、消费补贴等途径，引导和支持文化企业提供更多文化产品和服务，发展适应消费者购买能力的业务。创新文化成果转化模式，提供更有针对性的专业服务和中介服务，推动文化创作、成果转化、产业经营一体化运作。

培育文化消费理念。充分利用电视、互联网、报刊等媒体开展形式多样的主题宣传活动，营造良好的文化消费氛围，引导消费者树立科学、合理、健康的文化消费理念。支持图书出版、影视、演艺、动漫等文化企业开展文化消费进社区、进机关、进校园、进企业、进乡村等活动，满足消费者多样化、多层次的文化消费需求。支持文化企事业单位和社会组织广泛开展书法、绘画、创意作品竞赛，举办科普、欣赏、体验、阅读等活动，引导消费者养成健康有益的业余文化爱好和消费习惯。

引导文化消费行为。建设覆盖全市的文化消费信息资源共享服务平台，编制北京文化消费指南，充分利用户外宣传屏幕、文化广场、社区宣传栏等途径，加大对文化消费的宣传力度。鼓励文化企业拓展电子商务营销模式，利用微博、微信、移动互联网等方式，向消费者及时提供最新文化消费信息。

丰富文化消费业态。深入推动文化消费与信息消费融合，加快推进文化产品和服务生产、传播、消费的数字化、网络化进程，拓展新媒体文化消费。大力推进"智慧家庭"建设，加强通信设备制造、网络运营、内容服务单位间的互动合作，实现联动融合发展。充分挖掘中华民族传统节日的文化内涵，支持举办特色主题活动，丰富人民群众节假日文化消费选择，释放消费潜力。

其次，为促进精神消费，当前迫切需要削减以物质消费为重要特征的消费主义。对消费主义（consumerism）的含义，有种种不同解释。简单地说，消费主义是一种以追求和崇尚过度的物质占有或消费作为美好生活和人生目的的价值观念，以及在这种价值观念支配下的行为实践。这种消费主义占主导的社会可称为消费社会。消费主义是短缺经济时代走向过剩经济时代的产物。在人类早期，物质产品十分稀缺，节俭就成了高喊的口号，成为主流消费价值观，斯巴达人、清教徒都以简朴闻名于世。到了资本主义时期，生产力提高，从农业中逐渐释放出数十亿的劳动力并进入制造业，人类生产出了更多的服装、更多的食品，制造了更多的建筑，人类的生产一定程度上超过了需求。"现代资本主义经济如果想要存活，就得不断提高产量，就像是鲨鱼，如果不一直游动就会窒息。"① 然而，仅仅生产还不够，如果生产出来的产品卖不掉，企业就会倒闭，投资者就会破产。为了避免这种灾难，确保生产出来的产品有人购买，就出现了一种新伦理观：消费主义。因此，每当经济不振时，人们往往求助于消费主义——当20世纪90年代初期衰退冲击美国时，当时一则漫游车广告恳求道："买一些东西吧，当然我们希望你们买漫游车；但是如果不可能的话，就买一个微波炉、一只哈巴狗、一张剧票、一个滚脚筒。总之，买一些东西吧。"② 因此，消费主义是消费屈从于经济的产物。

现代科技特别是算法科技的发展，使营销更加精准，可能会对消费主义推波助澜。谷歌、脸谱、亚马逊等高科技公司通过收集数据、利用算法科技精准了解和掌握了每一个人，"事实上，脸谱网算法在某些领域对人的了解，甚至会超过那个人自己。"③在当今美国，阅读电子书的人数已经超过了阅读纸质书的人数。例如亚马逊的 Kindle 等电子书，能在阅读时收集相关数据：你的Kindle 不仅知道你在读什么书、喜欢或不喜欢读什么书、在什么时候读书，而且知道你哪里读得快、哪里读得慢，在哪里休息了一会，又是在哪一行放弃了阅读这本书，再也没有读过。如果 Kindle 再升级，装上面部识别和生物计量传感器，就能知道你读的每个句子的心情和血压。Kindle 会知道什么会让你笑、什么会让你哭、什么会让你生气。在你读书的时候，书也在读你。而且，你很快忘记了大部分你读过的内容，但亚马逊却什么都不会忘记。有了这些数据，亚马逊在以后就能精准地推送并帮你选择书籍以及相关的各种商品：电池插座、电灯照明、咖啡茶叶甚至安眠药品、夜宵食品等。类似地，在中国，只要消费者浏览过淘宝网站，那么，你需要什么商品、喜欢什么类型、讨厌哪些商品等信息，已精准记录在淘宝网系统里，并会后续不断向你精准推销相关商品。

① 尤瓦尔·赫拉利：《人类简史》，中信出版集团，2017年，第324页。
② 转引自艾伦·杜宁：《多少算够——消费社会与地球的未来》，吉林人民出版社，1997年，第75页。
③ 尤瓦尔·赫拉利：《未来简史》，中信出版集团，2017年，第306页。

消费主义有其鲜明的特征。（1）它特别重视物质消费，往往通过过度的物质占有或消费途径来满足其精神上的需要。消费主义占有或消费物质商品，有时固然是为了满足其物质上的需要，但主要的是为了满足其精神上的需要（炫耀需要和攀比需要），有时纯粹是为了满足其占有欲。正常情况下，个体为了满足生存与发展的物质消费需要是有限的、客观的，而相对而言，精神需要是主观的、无限的，因此，如果人们把其精神需要用物质的手段来满足就会发生对物质占有或消费永不满足感。例如，为了物质需要而购买服装，那么每个人在每一季节拥有 2 套至 3 套服装也许就满足了，但如果为了精神需要——例如为了追赶流行时尚而购买服装，那么有了 20 套或 30 套服装可能还是觉得不满足。也许，《华盛顿邮报》说出了其中的奥妙："如果你谈论鞋的特性，你只需一二双。如果你谈论流行样式，你就是在谈论无数双鞋子。"[1]（2）它具有象征性，是对商品象征意义的消费。消费主义除了把物质商品看成是"物质"以外，更多的是把商品看作是一种符号，一种代表身份或地位的象征，即消费主义把物质消费看作是自我表达和社会认同的主要形式，看作是高生活质量的标志和幸福生活的象征。因此，消费社会不是建立在人对物品物质效用的需求之上，而是建立在这种象征性的"符号"系统之上。洗碗机、洗衣机、电视机等家用电器在其产生初期，除了作为一种器具具有物质效用以外，还有另外一层代表地位或身份的象征意义。随着时代发展，上述家用电器逐渐普及，奢侈品成了必需品，其物质效用虽然仍然存在，但其象征效用已经消失，于是消费主义就需要另外一种或几种物质产品来取代，例如电脑、汽车乃至别墅、游艇、私人飞机等。消费主义是根据物的演变和不断替代节奏而生活着，这使得消费主义的循环永无止境。（3）它具有很强的诱导性，促使低收入阶层向高收入阶层的消费模式看齐。这是由前面两个特点自然引出的。因为，一方面，由于消费主义是通过物质的占有或消费来达到心理的满足，即通过有形的物质消费来达到其目的，作为一种"外显"的行为，其他人很容易模仿；另一方面，由于消费主义象征着一种身份和地位，所以也容易引起人们"希望社会地位上升"的欲望。凡勃仑对此曾作过精彩描述：人人都想争得荣

---

[1] Spencer S. Hsu, "The Sneaker Steps Out", *Washington Post*, July 22, 1990.

誉，人人都不放过能在消费方面表现自己的机会，结果是每个阶层的成员，总是把他们上一阶层流行的生活方式作为他们礼仪上的典型，并全力争取达到这个理想的标准。正是消费主义的诱导性特征，使得在各种传媒高度发达的社会里消费主义在世界许多国家广为传播。美国著名环保主义理论家比尔·麦克基本概括指出："消费主义是到目前为止最强有力的意识形态——现在，地球上已经没有任何一个地方能够摆脱我们的良好生活愿望的魔法。"①

消费主义不但危害自然、危害他人，还危害人本身。消费主义对人的危害在于，它既不利于人身体健康，也导致人精神境界的降低。消费主义崇尚物质消费，使人陷入了在异化消费中认识不到自己真正需求的境地，使人类本质上的多维性被简化为对物质的占有和消费这一单维性。要抑制和削减消费主义，既需要理论支持，也需要政府政策支持，还需要媒体发挥作用。当然，上面所有一切措施都需要消费者自觉。

首先，要从理论上指出消费主义的危害，澄清错误理论。目前，在理论上，套在消费主义头上有各种光环，其中之一是把消费说成一种爱国责任。长期以来，人们把发展等同于经济增长，又把国民（内）生产总值（GNP、GDP）作为衡量一个国家和地区经济增长的根本指标：GNP、GDP值高的国家就是世界经济强国，人均GNP、GDP值多的地区就是经济繁荣的地区。这种理论的逻辑结果便是一个国家以追求尽可能高的经济增长为目标。而20世纪30年代后半期产生和开始流行的凯恩斯主义，更是为消费主义找到了理论依据。根据凯恩斯经济理论，经济衰退或危机是由于需求不足（包括消费需求不足和投资需求不足）引起，要消除经济危机关键就在于刺激需求——包括投资需求与消费需求。这样，消费就被堂而皇之地宣扬成一种爱国责任。所以当20世纪90年代初期经济衰退冲击美国时，几乎每一个美国人都恳求忠诚的美国人消费。可以说，"在20世纪，想评估一个国家是否成功，公认的标准是人均国内生产总值。"②殊不知，消费主义试图从物的消费中找到自己的灵魂，恰恰是人真正灵魂的失落。而且，这种把消费当作经济增长的手段，颠倒了生产（经济增长）与消费的关系。生产（经济增长）之所以重要，是因为生产

---

① 比尔·麦克基本：《自然的终结》，吉林人民出版社，2000年，作者序第14页。
② 尤瓦尔·赫拉利：《未来简史》，中信出版集团，2017年，第28页。

（经济增长）为消费提供物质基础，但生产（经济增长）本身并非目的。当代许多思想家、政治家甚至经济学家已经认识到这一点，因此"都呼吁要用GDH（gross domestic happiness，国内幸福总值）来补充甚至取代GDP。"①

其次，政府要采取各种措施。（1）政府要运用各种手段特别是经济手段反对消费主义，对严重消耗资源和污染环境的产品的消费，用经济手段促使消费成本内在化。市场经济下，作为一个消费者使用物品时，除了购买时的成本支出以外，还往往由社会承担了某些成本。例如，消费者使用洗衣粉，洗衣粉的价格（内部成本）是由消费者购买时支出的，而洗衣粉使用后对生态环境的危害，即外部成本，却由整个社会来承担。政府经济手段的目标和作用在于纠正导致市场失灵的外部性问题，使得外部成本内部化，其遵循的原则是"污染者和使用者支付原则（polluter and user pays principle，PUPP）"，其常用的方法是污染者付费和使用者付费。例如美国和部分欧洲国家已经实施的对消耗矿物燃料征税就是其典型。（2）政府应该通过教育的手段反对消费主义价值观。公众固然是反对消费主义的基础，但是处在分散和自发状态下的社会公众，只有通过政府的教育改变消费主义价值观，才能形成一股反对消费主义的强大合力。艾伦·杜宁说得好："当大多数人看到过度的包装、一次性产品或者一个新的购物中心而认为这些是对他们的子孙犯罪的时候，消费主义就处于衰退之中了。"②

再次，媒体要积极发挥作用。现代社会，没有一个人可以避免各种媒体的影响。以往，各种媒体在消费主义扩散中起了推波助澜作用，特别是广告。广告的本质是生产经营者在生产出各种商品（或服务）的同时所发明的通过各种媒体而使消费者接受它们的一种方法。为了迎合消费主义的口味，现代广告除了告知物品的自然效用以外，更多的是强调物品的象征意义（例如中国广告中经常使用的"成功人士的象征""皇家气派"等词语），并与生产经营者的名称、商品商标等相呼应，使商品不再是简单的物品，而是成为一连串的象征符号。生产经营者正是通过广告宣传不断地创造出新的"消费时尚"，诱导

---

① 尤瓦尔·赫拉利：《未来简史》，中信出版集团，2017年，第28页。
② 艾伦·杜宁：《多少算够——消费社会与地球的未来》，吉林人民出版社，1997年，第103－104页。

消费者接受他们自己当前实际上可能并不真正需要的消费品，这就使得消费者的消费活动背离了自己的真正需要，在广告的诱导下按生产经营者设计的消费方式和消费对象进行自己的消费活动。为了告知、指导和教育消费者，广告是需要的，"但就其现状而言，它是商业的一种侵略手段。……广告骗人是童叟无欺的，它诱人购买那些不合适、不必要或者说是浪费的物品，助长了消费热，结果使我们的文明超越了自然目前的承载能力。"① 在消费社会，广告是如此密集，以至于人们实际上没能记住几个广告。但是，大量广告的结果，即使它们不能卖出一种特定的商品，但它们通过反复说教，兜售出了消费主义思想本身。因此，要控制和消除消费主义，离不开各种媒体的作用。媒体决不能屈从于商业利益；相反，帮助消费者树立新的消费观念并付诸行动，是文化出版、广播电视、网络新媒体等义不容辞的责任。

最后，消费者要成为控制和消除消费主义的坚强后盾。消费者是控制消费主义的最后一道关卡，"人类和自然王国互相联结的命运维系在我们——消费者身上。"② 因为任何消费行为，最后都是通过消费者进行的。而且，由于消费会引导生产，如果每一个消费者都能充分认识到消费主义的危害，都能从减少消费主义角度进行购买和消费，那么，消费主义就将彻底丧失其存在的基础。因此，我们要尽量减少使用那些破坏生态环境的物品，如矿物燃料、纸张等；我们要尽可能地减少以炫耀和攀比为目的的物质消费；我们要尽可能培养深层次的、非物质的满足，例如，增加知识学习和对创造的追求，增进和改善家庭关系和朋友同事等各种社会关系，增加音乐、艺术、体育等闲暇消费，等等。"在对物质增长的渴望背后有一项主要的推动力就是心理上的空虚。一个社会如果能够承认并明确指出其非物质的需要，并找到非物质的方法来满足它们，那么这个社会将会只需要低得多的物质和能量产出，并且可以提供更高层次的人类满足。"③

张康之先生认为，人类历史上有三次启蒙运动：中国春秋战国时期和西方

---

① 保罗·霍肯：《商业生态学——可持续发展的宣言》，上海译文出版社，2001 年，第 149 页。
② 艾伦·杜宁：《多少算够——消费社会与地球的未来》，吉林人民出版社，1997 年，第 102 页。
③ 唐奈斯·H. 梅多斯等：《超越极限——正视全球性崩溃，展望可持续的未来》，上海译文出版社，2001 年，第 225 页。

古希腊时期的思想运动可以看作是人类历史上的第一次启蒙运动，发生在 18 世纪西方国家的思想运动可以看作是人类历史上第二次启蒙运动，而现在，我们则需要承担起第三次启蒙运动的使命，即需要通过这一次启蒙运动去确立后工业社会的社会以及治理模式建构的基本方案。笔者以为，在当今消费主义盛行且占主导的社会，为了削减消费主义、让消费者充分认识到自己作为人的真正需要从而促进精神消费，这应该是第三次启蒙运动的必然要求和重要组成部分。"如果说 18 世纪的启蒙运动实现了个人的觉醒，那么，全球化、后工业化进程中的启蒙运动将真正实现个性的觉醒。只有人的个性觉醒了，人们才知道什么是生活和应当怎样生活。"① 正是这一点，决定了新的启蒙运动将不同于历史上的任何一次启蒙运动。历史上曾发生的启蒙也都发挥了唤醒人的功能，但其中也同时有着蒙蔽人的一面。正如尼采所批评道："思想启蒙运动，是一种必要的手段，使人变得更无主见、更无意志、更需要成邦结伙。简言之，在人们中间促进群蓄的发展。……在'进步'的幌子下，会使人变得更卑贱，使人变得更顺从统治。"② 也许尼采的这种批评含有过激的表达成分，但他的批评意见我们还是应当吸取的。在当今时代，我们需要的是个性化的、自由而全面发展的人，需要各主体平等化的具有包容精神的治理模式。对此，哈贝马斯已经指出："个人与其他个人之间是平等的，但不能因此而否定他们作为个体与其他个体之间的绝对差异。对差异十分敏感的普遍主义要求每个人相互之间都平等尊重，这种尊重就是对他者的包容，而且是对他者的他性的包容，在包容过程中既不同化他者，也不利用他者。"③ 显然，只有在有了自由的情况下，人的个性才能得到彰显；没有自由，就无所谓个性。同样，只有个性化的精神消费，才能产生个性化的人；没有高质量的足够的精神消费，就不会产生个性化的人。

　　要抑制消费主义，应当特别注意群体消费心理。消费心理是社会心理的一种，而谈到社会心理，不得不谈古斯塔夫·勒庞的《乌合之众》一书。美国社会心理学泰斗奥尔波特高度评价该书："在社会心理学这个领域已经写出的

---

① 张康之：《启蒙，再启蒙》，江苏人民出版社，2020 年，第 330 页。
② 尼采：《权力意志——重估一切价值的尝试》，商务印书馆，1996 年，第 151 页。
③ 哈贝马斯：《包容他者》，上海人民出版社，2002 年，第 43 页。

著作中，最有影响者，也许非勒庞的《乌合之众》莫属。"① 勒庞认为，目前的时代②是人类思想正经历转型过程的关键时期之一。构成这一转型基础的是以下两个基本因素："首先是宗教、政治和社会信仰的毁灭，而我们文明的所有要素，都是根植于这些信仰之中。其次是现代科学和工业的各种发展，创造了一种全新的生存和思想条件。"③ 勒庞认为，这一转型和变化就是人类千真万确就将进入一个群体的时代。毫无疑问，人类进入互联网时代后，由于人的交互活动（包括网上交互活动）更加频繁、更加方便，各类微信群、QQ群、粉丝群不断产生、持续增大，使得当今社会的群体特征进一步增强了。

按照勒庞的看法，人一旦进入群体，在心理上会产生一种本质性的变化，就像幼儿和原始人甚至动物和痴呆一样，会不由自主地失去自我意识，完全变成了另一种智力十分低下的生物。导致这一现象的背后，是群体受两个心理学规律的支配，一是从众心理，勒庞称为"群体精神统一性的心理学定律"。群体只知道简单而极端的感情，提供给他们的建议、意见、信念，他们要么全部接受，要么一概拒绝，将其视为绝对真理或绝对谬论。二是约束个人的道德和社会机制在狂热的群体中失去了效力。勒庞认为，孤立的个人很清楚，在孤身一人时，他不能焚烧宫殿或者洗劫商店，即使受到这样做的诱惑，他也很容易抵制这种诱惑，但是在成为群体的一员时，他就会意识到人数赋予他的力量，这足以让他生出杀人劫掠的念头，并且会立刻屈从于这种诱惑，所谓"暴民"就此形成。

笔者以为，勒庞的观点一定程度上反映了社会真实的一面。例如，中外历史上常见的街头政治，当人数聚集到一定程度时，群体就很容易发生骚乱，常常表现为毁坏财物、放火、抢劫甚至伤人杀人。但是，勒庞过多强调了群体的负面影响，走向了极端。实际上，群体导致的结果是非常复杂的，在现实中可能形成群体非理性，也可能形成群体理性。当然，勒庞自己也看到群体的理性一面，他写道："不能绝对地说，群体没有理性或不受理性的影响。"④ 只不过

---

① 见 Gardner Lindzey（ed.），*Handbook of Social Psychology*，New York：Macmillall，1954."Le Bon"条目。

② 这一时代是指 19 世纪末期，因为《乌合之众》第一版出版于 1895 年。

③ 古斯塔夫·勒庞：《乌合之众》，中央编译出版社，2014 年，第 2 页。

④ 古斯塔夫·勒庞：《乌合之众》，中央编译出版社，2014 年，第 39 页。

他认为群体理性是非常低劣的。

消费心理是社会心理的一种，如果进一步深入消费领域，那么同样地，消费者一旦形成群体也会出现极端的一面。例如，"双十一"时期，不少消费者争先恐后进行网购，并把网购情况"晒"到 QQ 群、微信群，形成了群体性的消费狂热、消费狂潮，导致过度购买甚至购买了消费者并非真正需要的商品。这体现了勒庞所说的"群体在智力上总是低于孤立的个人，但是从感情及其激起的行动这个角度看，群体可以比个人表现得更好或更差，这全看环境如何。一切取决于群体所接受的暗示具有什么性质。"[①] 但是，消费者并非全部都是像勒庞所说的"乌合之众"，因为，消费者无论作为个人还是作为群体，始终存在理性成分，只要通过合理引导，即所谓的合理"暗示"和"环境"营造，有时候个人的非理性通过群体反而会产生或会转换为理性，并可能通过消费者群体的理性自觉、通过政策和舆论的引导，使消费行为符合理性的目标、符合正义的目标。

消费正义需要相应的文化作为支撑，在这方面，中国传统文化确实有独特的价值。梁漱溟先生认为，中国特色的文化用一句话说就是"互相以对方为重"，这与西方的"个人本位、自我中心"正好相反。[②] 中国文化特别重视人与人的关系，中国文化起源于家庭，核心是孝悌，即父慈子孝，或者说是孝悌慈和。把"互相以对方为重"的家庭关系理念扩展到家庭以外，那就是人应当尊重他人、尊重社会上的所有人；再进一步扩展到人类以外，那就是人应当尊重自然、尊重每一类生物和每一个生命体；反之，如果再"缩小"一步，那就是人应当尊重人自身内心的精神需要，处理好"身心"关系，体现出人的本质特性。从家庭关系深入到个人自身内部的"身心关系"，表面上是"缩小了"，实际上可能也是"扩展"了，即从物质的层面扩展到了精神的层面。张康之先生认为，第三次启蒙的核心是要确立人的共生共在"一种全新的观念，它是把人类作为一个整体看待而提出的要求。"[③] 人的共生共在，其本意

① 古斯塔夫·勒庞：《乌合之众》，中央编译出版社，2014 年，第 13 页。
② 梁漱溟、艾恺（Guy S. Alitto）：《这个世界会好吗？——梁漱溟晚年口述（增订本）》，生活·读书·新知三联书店，2015 年，第 22 页。
③ 张康之：《启蒙，再启蒙》，江苏人民出版社，2020 年，第 245 页。

当然是指人与人之间的关系，但是如果扩展一下，那么，不仅人与人之间需要共生共在，在人与自然之间同样需要共生共在，在人自身的"身"（肉体）与"心"（精神）之间同样需要共生共在，这正是本书消费正义的三个维度、三个领域：消费的社会正义、消费的生态正义、消费的人本正义。

上面分别阐述了促进消费的社会正义、生态正义和人本正义的主要路径，需要强调的是，这三者是密切关联的，都从属于消费正义这一主题。"我们可以在这最后的，最有威力的，同时也是向可持续迈进的过程中最重要的一步的基础上加以扩展，其方式是指向文化和心理中最迫切的问题：贫穷、失业和未满足的非物质需求。"① 唐奈斯·H. 梅多斯等的这段话虽然没有明确指出消费的社会正义、生态正义和人本正义这三个概念，但其中"可持续"反映的是生态环境保护，"贫穷、失业"反映的是社会问题，"文化""非物质"体现的是精神领域内容，因此，上面这段话一定程度上反映了社会正义、生态正义和人本正义三者之间的关联性。

促进消费的社会正义、生态正义和人本正义这三者中，后两者要比前者困难得多。这是因为，本书在界定消费正义概念时曾指出，消费的社会正义，核心是减少和消除消费对他人的侵害——一旦他人的权利受到侵害，他人作为活的生命体往往会甚至必然会"反抗"，或提起诉讼或求助媒体或直接反击侵害人等，始终默默承受侵害的人毕竟是极罕见的。消费的生态正义，核心是减少和消除消费对自然的侵害——当自然受到人类的侵害时，自然并不会立即、主动"反抗"人类，自然不会主动提起诉讼，自然不会向媒体求助更不会直接反击人类，只会默默承受直到超过自然承载力后，以环境污染、生态破坏、物种减少、全球变暖、沙漠化等形式来"报复"人类，而这往往是人类侵害了自然几百年甚至上千年后才会体现出来。消费的人本正义，核心是减少和消除消费对人自身的侵害——这需要人的充分理性、自我觉醒和自我控制为前提，而许多人往往看不到有害消费（例如吸烟消费、毒品消费）和过度的物质消费对自身身心的危害，或者虽然看到了危害但依然控制不了自己、抵挡不了消费的诱惑，依然奉行"我购买我快乐""我消费我快乐"的原则。简言之，如

---

① 唐奈斯·H. 梅多斯等：《超越极限——正视全球性崩溃，展望可持续的未来》，上海译文出版社，2001年，第223页。

果说消费行为侵害他人，则会遭到他人的主动反抗，那么消费行为侵害自然，自然则是默默承受、并不会主动反抗；更进一步，如果消费行为（例如消费主义）侵害人自身，人反而会感到快乐。因此，实现消费的生态正义和人本正义，比实现消费的社会正义，更需要人的自我觉醒和自我约束。实现消费的生态正义和人本正义，要以人的自省、自律为前提。

全书结语：本书以系统研究消费正义为目标，界定消费正义概念，分析消费正义的内涵、外延和属性，确立消费正义的研究框架和维度，批判各种非正义消费行为，理论领域的目标是实现消费正义研究的理论创新，实践领域的目标是追求和促进消费行为的正义性。但是，从《汉谟拉比法典》把人分为上等人、平民和奴隶并规定他们具有不同的权利，到美国《独立宣言》把人分成男性女性并赋予不同性别不同的权利，它们都在追求正义，并自诩为正义的化身，但其实这种分层分类的正义并非真正的正义，因此也许"历史从无正义"①；而且，消费正义涵盖消费的社会正义、生态正义、人本正义三个方面，一种消费行为要同时、完全符合这三方面的正义也许是不可能的，因此，在实践中要实现完全彻底的消费正义也许是不可能的，这正如天下没有完全彻底的公平公正一样。从这一角度上说，完全的消费正义作为一种理想，在实践中也许是一种乌托邦。这就是说，我们追求消费正义，目的是依靠消费者的消费行为、依靠企业合作、依靠各国政府制度乃至全球性制度的完善和创新，使我们的消费行为更加逼近消费正义。

---

① 尤瓦尔·赫拉利：《人类简史》，中信出版集团，2017年，第129页。

附录

附录一：关于社会正义——《世界人权宣言》①

序　言

鉴于对人类家庭所有成员的固有尊严及其平等的和不移的权利的承认，乃是世界自由、正义与和平的基础，鉴于对人权的无视和污蔑已发展为野蛮暴行，这些暴行玷污了人类的良心，而一个人人享有言论和信仰自由并免于恐惧和匮乏的世界的来临，已被宣布为普通人民的最高愿望，鉴于为使人类不致迫不得已铤而走险对暴政和压迫进行反叛，有必要使人权受法治的保护，鉴于有必要促进各国间友好关系的发展，鉴于各联合国国家的人民已在联合国宪章中重申他们对基本人权、人格尊严和价值以及男女平等权利的信念，并决心促成较大自由中的社会进步和生活水平的改善，鉴于各会员国业已誓愿同联合国合作以促进对人权和基本自由的普遍尊重和遵行，鉴于对这些权利和自由的普遍了解对于这个誓愿的充分实现具有很大的重要性，因此现在，大会发布这一世界人权宣言，作为所有人民和所有国家努力实现的共同标准，以期每一个人和社会机构经常铭念本宣言，努力通过教诲和教育促进对权利和自由的尊重，并通过国家的和国际的渐进措施，使这些权利和自由在各会员国本身人民及在其管辖下领土的人民中得到普遍和有效的承认和遵行。

第一条

人人生而自由，在尊严和权利上一律平等。他们富有理性和良心，并应以兄弟关系的精神相对待。

第二条

人人有资格享有本宣言所载的一切权利和自由，不分种族、肤色、性别、

---

① 《世界人权宣言》是人权史上具有里程碑意义的文件，它由来自世界各个地区不同法律和文化背景的代表起草，于1948年12月10日在巴黎召开的联大会议上以第217A（Ⅲ）号决议通过。

语言、宗教、政治或其他见解、国籍或社会出身、财产、出生或其他身份等任何区别。

并且不得因一人所属的国家或领土的政治的、行政的或者国际的地位之不同而有所区别，无论该领土是独立领土、托管领土、非自治领土或者处于其他任何主权受限制的情况之下。

第三条

人人有权享有生命、自由和人身安全。

第四条

任何人不得使为奴隶或奴役；一切形式的奴隶制度和奴隶买卖，均应予以禁止。

第五条

任何人不得加以酷刑，或施以残忍的、不人道的或侮辱性的待遇或刑罚。

第六条

人人在任何地方有权被承认在法律前的人格。

第七条

法律之前人人平等，并有权享受法律的平等保护，不受任何歧视。人人有权享受平等保护，以免受违反本宣言的任何歧视行为以及煽动这种歧视的任何行为之害。

第八条

任何人当宪法或法律所赋予他的基本权利遭受侵害时，有权由合格的国家法庭对这种侵害行为作有效的补救。

第九条

任何人不得加以任意逮捕、拘禁或放逐。

第十条

人人完全平等地有权由一个独立而无偏倚的法庭进行公正的和公开的审讯，以确定他的权利和义务并判定对他提出的任何刑事指控。

第十一条

（一）凡受刑事控告者，在未经获得辩护上所需的一切保证的公开审判而依法证实有罪以前，有权被视为无罪。

（二）任何人的任何行为或不行为，在其发生时依国家法或国际法均不构成刑事罪者，不得被判为犯有刑事罪。刑罚不得重于犯罪时适用的法律规定。

第十二条

任何人的私生活、家庭、住宅和通信不得任意干涉，他的荣誉和名誉不得加以攻击。人人有权享受法律保护，以免受这种干涉或攻击。

第十三条

（一）人人在各国境内有权自由迁徙和居住。

（二）人人有权离开任何国家，包括其本国在内，并有权返回他的国家。

第十四条

（一）人人有权在其他国家寻求和享受庇护以避免迫害。

（二）在真正由于非政治性的罪行或违背联合国的宗旨和原则的行为而被起诉的情况下，不得援用此种权利。

第十五条

（一）人人有权享有国籍。

（二）任何人的国籍不得任意剥夺，亦不得否认其改变国籍的权利。

第十六条

（一）成年男女，不受种族、国籍或宗教的任何限制有权婚嫁和成立家庭。他们在婚姻方面，在结婚期间和在解除婚约时，应有平等的权利。

（二）只有经男女双方的自由和完全的同意，才能缔婚。

（三）家庭是天然的和基本的社会单元，并应受社会和国家的保护。

第十七条

（一）人人得有单独的财产所有权以及同他人合有的所有权。

（二）任何人的财产不得任意剥夺。

第十八条

人人有思想、良心和宗教自由的权利；此项权利包括改变他的宗教或信仰的自由，以及单独或集体、公开或秘密地以教义、实践、礼拜和戒律表示他的宗教或信仰的自由。

第十九条

人人有权享有主张和发表意见的自由；此项权利包括持有主张而不受干

涉的自由，和通过任何媒介和不论国界寻求、接受和传递消息和思想的自由。

第二十条

（一）人人有权享有和平集会和结社的自由。

（二）任何人不得迫使隶属于某一团体。

第二十一条

（一）人人有直接或通过自由选择的代表参与治理本国的权利。

（二）人人有平等机会参加本国公务的权利。

（三）人民的意志是政府权力的基础；这一意志应以定期的和真正的选举予以表现，而选举应依据普遍和平等的投票权，并以不记名投票或相当的自由投票程序进行。

第二十二条

每个人，作为社会的一员，有权享受社会保障，并有权享受他的个人尊严和人格的自由发展所必需的经济、社会和文化方面各种权利的实现，这种实现是通过国家努力和国际合作并依照各国的组织和资源情况。

第二十三条

（一）人人有权工作、自由选择职业、享受公正和合适的工作条件并享受免于失业的保障。

（二）人人有同工同酬的权利，不受任何歧视。

（三）每一个工作的人，有权享受公正和合适的报酬，保证使他本人和家属有一个符合人的生活条件，必要时并辅以其他方式的社会保障。

（四）人人有为维护其利益而组织和参加工会的权利。

第二十四条

人人有享有休息和闲暇的权利，包括工作时间有合理限制和定期给薪休假的权利。

第二十五条

（一）人人有权享受为维持他本人和家属的健康和福利所需的生活水准，包括食物、衣着、住房、医疗和必要的社会服务；在遭到失业、疾病、残废、守寡、衰老或在其他不能控制的情况下丧失谋生能力时，有权享受保障。

（二）母亲和儿童有权享受特别照顾和协助。一切儿童，无论婚生或非婚生，都应享受同样的社会保护。

第二十六条

（一）人人都有受教育的权利，教育应当免费，至少在初级和基本阶段应如此。初级教育应属义务性质。技术和职业教育应普遍设立。高等教育应根据成绩而对一切人平等开放。

（二）教育的目的在于充分发展人的个性并加强对人权和基本自由的尊重。教育应促进各国、各种族或各宗教集团间的了解、容忍和友谊，并应促进联合国维护和平的各项活动。

（三）父母对其子女所应受的教育的种类，有优先选择的权利。

第二十七条

（一）人人有权自由参加社会的文化生活，享受艺术，并分享科学进步及其产生的福利。

（二）人人对由于他所创作的任何科学、文学或美术作品而产生的精神的和物质的利益，有享受保护的权利。

第二十八条

人人有权要求一种社会的和国际的秩序，在这种秩序中，本宣言所载的权利和自由能获得充分实现。

第二十九条

（一）人人对社会负有义务，因为只有在社会中他的个性才可能得到自由和充分的发展。

（二）人人在行使他的权利和自由时，只受法律所确定的限制，确定此种限制的唯一目的在于保证对旁人的权利和自由给予应有的承认和尊重，并在一个民主的社会中适应道德、公共秩序和普遍福利的正当需要。

（三）这些权利和自由的行使，无论在任何情形下均不得违背联合国的宗旨和原则。

第三十条

本宣言的任何条文，不得解释为默许任何国家、集团或个人有权进行任何旨在破坏本宣言所载的任何权利和自由的活动或行为。

附录二：关于生态正义——《地球母亲权利世界宣言》①

序　言

我们地球的人民和国家：

考虑到我们都是地球母亲——一个有相互联系，相互依赖，又有着共同命运的生命体组成的不可分割、活生生的共同体的一部分；感恩地球母亲作为生命、食物、知识之源，为我们更好的生活提供一切；认识到资本主义制度和各种形式的掠夺、开发、虐待和污染对地球母亲造成巨大的破坏、退化和瓦解，并通过气候变化等现象将我们知道的生命置于危险境地；已确信在一个相互依赖的生命共同体中，人类享有的权利使地球母亲招致失衡；申明确保人类权利实现的必要途径是认可及保护地球母亲和地球上的所有生物的权利，而既有的文化、实践和法律是有效的实现手段；意识到采取果断的行动，采取共同性的行动以转换气候变化或其他威胁地球母亲的组织结构和法律制度已尤为迫切；发表这份《地球母亲权利世界宣言》、请求在联合国大会上获得通过，作为世界上所有人民和所有国家努力实现的共同标准，以期每个人和机构努力通过教诲、教育和意识觉醒来促进对本宣言确定权利的尊重。通过国家和国际便捷、渐进的措施和机制，确保这些权利在世界上所有人民和国家中得到普遍和有效的承认和遵行。

第一条　地球母亲

一、地球母亲是一个生命有机体。

二、地球母亲是一个独一无二的、不可分割的、自我调节的共同体，其中相互联系的生命体处在存续、包容和繁衍过程之中。

三、每个生命由它所处的关系而被界定为地球母亲整体的一个部分。

---

① 科马克·卡利南是全球著名的环境保护主义者，"地球法理"新概念的首倡者，他组织起草了《2010年地球母亲权利世界宣言》。

四、地球母亲的固有权利不容剥夺，因为权利与存在方式同源产生。

五、地球母亲和所有生命具有本宣言确定的所有固有权利，除非对某些种类的生命体区别对待，如可能对生命体、物种、起源、对人类的利用价值及其他情形所做的有机与无机的区别。

六、如同人类有人权，所有其他生命体也应当有专属于它们物种及适合于它们在共同体中据以存在的角色和功能的权利。

七、每一生命体的权利受制于其他生命体的权利，权利之间的冲突应通过维系地球母亲的整体性、平衡性和健康的方式解决。

第二条　地球母亲的固有权利

一、地球母亲和她据以形成的所有生命体享有以下固有权利：

1. 生命权和生存权；

2. 受尊重的权利；

3. 免受人类破坏而持续进行生命循环和自主演化的权利；

4. 作为一个独特、自我调节、相互联系的生命体，维系其自身特性和整体性的权利；

5. 取用作为生命资源的水的权利；

6. 清洁空气权；

7. 整体性健康权；

8. 免受污染、公害及毒性、放射性扩散的权利；

9. 不受基因结构修改或破坏以至于威胁自身完整性或关键的致命损害，以及维护健康功能的权利；

10. 以人类活动侵害本宣言确认的权利而补足和促进恢复能力的权利。

二、每一生命体享有在某一地域为地球母亲的和谐运行发挥作用的权利。

三、每个生命体享有幸福的权利，和免受人类折磨和残暴对待，自由生活的权利。

第三条　人类对于地球母亲的义务

一、每个人都有责任尊重地球母亲并与之和谐共存。

二、全人类、所有国家，以及一切公共的或私有的组织必须：

1. 依照本宣言确定的权利和义务行事；

2. 承认并推动本宣言确定的权利与义务的全面实施和履行；

3. 根据本宣言，参与学习、分析、理解、交流等推动与地球母亲和谐共存的活动；

4. 无论现在和将来，确保人类对幸福的追求有助于地球母亲的幸福；

5. 制定有效的标准和法律，并以其捍卫、保护和保存地球母亲的权利；

6. 尊重、保护、保存，以及在必要领域恢复地球母亲的重要生态循环、生态流程和生态平衡的完整性；

7. 确保因人类等本宣言确定的固有权利造成的损害能够得到救济，且责任人应为恢复地球母亲的健康和完整性负责；

8. 给人类和相关组织赋予权利，以捍卫地球母亲和一切生物体的权利；

9. 确立预防性、约束性措施，防止人类活动造成的物种灭绝、生态系统毁灭或生态循环的破坏；

10. 维护和平，消除核武器、化学武器和生物武器；

11. 依照不同文化、传统和习俗，推动与支持敬畏地球母亲和所有生命体的活动；

12. 推进与地球母亲和谐共荣，并且符合本宣言确定相关权利的经济制度的发展。

第四条　定义

一、"生物"一词包括生态系统、自然共同体、物种，以及其他作为地球母亲的一部分而存在的自然集合体。

二、本宣言的任何条款，丝毫没有限制所有生命体或特定生物其他固有的权利。

附录三：关于人本正义——《人本主义宣言》①

人本主义是一种不断进步中的生活哲学，主张不需要超自然主义，由我们自己的能力和责任来引导个人圆满的伦理生活，令人性之善更善。

人本主义的生活观是以理性为指引的、受同情心所激发的、由经验来感知的，它鼓励我们生活得美好而圆满。它曾经过历代演化，且仍在深谋远虑的人们的努力下继续发展。这些有识之士认识到，无论当初人们是多么谨慎细致地创造了这些价值与观念，它们仍会随着人类认识的进步而发生变化。

本文是这种持久努力的一部分，旨在用清晰明确的条目来宣传人本主义的概念界限，人本主义不是我们必须相信的，而是我们确实相信的共识。鉴于此，我们特作如下申明：

1. 关于世界的知识是通过观察、实验和理性分析而得来的

人本主义者发现，科学是鉴别这种知识的最佳方法，同时也是解决问题和开发有益技术的最佳方法。我们也承认在思想、艺术和内在体验中新发展的价值——但它们都需要通过审辨式智慧的分析。

2. 人类是自然界不可或缺的一部分，是不受引导地演化的结果

人本主义者认为自然界是自己存在的。我们完全充分地接纳自己的生活，把我们的期望或想象与事物的本来面目相区分。我们乐于迎接未来的挑战，不畏惧且向往未知。

3. 伦理价值派生自人类的需求与兴趣，受到经验的考验

人本主义者以由人类环境、兴趣及利害关系所形成的人类福祉来确立价值，并将其延伸至全球生态系统以及地外。我们致力于以其拥有的内在价值和尊严来对待每个人，并在与责任相符的自由情境中进行知情选择。

4. 生活的圆满源于个体对人类理想的投入

我们以尽可能圆满的发展为目的，以明确的目标鼓舞我们的生活，从人类

---

① 《人本主义宣言》也称《人文主义宣言》，最早出现于 1933 年，由杜威等 34 位学者起草，后出现过其他版本，这是第四版《人本主义宣言》。

存在的快乐和美好、挑战与悲剧、甚至死亡的必然性和终极性中去寻找奇迹和敬畏。依靠人类文化的丰富遗产和人本主义的生活观，人本主义者在贫瘠时施以抚慰，在富裕时给予鼓励。

5. 人类天生具有社会性，在人际关系中寻找意义

人本主义者渴望并为之奋斗的世界拥有互相关怀与爱护，没有野蛮及其后果，其中的异见会通过非暴力的合作来解决。个性和相互依赖性并存丰富了我们的生活，鼓舞我们去丰富他人的生活，并且激发了为所有人争取和平、正义和机会的希望。

6. 有益于社会的工作令个人幸福最大化

不断进步的文化已经将人性从只求生存的残酷中解放出来，减轻了苦难，改善了社会，并发展出了全球共同体。我们探索将环境和能力差异最小化的途径，我们支持将自然资源和人类成果公平分配，让尽可能多的人能够享受到美好生活。

7. 人本主义者关心所有人的幸福，拥抱多样性，并尊重其他人道的异见

我们致力于在一个开放、世俗的社会中公平地享受人权和公民自由，主张参与民主进程是一种公民义务，安全可持续地保护自然的完整性、多样性和美是一种全球义务。

因此，在生命的长河中，我们追求的愿景秉持着这样明智的信念——人类有能力向其最高理想前进。我们生活的责任以及我们所生活的世界的责任是我们的，也只是我们的。

附录四：首字母缩略词表

ACM　全因死亡率

BBC　英国广播公司

CD　激光唱片

CDC　中国疾病预防控制中心

CH_4　甲烷

CO_2　二氧化碳

COD　化学需氧量

COVID－19　新冠肺炎

DNA　脱氧核糖核酸

DVD 数字影碟

EEIO　投入产出分析

EEV　环境友好型汽车

EKC　库兹涅茨曲线

ETS　碳排放交易机制

FAO　联合国粮农组织

FCTC　烟草控制框架公约

FDI　外商直接投资

G20　二十国集团

GDH　国内幸福总值

GDP　国内生产总值

GE　全球环境展望

GFN　全球足迹网络

GHG　温室气体

GNP　国民生产总值

H_2O　水蒸气

HDI　人类发展指数

ICUN　国际自然保护同盟

IFAW　国际动物福利基金会

IOCU　国际消费者联盟

IPCC　联合国政府间气候变化专门委员会

IQ　智商

LCA　产品生命周期

MERS　中东呼吸综合症

N_2O　氮氧化物

NGO　非政府组织

NIMBY　"别在我后院"

O_3　臭氧

OECD　经济合作与发展组织

PCF　碳足迹

PPP　污染者支付原则

PUPP　污染者和使用者支付原则

SARS　非典型性肺炎

SDM　空间杜宾模型

SO_2　二氧化硫

UNEP　联合国环境规划署

UNFCCC　联合国气候变化和框架公约

UN-HABITAT　联合国人类住区规划署

VCD　影音光碟

VR　虚拟现实

WBG　世界银行

WDI　世界发展指标

WDR　世界发展报告

WECD　世界环境与发展委员会

WED　世界环境日

WMO　世界气象组织

WTO　世界贸易组织

WWF　世界自然基金会

参考文献

1. 阿马蒂亚·森：《正义的理念》，中国人民大学出版社，2012 年。

2. 葛雷、董福德：从"生产性正义"到"消费性正义"，《江苏大学学报（社会科学版）》，2015 年第 1 期。

3. 魏宏：《权力论》，上海三联书店，2011 年。

4. 熊逸：《我们为什么离正义越来越远》，湖南文艺出版社，2012 年。

5. 亚里士多德：《政治学》，商务印书馆，1983 年。

6. 陈宜中：《何为正义》，中央编译出版社，2016 年。

7. 摩尔：《伦理学原理》，商务印书馆，1983 年。

8. 吴忠民：《社会公正何以可能》，人民出版社，2017 年。

9. 柏拉图：《理想国》，商务印书馆，1986 年。

10. 《毛泽东文集》第六卷，人民出版社，1999 年。

11. 郑永奎：消费正义与人的存在和发展，《东北师大学报（哲学社会科学版）》，2002 年第 4 期。

12. 俞可平：重新思考平等、公平和正义，《学术月刊》，2017 年第 4 期。

13. 熊秉元：《正义的成本》，东方出版社，2014 年。

14. 吉尔兹：《地方性知识——阐释人类学论文集》，中央编译出版社，2000 年。

15. 张康之：为了人的共生共在的正义追求，《南京工业大学学报（社会科学版）》，2015 年第 3 期。

16. 张静：社会身份的结构性失位问题，《社会学研究》，2010 年第 6 期。

17. 威廉·拉什杰，库伦·默菲：《垃圾之歌》，中国社会科学出版社，1999 年。

18. 彼得 S. 温茨：《环境正义论》，世纪出版集团、上海人民出版社，2007 年。

19. 贾雷德·戴蒙德：《枪炮、病菌与钢铁》，上海译文出版社，2006 年。

20. 范建双、周琳：中国城乡居民生活消费碳排放变化的比较研究，《中国环境科学》，2018 年第 11 期。

21. 陈改君、吕培亮："生态正义"何以实现？——基于环境库兹涅茨曲线的检验性分析，《湖南社会科学》，2022 年第 3 期。

22. 李孙桂等：广西消费增长的环境库兹涅茨曲线分析，《广东农业科学》，2013 年第 2 期。

23. 王娜：环境意识与绿色金融：基于环境意识对资产价格影响与碳价预测的研究，厦门大学博士学位论文，2018 年。

24. 聂文军：亚当·斯密的消费伦理观及其现代意义，《湖南经济管理干部学院学报》，2006 年第 1 期。

25. 蒋伏心：萨伊消费理论述评，《消费经济》，1989 年第 3 期。

26. 陈银娥：萨伊的消费理论述评，《消费经济》，1995 年第 3 期。

27. 萨伊：《政治经济学概论》，商务印书馆，1982 年。

28. 廖小琴：马克思个人消费思想及其当代意义，《北方论丛》，2013 年第 4 期。

29. 马克思：《1844 年经济学哲学手稿》，人民出版社，2000 年。

30. 崔宝敏、董长瑞：马克思消费理论：本质、异化及体制转型，《经济社会体制比较》，2018 年第 5 期。

31. 肖黎明：凯恩斯节俭悖论之悖论——可持续发展模式中的消费观，《生产力研究》，2004 年第 1 期。

32. 李先锋、乔生：试析凯恩斯消费需求不足理论及该理论对我们的启示，《内蒙古师大学报（哲学社会科学版）》，2000 年第 6 期。

33. 凯恩斯：《就业利息和货币通论》，商务印书馆，1996 年。

34. 凯恩斯：《劝说集》，商务印书馆，1962 年。

35. 余源培：评鲍德里亚的"消费社会理论"，《复旦学报（社会科学版）》，2008 年第 1 期。

36. 张红岭：鲍德里亚的消费社会理论探要，《广西社会科学》，2008 年第 7 期。

37. 鲍德里亚：《消费社会》，南京大学出版社，2001 年。

38. 王志标：阿马蒂亚·森的贫困思想述评，《北京工业大学学报（社会科学版）》，2005 年第 3 期。

39. 文长春：基于能力平等的分配正义观——阿马蒂亚·森的正义观，《学术交流》，2010 年第 6 期。

40. 丁雪枫：论阿马蒂亚·森比较的正义对罗尔斯公平的正义的价值颠覆，《理论探讨》，2017 年第 4 期。

41. 张德政：以正义论重建经济学的伦理维度——论阿马蒂亚·森伦理经济思想的主题，《河北经贸大学学报》，2016 年第 3 期。

42. AMARTYA S：《贫困与饥荒》，商务印书馆，2001 年。

43. AMARTYA S：评估不平等和贫困的概念性挑战，《经济学》，2003 年第 2 卷第 2 期。

44. 齐亚红：消费正义论，首都师范大学博士学位论文，2008 年。

45. 戴维·约翰斯顿：《正义简史》，新华出版社，2018 年。

46. 张康之：《为了人的共生共在》，人民出版社，2016 年。

47. 何建华：《经济正义论》，上海人民出版社，2004 年。

48. 毛勒堂：《经济正义：经济生活世界的意义追问》，复旦大学博士学位论文，2004 年。

49. 齐格蒙特·鲍曼：《被围困的社会》，江苏人民出版社，2006 年。

50. 马克思：《资本论》第 1 卷，人民出版社，1975 年。

51. 尤瓦尔·赫拉利：《未来简史》，中信出版集团，2019 年。

52. 尤瓦尔·赫拉利：《人类简史》，中信出版集团，2017 年。

53. 尤瓦尔·赫拉利：《今日简史》，中信出版集团，2018 年。

54. 梁漱溟、艾恺（Guy S. Alitto）：《这个世界会好吗？——梁漱溟晚年口述（增订本）》，生活·读书·新知三联书店，2015 年。

55. 俞海山：消费正义：何以可能？《江汉论坛》，2022 年第 4 期。

56. 俞海山：《可持续消费模式论》，经济科学出版社，2002 年。

57. 俞海山、周亚越：《消费外部性：一项探索性的系统研究》，经济科学出版社，2005 年。

58. 俞海山：消费正义：何以必要？《浙江社会科学》，2020 年第 11 期。

59. 俞海山：论政府促进消费正义的理论逻辑，《江汉论坛》，2020 年第 5 期。

60. 俞海山、周亚越：论消费主义的危害与对策，《商业研究》，2003 年第 8 期。

61. 艾伦·杜宁：《多少算够——消费社会与地球未来》，吉林人民出版社，1997 年。

62. 马尔库塞：《单向度的人——发达工业社会意识形态研究》，上海译文出版社，1989 年。

63. P. 伊金斯：《生存经济学》，中国科技大学出版社，1991 年。

64. 《马克思恩格斯全集》第 20 卷，人民出版社，1971 年。

65. 科马克·卡利南：《地球正义宣言》，商务印书馆，2017 年。

66. 《习近平谈治国理政》（第二卷），外文出版社，2017 年。

67. 库兹涅茨：经济增长和收入不平等，《美国经济评论》，1955 年 3 月。

68. 邵红伟、靳涛：收入分配的库兹涅茨倒 U 曲线——跨国横截面和面板数据的再实证，《中国工业经济》，2016 年第 4 期。

69. 赵序茅：回眸：人类文明与动植物关系史，《光明日报》，2022 年 8 月 20 日。

70. 经济合作与发展组织：《环境管理中的经济手段》，中国环境科学出版社，1996 年。

71. 中国环境报社：《迈向 21 世纪——联合国环境与发展大会文献汇编》，中国环境学科出版社，1992 年。

72. 彭湖湾：论英国济贫法演变史，《法制与社会》，2013 年第 8 期（下）。

73. 戴君虎等：人均历史累积碳排放 3 种算法及结果对比分析，《第四纪研究》，2014 年第 4 期。

74. 古斯塔夫·勒庞：《乌合之众》，中央编译出版社，2014 年。

75. 萨缪尔森、诺德豪斯：《经济学》，华夏出版社，1999 年。

76. 斯蒂格里茨：《政府经济学》，春秋出版社，1988 年。

77. 世界自然保护同盟、联合国环境规划署、世界野生生物基金会：《保护地球——可持续生存战略》，中国环境科学出版社，1992 年。

78. 世界银行：《世界发展报告合订本——公平与发展》，清华大学出版社，2013 年。

79. 尹世杰：提高精神消费力与繁荣精神文化消费，《湖南师范大学社会科学学报》，1994 年第 6 期。

80. 布莱恩·巴利：《社会正义论》，江苏人民出版社，2012 年。

81. 刘晓君：《论改变消费方式——从不可持续消费转向可持续消费》，北京大学博士学位论文，1998 年。

82. 保罗·霍肯：《商业生态学》，上海译文出版社，2001 年。

83. 施里达斯·拉夫尔：《我们的家园——地球》，中国环境科学出版社，1993 年。

84. 芭芭拉·沃德、勒内·杜博斯：《只有一个地球》，吉林人民出版社，1997 年。

85. 约翰·罗尔斯：《正义论》，中国社会科学出版社，1988 年。

86. 亚当·斯密：《国民财富的性质和原因的研究》，商务印书馆，1972 年。

87. 郑朝霞：亚当·斯密的消费思想及其当代价值，《唐山师范学院学报》，2015 年第 3 期。

88. 比尔·麦克基本：《自然的终结》，吉林人民出版社，2000 年。

89. 《马克思恩格斯选集》（第 1 卷），人民出版社，1995 年。

90. 《马克思恩格斯选集》（第 2 卷），人民出版社，1995 年。

91. 《马克思恩格斯全集》（第 42 卷），人民出版社，1979 年。

92. 《马克思恩格斯全集》（第 4 卷），人民出版社，1979 年。

93. 《马克思恩格斯全集》（第 46 卷），人民出版社，1979 年。

94. 玛莎·C. 纳斯鲍姆：《正义的前沿》，中国人民大学出版社，2016 年。

95. 莱斯特·R. 布朗等：《拯救地球——如何塑造一个在环境方面可持续发展的全球经济》，科学技术文献出版社，1993 年。

96. 莱斯特·R. 布朗：《建设一个持续发展的社会》，科学技术文献出版社，1984 年。

97. 莱斯特·R. 布朗等：《人满为患》，科学技术文献出版社，1998 年。

98. E. 拉兹洛：《决定命运的选择》，生活·读书·新知三联书店，1997 年。

99. 保罗·肯尼迪：《未雨绸缪——为 21 世纪做准备》，新华出版社，1996 年。

100. 赫胥黎：《人类在自然界的位置》，科学出版社，1973 年。

101. 康芒纳：《封闭的循环》，吉林人民出版社，1997 年。

102. 汤因比等：《展望 21 世纪》，国际文化出版公司，1984 年。

103. 阿尔·戈尔：《濒临失衡的地球——生态与人类精神》，中央编译出版社，1997 年。

104. 黄有光：《效率、公平与公共政策》，社会科学文献出版社，2003 年。

105. 霍斯特·西伯特：《环境经济学》，中国林业出版社，2002 年。

106. 加勒特·哈丁：《生活在极限之内——生态学、经济学和人口禁忌》，上海译文出版社，2001 年。

107. 俞海山：中国消费主义解析，《社会》，2003 年第 2 期。

108. 世界银行：《公平与发展：2006–2007 世界发展报告合订本》，清华大学出版社，2013 年。

109. 曲如晓：环境外部性与国际贸易福利效应，《国际经贸探索》，2002 年第 1 期。

110. 赵爱武、杜建国、关洪军：基于计算实验的有限理性消费者绿色购买行为，《系统工程理论与实践》，2015 年第 1 期。

111. 方时姣、魏彦杰：生态环境成本内在化问题，《中南财经政法大学学报》，2006 年第 2 期。

112. 迟诚：我国的环境成本内在化问题研究，《经济纵横》，2010 年第 5 期。

113. 俞海山：环境成本内在化的贸易效应分析——兼论近年我国出口关税调整政策，《财贸经济》，2009 年第 1 期。

114. 江苏省物价局课题组：完善资源环境价格政策体系，促进经济结构调整和转型升级研究,《价格理论与实践》,2015 年第 10 期。

115. 行伟波、田坤:控烟公共政策的潜在收益评估——基于烟草消费与公共健康视角,《财贸经济》,2020 年第 11 期。

116. 中国疾病预防控制中心:《2017 中国成人烟草调查报告》,2017 年 12 月 24 日。

117. 李明生:试论精神消费范畴:《经济科学》,1990 年第 5 期。

118. 韩明暖:人的全面发展理论的历史轨迹,《山东省青年管理干部学院学报》,2005 年第 3 期。

119. 何炼成:精神消费简论——兼论学术争鸣,《消费经济》,2005 年第 4 期。

120. 赵桂珍、刘云章、谢嘉:马克思主义关于精神消费的几个问题,《河北师范大学学报(哲学社会科学版)》,2008 年第 6 期。

121. 王会:消费主义文化视角下农村闲暇娱乐物化及其对乡村社会的影响——对苏北泉村闲暇娱乐文化的调查与思考,《中共宁波市委党校学报》,2020 年第 1 期。

122. 马克斯·韦伯:《新教伦理与资本主义精神》,人民出版社,2000 年。

123. 米歇尔·福柯:《词与物:人文科学考古学》,上海三联书店,2001 年。

124. 玛莎·C. 纳斯鲍姆:《寻求有尊严的生活——正义的能力理论》,中国人民大学出版社,2016 年。

125. 谢名家:论精神消费的社会历史嬗变,《学术研究》,2006 年第 4 期。

126. 尹世杰:论精神消费力,《经济研究》,1994 年第 10 期。

127. 胡木贵、郑雪辉:《接受学导论》,辽宁教育出版社,1989 年。

128. 赵宁:消费——经济增长模式的理论探讨,《湘朝(下半月·理论)》,2007 年第 2 期。

129. PAUL HAWKEN 等:《自然资本论——关于下一次工业革命》,上海科学普及出版社,2000 年。

130. 赫尔曼·E. 戴利:《超越增长——可持续发展的经济学》,上海译文出版社,2001 年。

131. 刘维刚、赵玉琳:应重新认识消费与生产的主从关系,《经济纵横》,

2014 年第 8 期。

132. 钟南山、王经伦：抗击 SARS 实践与新人文精神的思考，《广东社会科学》2005 年第 1 期。

133. 弗罗姆：《健全的社会》，贵州人民出版社，1994 年。

134. 罗卫东：论现代经济增长与"精神资本"，《浙江大学学报（人文社会科学版)》，2001 年第 11 期。

135. 唐奈斯·H. 梅多斯等：《超越极限——正视全球性崩溃，展望可持续的未来》，上海译文出版社，2001 年。

136. 张康之：《启蒙，再启蒙》，江苏人民出版社，2020 年。

137. 尼采：《权力意志——重估一切价值的尝试》，商务印书馆，1996 年。

138. 哈贝马斯：《包容他者》，上海人民出版社，2002 年。

139. 中国宣告消除千年绝对贫困，https：//baijiahao. baidu. com/s？ id ＝1692652684004800276&wfr ＝ spider&for ＝ pc。

140. 温州召开鹿城农房倒塌事故新闻发布会回应热点问题 – 新闻中心 – 温州网，http：//news. 66wz. com/system/2016/10/10/104918199. shtml。

141. 营养与智力到底有什么关系 – 营养/智力 – 育儿网，http：//www. ci123. com/article. php/4127。

142. BBC 纪录片 – 7 岁到 49 岁，真实记录 14 位主人公的人生 – 现实比任何虚构作品都要更残酷 好莱坞完全电影手册电影，http：//group. mtime. com/hollywood2009/discussion/1240770/。

143. 解读：2018 年杭州最新限购政策 谁具有杭州购房资格？_中研普华_中研网，http：//www. chinairn. com/news/20180516/174246411. shtml。

144. 16 亿元的外卖垃圾是门好生意吗？_商业福布斯中文网，http：//admin. forbeschina. com/news/news. php？ id ＝66859，访问时期：2018 – 07 – 20。

145. 中国狗伤人的数据触目惊心_疫苗，https：//www. sohu. com/a/246337356_99899342。

146. 联合国《变革世界的 17 个目标》之"目标 1 无贫穷"，消除贫困，https：//www. un. org/zh/sections/issues-depth/poverty/index. html。

147. 钟南山连线对话福奇：疫苗对抗击疫情有效，但必须全球合作，ht-

tps：//www. sohu. com/a/453700088_161795。

148. 联合国目标：本世纪末全球气温升 2 摄氏度以内，http：//www. tanpaifang. com/ditanhuanbao/2014/1207/40624. html。

149. 联合国网站：贫穷－可持续发展，https：//www. un. org/sustainabledevelopment/zh/poverty/。

150. 2019 "地球透支日" 7 月出现，专家：33 年来最早_天然资源，http：//www. sohu. com/a/330213538_123753？spm＝smpc. home. top-news5. 4. 156 4447263552Jqd8tLG&_f＝index_news_21。

151. 北大教授任菲：70% 以上的碳排放来自家庭消费，引导绿色消费行为意义重大，https：//www. sohu. com/a/510382202_120099902。

152. 可持续发展目标进展报告，https：//www. un. org/sustainabledevelopment/zh/progress-report/。

153. 2021 年全国文化消费数据报告，https：//view. inews. qq. com/a/20220420A0A82S00。

154. 16 亿元的外卖垃圾是门好生意吗？_商业福布斯中文网，http：//admin. forbeschina. com/news/news. php？id＝66859。

155. 联合国环境署发布第六期《全球环境展望》（GEO6），http：//aoc. ouc. edu. cn/2019/0318/c9829a235212/pagem. htm。

156. 社科院发布《2007 年全国公众环境意识调查报告》，https：//news. sina. com. cn/o/2008－04－03/153413681381s. shtml。

157. 联合国网站：https：//www. un. org/sustainabledevelopment/zh/poverty/。

158. 联合国网站：https：//www. un. org/sustainabledevelopment/zh/education/。

159. George Orwell, Sonia Orwell and Ian Angus, *Collected Essays, Journalism and Letter*, vol 1, London：Secker & Warburg, 1968.

160. *The Report of the National Commission on the Environment*, Choosing a sustainable future, Island Press, Washington, D. C. , 1993.

161. Amartya Sen：*The Idea of Justice*, Penguin Books, 2009.

162. Amartya Sen, *Development as Freedom*, New York：Alfred A. Knopf, 1999.

163. Frank Ackerman, "Povert, Inequality and Power, Overview", *The Political Economy of Equality*, 2005.

164. Juliette Jowit, "Millions Live without Water, Gas or Power", reported by The National Consumes Council, *Observer*, 14 September 2000.

165. Nina Bernstein, Once Again, "Trying Housing as a Cure for Homelessness", *New York Time*, 23 June 2000.

166. Ben Summerskill and Dino Mahtani, "Homelessness in Drug Epidemic", *Observer*, 14 July 2002.

167. Nina Bernstein, Once Again, "Trying Housing as a Cure for Homelessness", *New York Time*, 23 June 2000.

168. Eric Klinenberg, *Heat Wave: A Social Autopsy of Disaster in Chicago*, Chicago: Chicago University Press, 2002.

169. "Genetics of Behaviour", in Richard L. Gregory, ed. , *The Oxford Companion to the Mind*, Oxford: Oxford Universiaty Press, 1987.

170. David Miliband, Class Haunts the Classroom, *Guardian*, 18 September 2004.

171. Gordon Mashall, Adam Swift and Stephen Roberts, *Against the Odds? Social Class and Social Justice in Industrial Societies* , Oxford: Clarendon Press, 1997.

172. Simon L. Lewis and Mark A. Maslin, Defining the Anthropocene, *Nature*, Vol. 519, 2015.

173. David Pimentel, Energy Flow in the Food System, in David Pimentel and Carl W. Hall, eds. , *Food and Energy Resources*, Orlando, Fla. : Academic Press, 1984.

174. Mark Kosmo, *Money to Burn? The High Cost of Energy Subsidies*, Washington, D. C. : Worldwatch Institute, October 1991.

175. Pierre Pradervand, independent researcher, Geneva, Switzerland, *private communication*, July 14, 1990.

176. Amy Saltzman, "The New Meaning of Success", *U. S. News & World Report*, September 17, 1990.

177. Annette Lareau, *Unequal Childhoods: Class, Race and Family Life*,

Berkeley and 179、Los Angeles: University of California Press, 2003.

178. John Locke, *Treatise of Civil Government*, 1690, ed. Charles Sherman, New York: Appleton-Century-Crofts, 1937.

179. Jeffrey James, *Consumption, Globalization and development*, London: Macmillan Press Ltd, 2000.

180. Spencer S. Hsu, "The Sneaker Steps Out", *Washington Post*, July 22, 1990.

181. Timothy Harper, "In Budapest, the Lines are at McDonald's", *Shopping Centers Today*, May 1989.

182. Chitra, K., In search of the green consumers: A perceptual study. *Journal of Services Reserch*, 2007, 7 (1).

183. Dienes, C., Action and intentions to pay for climate change mitigation: Environmental concern and the role of economic factors. *ecological Economics*, 2015, 109 (2).

184. Litvine, D.; Wustenhagen, R., Helping "light green" consumers walk the talk: Results of a behavioral intervention survey in the Swiss electricity market. *Ecological Economics*, 2011, 70 (3).

185. Richard Wilkinson, *Unhealth Societies: The Afflictions of Inequality*, London: Routledge, 1996.

186. Khuder, S. A., Effect of Cigarette Smoking on Major Histological Types of Lung Cancer: A Meta-analysis. *Lung Cancer*, Vol. 31, No. 2, 2001.

187. Inoue-Choi, M., Hartge, P., Liao, L. M., Caporaso, N., & Freedman, N. D., Association between Long-term Low-intensity Cigarette Smoking and Incidence of Smoking-related Cancer in the National Institutes of Health-AARP Cohort. *International Journal of Cancer*, Vol. 142, No. 2, 2017.

188. Babizhayev, M., & Yegorov, Y., Smoking and Health: Association between Telomere Length and Factors Impacting on Human Disease, Quality of Life and Life Span in a Large Population-based Cohort under the Effect of Smoking Duration. *Fundamental & Clinical Pharmacology*, Vol. 25, No. 4, 2011.

189. Markowitz, S., The Effectiveness of Cigarette Regulations in Reducing

Cases of Sudden Infant Death Syndrome. *Journal of Health Economics*, Vol. 27, No. 1, 2008.

190. Ciapponi, A., Bardach, A., Glujovsky, D., Arug, P., Mazzoni, A., & Linetzky, B., Systematic Review of the Link between Tobacco and Poverty. Institute for Clinical Effectiveness and Health Policy, *World Health Organization*, 2011.

191. Auld, M., Smoking, Drinking, and Income. *Journal of Human Resources*, Vol. 40, No. 2, 2005.

192. Richard Levins. "Is Capitalism a Disease? The Crisis in Public Health", in Hofrichter, ed, *Health and Social Justice*, 2002.

193. Paul Wachtel, *The Poverty of Affluence*, *Philadelphia*: New Society Publishers, 1989.

194. Antweiler, W., Copeland, B., and Taylor, S. Is Free Trade Good for the Environment. *American Economic Review*, 2001.

195. Homes Rolston, Ⅲ, *Can the East help the West to value nature*, Philosophy East and West, No. 2, 1987.

196. Earl Peter, *Lifestyle Economics*: *Consumer Behavior in a Turbulent World*, Wheatsheaf Books LTD, 1986.

197. Michael E Sobel, *Lifestyle and Social Structure*: *Concepts*, *Definitions*, *Analyses*, New York: Academic Press, 1981.

198. Sterner, T. ed., *Economic policies for sustainable development*, Kluwer Academic Publisher, Netherlands, 1994.

199. Symposium: *Sustainable Production and Consumption Pattern*, Oslo, Norway, 1994.

200. Edwin G. Falkman, *Sustainable production and consumption*: *A business perspective*, WBCSD, New York, 1996.

201. Palmer, K, W. Oates, and P. Portney. Tightening Environmental Standards: The Benefit-Cost or the No-Cost Paradigm. *Journal of Economic Perspectives*, 1995, 9 (4).

202. Porter. M. E. and C. v an der Linde. Toward a New Conception of the Environment Competitiveness Relationship. *Journal of Economic Perspectives*, 1995, 9 (4).

203. Copeland, B. , and Taylor, S. Trade and Transboundary *Pollution. American Economic Review*, 1995, 85.

204. A. Druckman et al. Household energy consumption in the UK: A highly geographically and socio-economically disaggregated model. *Energy Policy*, 2008 (36)

205. A. Druckman et al. The bare necessities: How much household carbon do we really need? *Ecological Economics*, 2010 (69).

206. Eva Heiskanen et al. Low-carbon communities as a context for individual behavioural change. *Energy Policy*, 2010 (38).

207. Executive Order 13514: Executive Order on Federal Leadership in Environmental, Energy, and Economic Performance, *Federal Register*, Vol. 74, No. 194 (October 8), 2009.

208. Luken. R. et al. The determinants of EST adoption by manufacturing plants in developing countries. *Ecological Economics*, 2008, 66 (1).

209. Johnstone N. *Public environmental policy and corporate behaviour: policy conclusions. Environmental Policy and Corporate Behaviour*, Cheltenham: Edward Elgar Publishing, 2007.

210. Baldwin. J. , Lin. Z. X. Impediments to advanced technology adoption for Canadian manufacturers. *Research Policy*, 2001, 31 (1).

211. Babakri et al. Recycling performance of firms before and after adoption of the ISO14001 standard. *Journal of Cleaner Production*, 2004, 12 (6).

212. Utley J, Shorrock L D. *Domestic Energy Fact in* 2008, *Building Research Establishment*. Watford, UK: BRE Press, 2008.

213. Young W, Hwang K, McDonald S, et al. Sustainable consumption: Green consumer behaviour when purchasing products, *Sustainable Development*, 2010 (18).

214. Zwetsloot. G. I. J. M. , Ashford, N. A. The feasibility of encouraging inher-

ently safer. *Safety Science*, 2003, 41 (2 – 3).

215. JOHNSON, ERIC J, STEVEN BELLMAN, ET AL. Cognitive lock-in and the power law of practice, *Journal of Marketing*, 2003 (2).

216. Bastien Girod et al. GHG reduction potential of changes in consumption patterns and higher quality levels: Evidence from Swiss household consumption survey. *Energy Policy*, 2009 (37).

217. World Health Organization (WHO), *Health and Environment in Sustainable Development: Five Years After the Earth Summit* (WHO), Geneva, 1997.

218. John P. Harding, John R. Knight, and C F Sirmans. Estimating Bargaining Effects in Hedonic Models: Evidence from the Housing. *Real Estate Economics*, 2003 (4).

219. Spyros Arvanitis. Factors Determining the Adoption of Energy-Sawing Technologies in Swiss Firm-An Analysis based on Micro Data. ETH Zurich, *KOF Swiss Economic Institute*, 2010 (5).

220. Stern, P. C. , Toword a Coherent Theory of Environmentally Significant Behavior. *Journal of Social Issues*, 2000 (3).

221. M. N. El-Kordy, M. A. Badr, Economical evaluation of electricity generation considering externalities, *Renewable Energy*, 25 (2002).

222. Briol F, Keppler J H. Price, technology development and the rebound effect. *Energy Policy*, 2000 (28).

223. M I Hoffert. Advanced technology paths to global climate stability: Energy for a greenhouse planet. *Science*, 2002 (2).

224. BROWNEA D, O'REGAN B, MOLES R. Use of carbon footprinting to explore alternative household waste policy scenarios in an Irish city-region. *Resources, Conservation and Recycling*, 2009 (2).